基金项目：
1. 山西省高等学校教学改革项目"应用型院校明晰式英语学习策略培训模式的实践研究"（J2015115）
2. 山西省高等学校教学改革创新项目"基于《指南》外语专业课程思政阅读圈教学的探索与实践"（J2021688）
3. 山西省高等学校大学生创新创业训练计划国家级项目"太行连翘药茶的外宣翻译"（202110122002）
4. 长治学院《综合英语》优秀课程（2021年）

英语听说读写译策略的研究与实践

Researching and Practicing English Listening · Speaking · Reading · Writing · Translating Strategies

龙晋巧／著

吉林大学出版社

·长春·

图书在版编目（CIP）数据

英语听说读写译策略的研究与实践 / 龙晋巧著. --
长春：吉林大学出版社, 2022.8
ISBN 978-7-5768-0176-7

Ⅰ.①英… Ⅱ.①龙… Ⅲ.①英语 – 教学研究 Ⅳ.
①H319.3

中国版本图书馆CIP数据核字(2022)第140554号

书　　名：英语听说读写译策略的研究与实践
YINGYU TING-SHUO-DU-XIE-YI CELÜE DE YANJIU YU SHIJIAN

作　　者：龙晋巧　著
策划编辑：黄国彬
责任编辑：代景丽
责任校对：田茂生
装帧设计：刘　丹
出版发行：吉林大学出版社
社　　址：长春市人民大街4059号
邮政编码：130021
发行电话：0431-89580028/29/21
网　　址：http://www.jlup.com.cn
电子邮箱：jldxcbs@sina.com
印　　刷：天津和萱印刷有限公司
开　　本：787mm×1092mm　1/16
印　　张：19.75
字　　数：300千字
版　　次：2023年5月　第1版
印　　次：2023年5月　第1次
书　　号：ISBN 978-7-5768-0176-7
定　　价：108.00元

版权所有　翻印必究

前　言

知识包括三部分内容：回答"是什么"问题的陈述性知识、解决"为什么"问题的程序性知识和探讨"怎么做"问题的策略性知识。但在实际教学中，师生往往强调第一和第二部分知识的教与学。只有学生学会学习，教师教会学生如何有效地学习，才能真正提高英语教学质量。因此，重视学生的主体作用和教会学生如何学习成为当前英语教学的重要内容，研究英语学习策略并在英语教学中渗透学习策略的训练成为英语教学的一项重要任务。

为此，我们承担了山西省教育厅高等学校教学改革项目"应用型院校明晰式英语学习策略培训模式的实践研究"（编号：J2015115），开展英语听、说、读、写、译策略研究，还承担山西省教育厅高等学校教学改革创新项目"基于《指南》外语专业课程思政阅读圈教学的探索与实践"（编号：J2021688），依托长治学院《综合英语》优秀课程（2021年），尝试将阅读策略融入课程思政实践，并指导山西省高等学校大学生创新创业训练计划国家级项目"太行连翘药茶的外宣翻译"（编号：202110122002），尝试将翻译策略运用于特产翻译实践。围绕英语学习策略研究的成果获得"山西省教学成果奖（高等教育）二等奖"。

在项目进行过程中，开展了关于学习策略的资料查阅、理论探索、调研、培训模式构建、培训实验、策略实践等活动，打破"学用分离"的传统做法，倡导体验、实践、参与的学习方式，强调主动思维、大胆实践和形成自主学习能力，构建和实践独具特色的英语学习策略培训模式，将策略培训融入于课内，实践于课外，营造了学用相伴的"课内—课外—校内—校外"联动交互的多元培训格局。最终，经过凝结与积淀形成了本书。

本书共八章，力求理论与实践相结合。第一章主要阐述英语学习策略的定义、分类、影响学习策略形成和使用的各种因素；第二章主要针对英语学习技能策略，具体探讨词汇策略、听力策略、口语策略、阅读策略、写作策略和翻译策略；第三章调研分析学生学习策略的观念、策略与成绩的关系，以及听说策略、翻译策略、阅读策略的使用状况；第四章探索英语学习策略培训实践，梳理培训理论、构建培训模式、开发培训材料，并开展综合策略培训；第五章着力于研究阅读策略培训实践，尝试利用阅读圈课程思政的教学方法；第六章展示翻译策略培训实践中，形成的太行连翘药茶等的翻译成果；第七章探讨词汇策略实践赛事；第八章提出英语学习策略培训建议。

  由衷感谢山西省教育厅、长治学院及其教务处、科研处、创业指导处、外语系等多部门对项目的大力支持、关心和鼓励。本书在撰写过程中，作者参阅了许多专家和学者的观点，书中的思想得到了他们的启发和引导，在此表示真诚感谢。并对项目的所有参与者和支持者一并表示诚挚的谢意。

  本书的读者对象是英语教学研究者、中学英语教师、师范院校英语教育专业研究生、本科生、专科生，以及其他对英语学习感兴趣的读者。初、高中生也可以通过阅读本书获得英语学习实用方法。书中若有纰漏或不妥之处，敬请读者指正。

作　者

2022年7月

目 录

第一章　英语学习策略概述 ……………………………………… 1
第一节　学习策略简述 …………………………………………… 1
第二节　英语学习策略简述 ……………………………………… 8
第三节　英语学习策略分类 ……………………………………… 18
第四节　英语学习策略的影响因素 ……………………………… 24

第二章　英语学习技能策略 ……………………………………… 31
第一节　词汇策略 ………………………………………………… 31
第二节　听力策略 ………………………………………………… 43
第三节　口语策略 ………………………………………………… 50
第四节　阅读策略 ………………………………………………… 59
第五节　写作策略 ………………………………………………… 83
第六节　翻译策略 ………………………………………………… 101

第三章　英语学习策略调研 ……………………………………… 116
第一节　英语学习策略观念状况 ………………………………… 116
第二节　英语学习总策略使用状况 ……………………………… 120
第三节　英语学习策略与成绩的关系 …………………………… 126
第四节　听说策略使用状况 ……………………………………… 131
第五节　翻译策略的英译特产使用状况 ………………………… 136
第六节　阅读策略使用状况 ……………………………………… 143

第四章　英语学习策略培训实践 ………………………………… 147
第一节　英语学习策略培训理论基础 …………………………… 148
第二节　英语学习策略培训模式构建 …………………………… 153
第三节　英语学习策略培训材料 ………………………………… 157
第四节　英语听说读写译策略培训实践 ………………………… 177

第五章　阅读策略培训和思政阅读圈实践……188
第一节　英语阅读策略培训的研究……188
第二节　阅读圈模式概述……199
第三节　阅读圈的外语专业课程思政实践……203
第四节　阅读圈《综合英语》课程思政成果摘选一……208
第五节　阅读圈《综合英语》课程思政成果摘选二……215

第六章　翻译策略外译区域特产实践……223
第一节　外宣翻译概述……223
第二节　太行连翘药茶文化的外宣翻译……227
第三节　太行连翘药茶所属：山西药茶的外宣翻译……230
第四节　太行连翘药茶特征的外宣翻译……232
第五节　太行连翘药茶价值的外宣翻译……235
第六节　太行连翘药茶制用和影响的外宣翻译……238
第七节　太行连翘药茶品牌的外宣翻译……241
第八节　"沁州黄"小米的外宣翻译……249
第九节　潞酒和上党腊驴肉的外宣翻译……263

第七章　词汇策略实践赛……268
第一节　词汇策略实践比赛设计……268
第二节　词汇策略实践比赛材料……270

第八章　英语学习策略培训建议……287
第一节　教师与策略培训……287
第二节　学生与策略培训……291
第三节　教学界与策略培训……293

参考文献……296

第一章 英语学习策略概述

《终身学习核心素养：欧洲参考架构》指出终身学习含八项关键能力，其中有一项是"学会学习"。2016年9月，林崇德教授团队所研制发布的《中国学生发展核心素养》，也把"学会学习"列为其中一项素养。由此可见，在新时代学习能力备受重视。就英语学习者而言，灵活运用不同的学习策略才算是真正掌握了学习这门语言的利器，正所谓"授人以鱼，不如授人以渔"。

第一节 学习策略简述

"工欲善其事，必先利其器"，这句话说明自古以来人们对学习方法与策略的重视。随着社会和时代的不断发展，学习成为每个人发展的需求。面对浩如烟海的学习内容，当代教育学界和心理学界已经清楚认识到，教育的根本目的是促进学生成为独立、自主的学习者。因此，教会学生如何有效学习，培养学生掌握有效学习策略，正不断成为教育研究的重点。

一、学习策略的研究背景

在教育研究领域里，"到底哪些因素影响学习成绩"一直众说纷纭。随着人类社会认知的发展、心理学的进步，以及社会发展的需求，人们对该问题的认识也在不断发展，对学习策略的研究也就应势而生。具体地说，学习策略研究的兴起主要有下列三方面的原因。

（一）行为主义心理学的局限性

行为主义心理学认为人的大脑是一个黑箱（black box）。在这"黑箱"中人的学习思维活动不可测，看不见、听不出、摸不着，难以观察和感知。这种认识导致人们长期忽视学习者本身而致力于关注"刺激—反应"模式的研究推广和改善。长期以来，人们通常关注以教师为中心的教学模式，致力于研究教师可以控制的因素，如教学方法、教学时间、教学内容等。美国著名的教育学家布鲁姆（Bloom）在20世纪60年代提出的模式就是典型的代表。在他看来，只要教师教学有法，学生的成绩差异就能缩小到最小限度。换句话说，根据他的观点，学生的成绩好坏几乎完全由教师决定。

（二）认知心理学的新发现

20世纪60年代以后，随着认知心理学的发展，人们对认知的过程有了深入的认识。1956年，美国心理学家布鲁纳、古德诺和奥斯丁（Brunner, Goodnow, Austin）做了一个关于人工概念的形成的经典实验。他们在研究的过程中发现，被试在实验期间连续做出的反应或决定，并非任意的或杂乱无章的，而是有着一定顺序。这种顺序总是包含着一定目的，如在有限时间内获得最大限度的信息量等。在此基础上，他们发现了人在学习过程中的聚焦策略和扫描策略并发表了 *A study of Thinking*，首次提出了"认知策略"的概念。此后，学习策略研究开始兴起。

根据现代认知心理学理论，人们发现学习知识、掌握技能和情感锤炼属于高层次的认知活动，不仅需要学习者感知、领会、理解外界的事物，还需要学习者有效运用思维、记忆、识别、选择和分类等心理加工活动。由此，人们认识到学习者不是被动地接受和反应，而是主动积极地思考和解决问题，只有了解了人的内隐学习和思维过程，才有可能深入研究学习者的学习过程。

20世纪70年代，澳大利亚教育学家比格斯提出了以学生为中心的理论模式，该理论模式包括了一系列学生可以控制的因素，如动机、兴趣、方法等。比格斯认为，只有当学生积极想学而又懂得怎样学习时，他们才有可能取得理想的学习结果（Biggs, 1979）。

（三）教育与社会需求的矛盾

20世纪70年代中期，世界各国教育质量的调查表明，各级各类学校教育质量不尽人意，学生的学习方法和思维技能普遍缺乏。这导致当时的教育体系和教学方法所培养出来的学生与社会要求不相适应的矛盾日益尖锐化。这就推动人们探究当时的教育弊端。人们认为主要是之前的教育只强调读、写、算等初级技能，而忽视了学习方法、策略等高级技能的学习与培训，所以直接导致学生不会学习，加上其他因素，可能会使学生认为学习是负担，甚至感到学习是一种痛苦。基于现实的需求，人们开始将研究重点从"教"转向"学"，从此拉开了系统研究学习策略的研究序幕。

同时，教育学和心理学研究者对智力、认知策略、元认知等理论的积极探索，形成了大量有关学习策略的新知识、新理论。由此，学生学习策略的研究逐步受到重视并成为当时研究的热门课题之一。

此后，心理学界和教育学界不断认识到研究学习策略的重要意义，做出许多有价值的探索，并逐步使学习策略研究成为学习心理学和教育心理学研究发展的一个方向。这些研究主要集中在学习策略的定义、分类、影响因素、策略与成绩的关系、成功学习者的策略及学习策略的教学等方面。

总之，人们认识到"学生使用有效的学习策略，不仅可以大面积改进学习，提高学习质量和效果，还可以减轻学习负担。此外，把学习策略渗透在课程教学中，可以促进学习潜能偏低或智力发育迟滞的学生的学习，减少他们学习的困难。同时，研究学习策略可以促进教师的教学。教师通过了解学生的学习策略，可以调整自己的教学策略和教学方法，从而提高教学效果"（程晓堂、郑敏，2002：3）。

二、学习策略的定义

"策略"（strategy）的说法源于希腊语"strategos"，意为"将才"，指行为或行动计划，以及为解决某问题或达到某目标而有意识做出的一套活动。学习策略作为教育心理学和学习心理学的一个重要研究方向，受到许多学者的关注，国内外学者尝试从不同的角度对学习策略做出了不同定义。蒯超英（1998：27）列举过多种学习策略的定义，如：

①学习策略是内隐的学习规则系统。

②学习策略是选择、整合、应用学习技巧的一套操作过程。

③学习策略指能够促进知识的获得、贮存，以及信息利用的一系列过程或步骤。所以它包括两类相互联系的策略，主策略和辅策略。主策略针对具体、直接的信息操作，即学习方法。辅策略则作用于个体，用于帮助

学习者维持一种合适的内部心理定向，以保证主策略的有效使用。

④学习策略是人在学习过程中用以提高学习效率的任何活动。因此，他把记忆术、建立新旧知识的联系，以及建立新知识内部联系、在书上批注、划线、做笔记等一切促进学习的活动都称作学习策略。

⑤学习策略是学生用于获得、保持与提取知识和完成作业的各种操作和程序。

综合以上定义可以发现，学习策略是指学习情境中学习者对学习任务的认识，对学习方法的调用和对学习过程的调控。而且，学习策略是学习执行的监控系统，学习者使用学习策略的主观愿望是为了以较少的"能源消耗"有效地实现学习目标。研究学习策略的根本目的就是为了帮助学习者实现他们的这种主观愿望。

三、学习策略的意义

学生的学习不仅仅是学会一些知识、掌握一定技能，更重要的是学会学习，也就是掌握学习策略，要知道为什么学习、什么时候学习、具体学习什么、在哪里学习以及如何学习。在国外，提出学习策略问题的法国思想家、教育家卢梭认为，形成一种独立的学习方法，要比获得知识更为重要。在国内，春秋时期伟大的教育家孔子倡导"学而时习之""温故而知新""学而不思则罔，思而不学则殆"，同样强调的是学会学习的重要性。掌握学习策略是实现学会学习的利器。文秋芳（1995）认为，当学习的其他条件相同时，英语学习策略的差异对成绩起着决定性的影响，且任何运用得当的学习策略都更可能使学生获得学习上的成功。麦克尔太尔和诺埃尔（MacIntyre and Noels, 1996）认为，学习策略有助于学生对学习知识的理解，促进学生对学习过程的掌握，可以减少学生在学习中的困惑和焦虑，保持学生对学习的热情和动力，或者改善学生的学习态度，从而提高学习动力。

（一）时代观变化的要求

发展学习策略是新时代对教育的要求。我国从基础教育到高等教育，从大学英语到专业英语教育，都强调对学生学习能力的培养。

1. 发展核心素养的要求

为了把党中央、国务院制定的"立德树人"教育政策落实到教育实践中，2016年9月教育部发布了中国学生核心素养的具体内容，包括文化基础、自主发展、社会参与三大类，分为人文底蕴、科学精神、学会学习、健康生活、责任担当、实践创新六个维度（林崇德，2017：66），见图1.1。其中，学会学习是学生实现自主发展的必备条件之一。

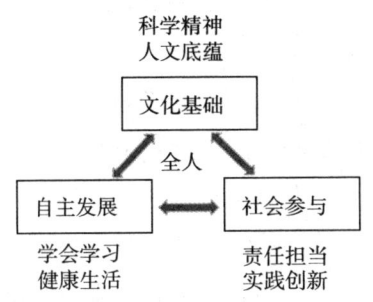

图1.1 中国学生发展核心素养的框架与内容

2. 基础教育发展学科核心素养的要求

指导基础英语教学方向的英语课程标准，历来重视对中学生学习策略的培养。继2003年的《高中英语课程标准》、2011年的《义务教育英语课程标准》，2017年版《普通高中英语课程标准》指出，未来的普通高中英语课程旨在发展学生的语言能力、文化意识、思维品质和学习能力等英语学科核心素养；进一步指出，学习能力就是指学生积极运用和主动调试英语学习策略、拓宽英语学习渠道、努力提升英语学习效率的意识和能力；还指出"有效使用学习策略有助于提高学生学习英语的效果和效率，有助于学生发展自主学习的习惯和能力。学习策略的使用还具有迁移性，有助于促进学生终身学习能力的发展"（中华人民共和国教育部，2018：40）。

3. 高等教学实现专业发展的需求

此外，近年来，随着国内高等教育的迅速发展，英语专业成为扩招较多的专业之一，英语学科也得到了飞速发展。依据英语专业四、八级考试报考的院校数量和教育部统计的相关数据显示，到2004年为止，我国的英语本科专业点有900多个，英语专业四、八级考试的考生的数量每年递增

10%以上（戴炜栋、张雪梅，2007）。最近十年，受知识爆炸的影响，终身教育、以学生为中心的教学观念不断深入人心，我国的英语专业教学理念也在发生深刻变革。

2020年，教育部高等学校外国语言文学专业教学指导委员会研制的《普通高等学校本科外国语言文学类专业教学指南》，提出全面贯彻"以学生为中心"的教育理念，提倡要切实突出自主学习方法的探讨。这意味着，要开展自主学习就要重视对学生自主学习能力的培养。

（二）发展观变化的要求

学习策略是自主学习的基础。发展学习策略是学习者形成独立自主学习能力和终身学习能力的基础。随着社会科技的发展，知识经济的变化波及英语教学，英语教学方式发生了很多变化；但是由于受多年传统教学模式的影响，在英语课堂教学中仍然存在以教师为课堂教学的中心的现象，一些课堂仍旧采用"满堂灌"的教学形式，以教师的过多讲述、分析、推理、判断替代了学生的主动探索、批判和评价。这就导致学生学习主动性不够，学习动机不明确，缺乏明确的学习目标和计划，缺乏恰当的学习策略，从而造成自学能力相对较弱。霍莱克（Holec，1981）指出外语教学的目标是既要帮助学生获取语言知识和交际技能，又要使学生获得自主能力，能学会如何独立学习。因此，培养学生的自主学习能力应该当作学校教育的一个长期目标。自主学习的一个重要特征就是学生能选择、使用合适自己的学习策略，并对策略进行监控，必要时还能做出调整，以监控学习的效果。国内学者根据我国的英语教学特点，提出自主性英语学习能力的重要内容之一就是有效使用学习策略并监控学习策略的使用情况（徐锦芬、彭仁忠、吴卫平，2004）。

在教学的过程中，学生使用学习策略进行学习，其本身就体现了"以学生为中心"，学生是学习的主人，而学习策略能力的形成有助于促使学生最终成为真正意义上的自主学习者。学生学习策略的意识越强，自主学习的能力就越强，学习效果就越好。已有的研究证实，学习策略对实现自主学习和终身学习有显著影响（张殿玉，2005；肖武云、王晓萍、曹群英，2011；王利娜、吴勇毅，2017；刘颖、沈伯雄，2020）。因此，发展学习策略有利于助力学习者改进学习方法，促使其增强学习过程的自我管理能力，从而实现个性化自主学习。

（三）学生观变化的要求

学习策略能促进学生成为学习的主体。学习策略是学生成为学习过程主人的重要影响因素，它强调学生在学习活动中的主体性、积极性、自主性。学习策略受制于学生个体，它干预学习环节，提高认知功能，调控学习方式，直接或间接地决定着主体达到学习目标的程度。因此，学习策略在学生的学习过程中具有积极性、监控性和创造性。

（四）知识观变化的要求

学习是人类生活所必须具备的重要条件，是适应环境的必须手段。在"知识爆炸"的今天，每个人都必须学会去适应日新月异的知识环境，不断更新知识体系，整合信息，学习新技能，学会学习成为当代每个人适应社会需求的重要条件，这就要求人们掌握怎样学习。学习策略的目的就在于解决怎样学习，助力学生学会学习。学生掌握学习策略是学会学习的前提，学会学习本身是一个创造性的学习过程，必然包含学生运用一系列学习策略，从而会形成学生学习成果个别差异的重要原因。比如，有研究表明，反应慢、注重细节、关注准确度的"反省性"学生，比反应快而不注重准确的"冲动型"学生，往往具备更成熟的解决问题的策略，能较多地做出不同的假设。愿意循规蹈矩，习惯于依赖条理和秩序的"结构化"策略的学生，比乐意以自己的方式来组织学习内容的"随意性"的学生，更乐于接受教师布置的学习任务，但是在评价、批判和创新学习方法方面却不如后者。如果这两类学生都能意识到自己学习特征存在的优点和缺点，能注意通过恰当使用学习策略来弥补和调整自己的不足，就可能找到适合自己的学习方法，从而达到学会学习的目的。

（五）时间观变化的要求

随着时代节奏的加快，人们越来越重视在有限的单位时间内最大限度地获取知识和信息，而学习策略利于帮助提高学习成效。学习策略是一系列的有指向的活动，是学生在学习过程中进行选择、使用、调节和控制学习方式、方法、技能、技巧等的各种操作活动，它包括策略、制订学习计划、监控学习行为、调动情感、激发动机、感知教材、理解知识、保持记忆、迁移运用、获得实践经验等的学习过程，还包括对学习活动做出检查、评估、矫正和反馈等活动，从而使人在学习过程中逐步地形成自己的学习策略，能理解学习的内容，按照学习要求，控制自己的学习过程，以便做出新颖、独特且具有意义的决定，并及时地调整自己的学习活动，或者做出恰当的选择，或者灵活地克服各种具体的学习困境，从而提高学习成效。

第二节　英语学习策略简述

英语学习策略是学习策略的一个分支。学习策略是针对所有知识和技能学习的策略，具有一般意义。而针对外语学习，就要采用外语学习策略。

外语是一个国家重要的文化软实力资源，外语教育是教育事业的有机组成部分，对于国家总体战略的有效实施具有重要的支撑和推进作用。王文斌、李民（2017）根据外语教育现状，结合教育学相关知识，认为外语教育研究的理论框架由九个层面组成，包括外语教育目的、外语政策规划、外语课程、外语教材、外语传授、外语学习、外语教师、外语测试、元外语教育研究。学习策略属于其中提到的"外语学习"，是外语教育中一个不可忽视的重要组成部分。林崇德教授在谈到学生学习的特殊性时，认为："学生的学习是一种运用学习策略的活动"。

一、英语学习策略的研究背景

（一）国外学习策略研究的发展

外语学习策略的研究始于20世纪70年代初。当时，随着外语教学的不断深入，人们逐渐认识到同样的教学方式对不同的外语学习者会产生不同的效果，因而对个体差异产生了浓厚的兴趣，便开始关注学习者本身，外语学习策略的研究随之兴起。在外语学习策略研究发展的五十年里，出现了一大批研究者，也取得了丰富的研究成果。

1.20世纪70年代——学习策略研究的起步阶段

国外的外语学习策略研究得到认知心理学发展的带动而起步，始于20世纪60年代。最先进行学习策略研究的是1966年的阿伦卡顿（Aron

Carton），率先出版著作 *The Method of Inference in Foreign Language Study*（《外语学习中的推理方法》），首次提出不同的外语学习者运用不同的推理方法进行学习，开启了外语学习策略研究之先河。

1971年，受阿伦卡顿（Carton）研究理论和研究成果的启发，鲁宾（Rubin）开始着手研究成功的外语学习者的学习策略，并于1975年发表了她的研究成果，指出成功的外语学习者在心理特征和学习方法上有着许多惊人的相似之处，比如有同样的心理特点、交际策略、社交策略和认知策略等。

1975年，奈曼（Naiman）和斯特恩（Stern）将学习策略与认知风格、智力、个性、态度、语言潜能等方面结合起来进行综合研究，总结出了成功的外语学习者所采用的五大学习策略：①树立语言作为一种交际手段的意识；②树立语言是一个形式系统的意识；③善于通过寻找和利用有利的学习环境积极参与语言学习过程；④接受并妥善处理外语学习过程中的情感需求；⑤通过推理和监控，来扩充和完善自己的外语系统。

1987年，鲁宾（Rubin）又发表了题为"Learner strategies: Theoretical assumptions, research history and typology"（学习者策略：理论设想、研究历史和类型）的论文。

学习策略研究的初期阶段从宏观角度，在方法和研究层面上都给后续的研究打下了良好的基础，但也存在两个缺陷：第一，缺乏理论指导，研究还不能确定哪些是基本的学习策略，哪些是辅助性的，也不清楚学习策略之间存在的密切关系；第二，通过实际观察、问卷调查和访谈等研究手段发现的学习策略尽管数量较多，但并不全面，尚不系统。因为很多学习策略从外部是无法观察到的，而且学习者也很难准确地描述自己所使用的学习策略。

2. 20世纪80年代——学习策略研究的发展阶段

20世纪80年代开始，研究者对学习策略的体系和分类作了进一步的探索，侧重研究了学习策略与语言学习过程的关系，以及学习语言的信息加工、处理的认知过程。他们以信息加工过程理论为研究依据，以认知学习理论为指导，在研究信息的接收、理解、处理、储存等过程的基础上，得出一整套较为完整的理论化语言学习策略，并对这些策略进行了体系化的分类和描述。

80年代的学习策略有以下特点（肖建壮，2010）：第一，学习策略研究从宏观视角逐渐转向微观视角。与以前学习策略研究立足宏观的或笼统的层面不同，这一时期的学习策略研究倾向于某个具体方面的研究，如阅读理解策略、听力理解策略、词汇学习策略等；第二，学习策略研究不再单凭经验，而是以各种语言的学习理论为指导。安德森（Anderson）的认知学习理论、克拉申（Krashen）的监控理论，以及其他对学习者本身研究的成果，都为学习策略的进一步研究提供了丰富的理论基础；第三，研究者开始逐渐注意学习策略的研究方法。

3.20世纪90年代以来——学习策略研究的繁荣发展

进入20世纪90年代后，学习策略的研究出现了几种新趋势：第一，将外语学习策略的研究与自主学习的研究结合了起来，如文登（Wenden）于1991年公开出版的著作 *Learner Strategies for Learner Autonomy*，主要探讨了外语学习者策略与自主学习的关系；第二，逐步将外语学习策略的培训作为学习策略研究的重点，如查莫特（Chamot）等学者于1999年出版的著作 *The Learning Strategies Handbook*，就是一种实用、易懂、有操作性的外语学习策略培训手册；第三，外语学习策略的研究者开始关注学习策略与文化的关系，如Oxford于1996年出版了著作 *Language Learning Strategies Around the World: Cross-cultural Perspectives*，其中有一章内容，专门从文化的角度探讨不同国家的外语学习者在学习策略方面存在的差异。

尤其重要的是，90年代，奥曼利（O'Malley）、查莫特（Chamot）、Oxford（奥克斯福德）和科恩（Cohen）语言学习策略研究学者出版了几本很有影响力的语言策略研究专著。这些著作不仅对语言策略的系统、研究方法、语言策略训练进行了阐述，还详细说明了策略教学对学习第二语言的影响、如何评价策略运用等问题。

奥曼利和查莫特（O'Malley and Chamot），在1990年出版了著作《第二语言习得中的学习策略》（*Learning Strategies in Second Language Acquisition*），详细介绍了当代"认知学习理论"（cognitive learning theory）对二语学习过程的研究成果，对学生的二语学习策略训练提出了许多有益的建议。

语言学家奥克斯福德（Oxford），在1990年写作出版了著作《语言学习策略：每一位教师应该知道什么》（Language Learning Strategies: What Every Teacher Should Know），该书为后来的许多策略问卷奠定了系统分类基础。

语言学家科恩（Cohen)的著作《学习和运用第二语言的策略》（Strategies in Learning and Using Second Language）在1998年面世，其中提出了以策略训练为基础的外语教学，并详细介绍开展策略培训的方法。

到目前为止，国外学者对二语学习策略的本质、定义、分类、系统、影响因素及策略体系的构建和策略教学培训等层面，都进行了不同程度的研究，并取得了可喜的成果。

（二）国内学习策略研究的现状

国内对英语学习策略的研究始于20世纪80年代，但是在早期，成果数量并不多且研究面不够广。1985年，黄小华等人最早在国际杂志"Applied Linguistics"上发表了一篇关于外语学习策略研究的论文"Learning strategies for oral communication"，该研究探索了我国英语专业四年级学生口语策略与口语水平的关系。之后，吴一安、刘润清和杰弗瑞（Jefferey）（1993）对中国英语专业本科生的综合素质开展了大规模的调查。

1996年,文秋芳教授在对我国英语学习策略进行了系统、深入、全面研究的基础上，发表了一系列论文，并出版了专著《英语学习策略论——献给立志学好英语的朋友》，以国内外二语学习策略的研究成果为依据，概括了英语学习策略研究的理论框架，并结合实际需求情况，介绍了英语学习策略的培训方法。该著作不仅对英语学习策略具有理论研究意义，还对英语学习者也有较实用的指导意义，标志着我国在外语学习策略研究方面的正式启动。

2002年，外语教学与研究出版社出版了程晓堂、郑敏的著作《英语学习策略：从理论到实践》。该书从理论的角度论述了学习策略的概念、意义以及不同的分类方式，并从实践出发，对如何培养和发展学生的学习策略能力，提出了指导性的具体建议，呈现了示范性案例。这表明英语学习策略研究在我国上了一个新的台阶。

此后，相关研究便如雨后春笋般开展起来。我国英语学习策略研究的兴起和发展不是偶然的。它是国外相关研究和国际认知心理学发展的推动成果，是国内广大学者、研究者、教师在教学改革实践中的成果总结，是对学习策略相关理论的冷静、独立思考，是将哲学、心理学、教育学、文学、第二语言习得等科学理论相结合的成果，是一项艰巨而有意义、面广又量多的理论与实践研究。历经多年，研究者终于开创出了一片有中国特色的英语学习策略研究的新天地。

就国内的总体研究内容而言，在理论研究基本完善的基础上，目前我国学者和教师研究逐步走向多样化、具体化和广泛化，主要研究方向包括对不同学习者的学习策略差异研究；对词汇学习策略、听力策略、阅读策略、写作策略和交际策略等单项策略的研究；对不同技能学习策略与英语成绩（水平）的关系，还有对学习观念和动机等因素与英语水平关系，等等的研究。对外语学习策略的培训及其成效研究正在逐步展开。就研究对象来讲，对大学生英语学习策略的研究比对中小学生英语学习策略的研究多，对英语专业学生学习策略的研究比对非英语专业学生学习策略的研究多，对单项、具体策略的研究比对整体系统策略的研究多，对策略的选择和应用的研究比对策略的教学研究多，对策略的调查研究比对策略培训和培训效果训练的研究多。

二、英语学习策略的定义

在长期的策略研究过程中，研究者对语言学习策略的定义存在很多争议，不同学者从不同的角度下了不同定义。

斯特恩（Stern，1983）认为，语言学习策略可以用于泛指语言学习者采用方法的一般趋势或总体的特点、技巧，且用于描述可视行为的具体形式。

温斯坦和梅耶（Weinstein and Mayor，1986）认为，语言学习策略是学习者在学习语言时的想法或做法，这些想法或做法目的是影响学习者的信息编码过程。

查莫特（Chamot，1987）认为，语言学习策略指学习者采用的技巧、方法或者刻意采取的行动，目的是易于回忆语言的形式及内容，提高学习效果。

鲁宾（Rubin，1987）认为，语言学习策略指有助于学习者自我建构语言系统的策略，这些策略能直接影响学习者语言的发展进程。

1990年，奥克斯福德（Oxford）认为，语言学习策略是指学习者为了使语言学习更为成功、更为自主、更为愉快而采用的行为或行动（Language learning strategies are behaviors or actions which learners use to make language learning more successful, self-directed and enjoyable）。

1990年，奥曼利和查莫特（O'Malley and Chamot）认为，语言学习策略指语言学习者个体用来帮助自己更好地理解、接收和保持新信息时，所使用的特别的行为或想法。

1994年，罗德埃利斯（Rod Ellis）在著作《第二语言习得研究》（The Study of Second Language Acquisition）中指出，语言学习策略是指学习者在语言学习过程中运用的某些特殊的方法或手段，包括其获取、处理、储存、提取信息的方法和步骤。

1996年，我国学者文秋芳在其著作中指出，学习策略是为了有效学习所采取的措施，策略的实质是学习者的行动而非想法，且该行动可以是外部活动，也可以是内部活动，目的都是为了提高学习效率（文秋芳，1996）。

1996年，章兼中在其著作《小学英语教育学》中认为，"学习策略是指学习者在学习过程中采用的总的对策、措施和方法，即为了掌握外语而进行学习思维活动的程序，从而引起语言知识、技能、交际能力、情感因素不断变化的有效的活动、途径、措施和方法的综合体。"（章兼中，1996：292）。

1998年，科恩（Cohen）认为，外语学习者策略包括外语学习策略和外语运用策略，指的是学习者在学习过程中有意识地选择的步骤和行动，其目的是为了提高外语学习能力或者为了提高外语使用能力，抑或是两者兼具。

2001年，王立非认为，学习策略是一个心理认知和具体行为的结合体，是由认知观念、方法、手段构成的动态系统，是学习者对语言学习的观念和所采取的具体对策的综合体。

2002年，吴本虎认为，英语学习策略是指作用于英语学习的思路和行为，既包括可以观察到的外部言语行为，又包括观察不到的内部心理过程，它直接参与英语活动或是间接支持英语学习；学习者有时有意识地使用，有时下意识地使用。

2003年，教育部发布的《普通高中英语课程标准》，将学习策略定义为："学生为了更有效地学习和使用外语而采取的不同行动和步骤"。

2018年，教育部推出的《普通高中英语课程标准》（2017年版）基本沿用2003年版的定义，指出学习策略是指学生为促进学习和运用语言而采用的各种行动和步骤。在英语学习中，学习策略的使用表现为：学生在语言学习和运用的活动过程中，在问题意识的驱动下采取的调控和管理自己学习过程的学习行为。

罗德埃利斯（Rod Ellis），就指出一般的语言学习策略定义都可能存在争端：第一，学习策略究竟是指可视行为，还是指无法观察到的大脑中的心理活动或是两者兼而有之；第二，学习策略是指学习语言所采用的总方法，还是指完成某项具体任务而采取的具体技巧；第三，学习策略是指有意识的行为还是下意识的行为；第四，学习策略能否对学习者语言能力的发展产生直接作用。

上述定义的角度、外延虽然有所差异，但是这里归纳起来可以得出，外语学习策略指学习者在外语学习活动中有效学习的程序、规则、方法、技巧及调控方式，它既可以是操作程序与步骤的外显行为，也可以是内隐的心理活动；外语学习策略能够运用母语或非母语执行；外语学习策略可以是直接作用于外语学习的语言学习策略，也可以是间接支持外语学习的基础学习策略；学习策略运用于学习活动是为了实现特定的学习目的而采用的规则、方法、技巧等，是思考和解决问题的具体操作过程；学习策略的使用因事因人而异、因事而变。总之，有效使用学习策略，有助于提高外语学习的效果和效率，有助于发展学生的自主学习能力，而且学习策略的使用具有迁移性，有助于培养学生的终身学习能力。

三、优秀语言学习者的策略

到底怎样的策略能更有效地促进学习者语言学习呢？为了回答这个问题，人们开始试图通过研究优秀语言学习者所使用的策略，探索语言学习策略如何影响语言学习。

(一) 20世纪70年代的研究概况

鲁宾（Rubin，1975）运用课堂观察法，将各年龄阶段优秀的语言学习者的特征归纳为七种：①具有强烈的交际欲望，并能从交际中学习和运用各种方法来传达信息；②乐于并且善于猜测；③不断操练语言，寻找一切可以交流的机会；④不仅注重交际意义，而且注重语言形式；⑤不会因外语知识的欠缺而受限制，为了更好地学习语言和运用语言交际，不怕出丑、犯错，能包容表达的不确定性；⑥关注语言形式在具体社会环境中的表达意义；⑦能监控自己和他人的话语表达，留意他人是否理解自己表达的意思，评价自己的表现是否达到了学习后应该达到的水平。

斯特恩（Stern，1975）认为优秀的语言学习者常运用10种策略：①能积极主动完成自己的学习任务；②具有个性化的学习风格和积极的学习策略；③在实践中灵活运用语言；④对目标语采取包容和友善的态度，对本族语者能以移情的方式对待；⑤能不断地理解语言所表达的意义；⑥乐于在真实的交际中使用所学的语言；⑦乐于操练新学语言；⑧采用试验和计划策略，能注意不断修正，把新学的语言构建成一个有次序的系统；⑨能通过思考，把所学习的目标语发展成为一个越来越独立的参照系统；⑩能敏感地对语言使用进行自我监控评价。

与学习策略的早期研究一样，对优秀语言学习者策略的研究在早期，也大都从宏观的视角入手，后来的研究有意识地将策略使用与具体的语言技能或学习任务相结合，展开了对微观学习策略的研究。

(二) 20世纪80年代的研究概况

为了能更深入地探索提高语言学习效果的方法，在宏观研究优秀语言学习者的策略之后，有些研究者开始从比较的角度，分析成功学习者与不成功学习者在策略使用中的差异。1985年，黄和万内尔森（Huang and Van Naerssen）调查研究了英语专业四年级学生的口语交际学习策略，发现功能性策略在决定语言学习者成功与否的过程中起着关键作用，功能性策略包括使用所学的目的语言进行交际、与同伴学习者或本族语者进行交谈、听力或阅读中以理解主题意义为重点、参加有关语言学习的讲座、看英语电影、看英语视频、用英语思考或用英语自述等。1987年，亚伯拉罕和万那

（Abraham and Vann）比较了一名成功二语学习者与一名不成功者的学习策略差异。1995年，文秋芳研究了两名英语专业二年级学生英语学习策略的使用差异，其中一名成绩优秀，另一名成绩不理想。

埃利斯（Ellis，1994）指出，虽然各项研究对比的结果不完全一致，但是大多数研究者都公认善学者与不善学者在语言学习策略使用上存在着很大差异。研究者通过比较，发现了优秀的语言学习者在学习策略使用中有五个特点。

第一，优秀的语言学习者关注语言的形式，更关注语言的意义。

成功的学习者能把语言作为一个系统来对待，能将目的语和母语进行跨语言比较，在交流中能监控自己和他人的语言表达，常常进行自我纠错（Naiman et al.，1978）。同时，成功的学习者能积极主动地参与真正的交际，注重锻炼自己语言的流利性（Abraham and Vann，1987）。奥曼利、查莫特和库伯（O'Malley，Chamot, and Kupper，1989）发现擅长听力的人，往往善于集中自己的注意力，注意语句中语调的停顿，擅长听句子中的语块，积极猜测关键词的意义，等等。此外，张烨、邢敏和周大军（2003）调查了非英语专业本科生的英语词汇学习策略，发现善学者能更多使用利于对词汇深层信息处理的策略。

第二，积极主动地参与语言学习。

成功的学习者善于给自己设定学习目标，管理自己的学习过程，在与他人的谈话中不断地寻找新的话题，注意倾听教师和目的语母语者的表达内容和表达方式，能以复述和不出声的方式练习语言（Reiss，1983）。此外，乔莫尔和保罗内申（Jomoir and Paul Nation，2002）对一名表现优秀的语言学习者Abdi开展了个案研究，发现Abdi往往能有意识地选择那些有趣而实用的词语来学习，还特别关心如何正确使用和理解这些词语。

第三，有意识地控制语言学习的过程。

成功的语言学习者的元语言意识发展很好，可以清楚明白地谈论自己的学习，可以有意识地采用自己偏好的学习方法，可以使用元认知策略来评价自己语言学习的需求、进步、不足，可以指导自己的学习和更好地控制语言学习和运用（Reiss，1983）。孔文和李清华（2008）调查了中国英语专业二年级学生元认知策略和认知策略的使用状况，也发现成功的外语学习者能够有效地使用元认知策略,能决定使用什么认知策略和如何调整具体的认知策略。

第四,能灵活、高频地运用学习策略。

成功的语言学习者能使用多种多样的学习策略,可以根据具体的学习任务来选择相应的学习策略;他们使用学习策略的目的性很强,会利用大量的第二语言知识和通用知识实现对语言意义和语言形式的监控(Chamot,Kupper, and Impink-Hernandez, 1988)。桂诗春(1988)通过对中国大学生英语学习成功者的调查研究,分析并总结出了中国英语学习成功者具有的特点:具有强烈的交际欲望,以积极的态度对待学习任务。在课堂上能认真听讲,乐意做各种练习,积极反应,对知识持有渴求态度,敢于提问,不怕在学习中犯错误,不怕学习受挫折,敢于做各种学习尝试,创新性地构建新的语言系统,大胆进行猜测,善于锻炼自己的应变能力,善于对自己和别人的话语进行监控,关注语言表达的意义,具有个性化的学习风格。

第五,常使用元认知策略,擅长将各种策略结合起来。

查莫特和库伯(Chamot and Kupper, 1989)通过研究优秀学习者的学习策略使用和策略组合,发现元认知策略的结合使用,能使认知策略、社交策略和情感策略的使用更有效果。优秀学习者都擅长决定、评估学习过程,能有效地发展策略。卡罗尔·格里菲斯和大卫·乔丹(Carol Griffiths and David Jordan, 2005)在研究学习者使用学习策略的模式后发现,优秀的学习者能更频繁地使用各种策略,包括词汇策略、阅读策略、互动策略、包容不确定性的策略、学习管理策略、情感管理策略、语言系统策略和资源利用策略。

同样,刘亦春(2003)调查了学生的英语阅读策略使用情况,结果发现成功学习者在宏观调控、自我评价、灵活运用所学、课外阅读等方面,都优于不成功学习者。

综上所述,优秀语言学习者的形成是多种因素共同作用的结果,语言学习的内部、外部条件的最优化配置才能促进语言水平的提高,各类因素之间的关系可以作如下图解:

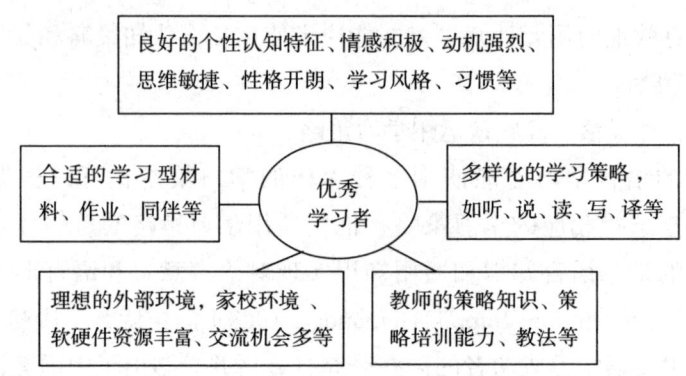

图1.2　优秀语言学习者因素

虽然对优秀语言学习者进行了诸多研究，却不能简单地把他们的策略推荐给语言学习表现欠佳的人。科恩（Cohen，1998）认为，学习策略本身并无优劣之分，重要的是学习者如何运用这些策略。换言之，优秀学习者和表现欠佳学习者的差异并不完全在于使用了什么学习策略，策略本身也并不存在高和低之分，差别在于使用策略的方式和频率。为此，厄尔曼（Fhrman，1996）提出了五点学习策略的使用原则。

（1）学习活动应该尽可能关联和模仿现实生活中的真实任务；

（2）深层策略高于表层策略。比如，在学习中与其他知识和经验建立联系、先行组织、重组材料、对结果进行评估等深层策略，要比单纯的机械记忆、按顺序复述等表层加工策略更有效；

（3）情感管理和认知策略同样重要，消极负面情绪会降低学习活动的效果，而积极向上愉快的情绪会加速学习进程和增强学习效果；

（4）要根据个人特征，选择适合学习任务和自身学习风格的学习策略，可以参考使用优秀学习者的学习策略；

（5）在学习新知识和难点时，也要采用自己所偏爱的学习策略和风格。

第三节　英语学习策略分类

英语学习策略是学习策略与外语学科结合后的具体化。为了理解外语学习策略的分类，首先需要了解学习策略的分类。

一、学习策略的分类

（一）认知策略、元认知策略和资源管理策略

根据学习内容所涉及的因素，麦基奇、伊朗-内贾德和伯里那（Mckeachie、Iran-Nejad, and Berliner, 1990）将学习策略分为认知策略、元认知策略和资源管理策略：①认知策略，包括复述策略，如画线、重复、抄写、作笔记等；精加工策略，如想象、口述、判断、推理、对比、总结、答疑等；组织策略，如组块、选择要点、画思维导图、列出提纲等；②元认知策略，包括计划策略，如设置目标、浏览、设疑问等；监视策略，如集中注意力、自我检查、监控领会等；调节策略，如调整阅读速度、重新阅读、改正、复查等；③资源管理策略，包括时间管理，如订立时间计划表、设置不同时期的学习目标等；努力管理，如将学习结果归因于努力，进行自我谈话、调整心情、自我强化、自我鼓励、坚持不懈等；学习环境管理，如寻找固定、安静、习惯的地方等；其他人的支持，如寻求教师的帮助、寻找同伴的帮助、开展小组学习或获得个别指导等。

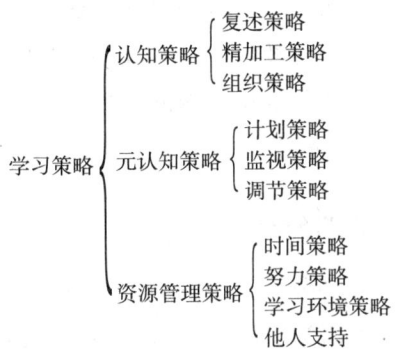

图1.3 麦基奇（Mckeachie, 1990）的学习策略分类

（二）基础策略和支持策略

根据学习策略在学习过程中所起的作用，丹塞罗（Dansereau，1985）将学习策略分为基础性策略（primary strategy）和支持性策略（support strategy）。基础性策略是指用于直接操作材料的各种学习策略，主要包括进行信息获取、贮存、检索和应用的策略，如识记、整合、组织、回忆、复习等。支持性策略主要指帮助学习者维持合适的认知氛围，以保障基础

策略有效操作的策略，具体包括计划学习内容、安排时间、分配注意力、自我监控和诊断评估。

（三）认知信息加工策略、元认知策略、辅助性策略、积极学习策略

依据学习策略涵盖的成分，温斯坦和梅耶（Weinstein and Mayor, 1986）认为学习策略包括：①认知信息加工策略，如获取、精加工、梳理信息的策略；②元认知策略，如制订新信息获得的计划、确定采用的方法、评价学习的效果等；③辅助性策略，如调整情感、控制焦虑；④积极学习策略，如保持乐观、乐于尝试的策略。据此，学习策略量表应该包括10个维度：信息加工、选择要点、态度保持、应试方法、动机状况、时间管理、焦虑调整、专心学习、辅助手段和自我检查。

（四）选择、记忆、编码、思维和元认知学习策略

根据学习对信息的加工程序，刘电芝（1999）把学习策略依次分为选择信息策略、高效记忆策略、编码信息策略、思维策略和元认知策略。

（五）大策略、中策略和小策略

根据学习策略迁移性的大小，可以把学习策略划分为大策略、中策略和小策略。具体而言，大策略具有的可迁移性最大，但距离任务最远，可教性最差；中策略则既有可教性，又有较大迁移性；小策略距离任务最近，可教性最好，但迁移性却很小。因此，采用中策略的效果较理想，因此，一些研究者强调研究中策略。

二、英语学习策略的分类

鉴于学习策略具有多种分类方法，英语学习策略有多样分类法。研究者们依据不同标准，对外语学习策略提出了多种分类方法，下面是七种具有代表性的、比较典型的分类法。

（一）Skehan的分类

斯凯恩（Skehan, 1989）从学习者的角度，认为语言学习策略可以做出如下分类：

1.根据学习者的方法可以分为：跨语言比较策略（cross lingual comparisons），指学习者通过对比母语和目的语进，推断出二者的异同；归纳策略（induction），指学习者通过对语言形式进行归纳性分析，找出目的语的规律。

2.根据学习者处理学习情景的能力可以分为：解释与确认策略（clarification and verification），指学习者通过查词典的方式，获得词语的应用实例，并从句子表达的意义确认词语等的意思；主动参与策略（active task approach），指学习者主动地寻找语言学习机会，并参与练习活动，积极做出反应。

3.根据学习者评价能力可以分为：监控策略（self-monitoring），指学习者验证自己的学习假设，进行自我纠正，注意错误产生的背后原因；自我评价策略（self-evaluation），指学习者从精确性和完整性的视角出发，来检验自己语言学习的效果。

（二）O'Malley和Chamot的三分法

根据信息处理理论，奥曼利和查莫特（O'Malley and Chamot, 1990）将语言学习策略分为：元认知策略、认知策略、社会和情感策略。实际上，这三类策略之间存在上下层级关系，即元认知策略属于上位策略，高于其他两类策略。

1.元认知策略（metacognitive strategies）：指学习者有意识地使用一定的策略来监管自己的学习，在语言学习过程中，学习者进行自我计划、检查和评价来控制自我的认知。它包括：advance organizers（提前准备）、selective attention（选择注意）、directed attention（集中注意）、advance preparation（事先练习）、self-management（自我管理）、self-evaluation（自我评价）、self-monitoring（自我监控）、delayed production（延迟表达）等方面。

2.认知策略（cognitive strategies）包括两种，一种指学习者使用的存储策略，比如默记、辨认、分组、积累资料，具体而言，有repetition（重复）、deduction（演绎）、note-taking（记笔记）、grouping（归类）、recombination（重新组织）、key word（利用关键词）、imagery（利用视觉形象）、auditory representation（利用声音表象）、contextualization（利用上下文情景）等；另一种指学习者运用语言的策略，比如排练、输出、创造，具体而言，有resourcing（利用目标语资源）、translation（翻译）、transfer（迁移）、inferencing（推测）、directed physical response（利用身

体动作）、elaboration（拓展）等。

3.社会和情感策略（social/affective strategies）：指与其他学习者互动或与母语者交流的策略，以及用来规范自己的情感、态度、动机和降低焦虑、鼓励自我的学习策略。具体而言，有cooperation（协作），question for clarification（提问澄清），self-talk（自我交谈），self-reinforcement（自我强化）等。

（三）Oxford的二分法

奥克斯福德（Oxford, 1990）根据学习策略与所学语言材料的关系，将策略分为直接策略和间接策略（见图1.4）。

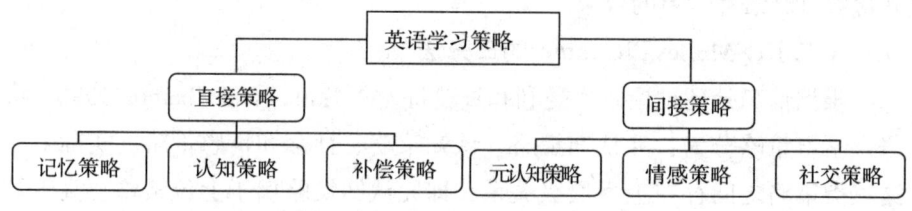

图1.4 奥克斯福德（Oxford, 1990）的策略分类

1.直接策略指直接参与语言材料处理的策略，包括有记忆策略、认知策略以及补偿策略。

记忆策略指学习者记忆、复习新语言信息时所采用的建立联想、联系声音、建构图形、运用动作等的技巧。

认知策略是指通过思考、判断和推断来理解和掌握语言信息的策略，包括思维训练，用于接受和传送信息、分析和推理、为检索信息建立规则等的技巧。

补偿策略指学习者为了弥补说写中语言知识的不足，通过合理猜测、变通等手段创造性地学习和使用语言的技巧。

2.间接策略指通过集中注意力、评价、移情等手段间接支持语言学习的策略，包括元认知策略、情感策略和社交策略。

元认知策略用于对语言学习进行调控监督安排、组织、评价等，包括确定学习重点、安排学习、计划学习和评价学习。

情感策略用于控制情绪、降低焦虑程度、自我鼓励等方面，包括降低焦虑程度、放松紧张情绪、鼓励自己、了解自己的情感状态。

社交策略是指通过与别的语言学习者共同交流学习，以获得更多的语言交互活动和语言学习机会，包括提出疑问、询问问题、与他人合作、包容别人。

奥克斯福德（Oxford）的直接策略和间接策略在同一层次上，没有等级上下关系的区分。其把元认知策略同认知策略、社交策略放在同一层面上一度受到质疑，因为元认知作为一种高层次的认知活动，其认知对象不仅包括智力活动，也包括对学习过程的管理活动，还包括交际过程中的情感活动。

通过对比奥克斯福德（Oxford）与奥曼利和查莫特（O'Malley and Chamot）的分类特点，发现两者有相似之处。前者的直接策略与后者的认知策略高度相似。前者的间接策略和后者的元认知策略和社会/情感策略有一致之处。前者的记忆策略与后者的认知策略也基本吻合。

（四）Cohen的二分法

科恩（Cohen，2000）从策略运用的目的出发，把语言学习策略分为学习语言的策略和运用语言的策略两种。学习语言的策略包括反复接触材料、识别材料、区分材料、组织材料和有意识记忆等；运用语言的策略包括检索、排练、掩盖、交际等。

1.学习语言的策略包括反复接触材料（如重复练习语言材料）、识别材料（如识别需要学习的内容）、区分材料（如将要学的材料与其他材料区别开来）、组织材料（如将语言材料归类，以便学习）、有意识地识记（如努力记住语言知识）。

2.运用语言的策略包括检索策略（如为从大脑提取语言形式而采取的措施）、掩盖策略（如为掩盖自己语言知识不足所采取的措施）、排练策略（如为反复练习语言形式而采取的措施）、交际策略（如为顺利进行交际活动而采取的措施）等。

科恩（Cohen）的分类从理论上看似简单，但在实际操作中，不容易判断学习者的某个具体活动是学习语言的活动还是运用语言的活动。此外，该分类中未涉及元认知策略。

（五）文秋芳的二分法

文秋芳（1996）将学习策略分为管理策略和语言学习策略。管理策略掌控学习过程,是指制订学习计划、策略选择、自我监控、自我调整和自我评价;语言学习策略与语言学习材料有着直接关系,它只用于语言学习,可以分为传统与非传统两大类策略。传统的语言学习策略包括使用母语策略、准确性策略和形式操练策略,而非传统的语言学习策略包括回避母语策略、意义操练策略和流利度策略。

(六)吴本虎的多元分法

吴本虎(2002)认为英语学习策略可以从不同的视角出发,分为不同类型。按英语知识可以分为语音策略、语法策略、词汇策略、语篇策略;按英语技能可以分为听力策略、口语策略、阅读策略、写作策略;按英语功能可以分为认知策略、调控策略、交际策略、资源策略;按英语课型可以分为热身策略、听讲策略、练习策略、复习策略;按英语活动可以分为问答策略、讨论策略、辩论策略、表演策略;按照英语学习策略使用者可以分为成功学习者与不成功学习者的策略或初级学习者与高级学习者的策略。

(七)英语课程标准的分类

《普通高中英语课程标准》(2017年版)指出"学生在学习和运用英语的过程中,常用的策略包括元认知策略、认知策略、交际策略和情感策略等"(中华人民共和国教育部,2018:40)。元认知策略是指学习者为了提高英语学习效率,而采取的诸如计划、监控、反思、评价和调整学习过程和学习结果的策略;认知策略指学习者为了完成具体语言学习活动而采取的步骤和方法;交际策略指学习者为了争取更多的交际机会,维持交际以及提高交际效果而采用的策略;情感策略指学习者为了调控学习情绪,保持积极的学习态度而采取的策略。通常情况下,以上这些策略可以综合运用,以解决学习中那些复杂的问题。

第四节 英语学习策略的影响因素

学习策略研究的一个重点内容是策略使用的影响因素。英语学习者使用学习策略的频率、类型、效果等的差异很大,原因在于英语学习策略的选择会受到多种因素的影响,包括个人因素和外部因素。其中学习者的"个体差异对学习策略的使用会产生明显的影响,主要表现在学习动机、年龄、学习潜能、学习风格、个性、个人经历等方面"（王立非，2001：5）。外部因素主要指环境因素，包括学习任务、文化背景、教师教学等方面（文秋芳、王立非，2004）。本节阐述学习动机、年龄、兴趣、学习风格、性别、英语水平、学习任务、教师教法等对英语学习策略的影响。

一、学习动机

动机对人的活动有巨大的推动作用，不仅影响着人对行为的选择、调节、控制、导向和定向，还影响人在朝预期目标行进过程中采取什么样的方法、策略、手段。一般而言，优秀的学习者有着很强的成就动机。成就动机是一种高级的社会性动机，是指个体为了取得某种成就，积极主动地从事那些自认为重要或有价值工作的内在推动力。默里（Murray，1938）认为"成就动机"是指人能够克服障碍，施展才华，以便尽快尽好地实现目标的需求。后来，阿特金森（Atkinson，1964）指出，成就动机就是能在具有某种优胜标准的竞争中对成功的关注。人类文明和科学技术的进步发展，大多数依赖于群体和个人成就动机的推动作用。

在英语学习中，成就动机高的学生，能想方设法克服学习中的困难，并去钻研难点，千方百计地克服自己的弱点，反复努力尝试更好的方法，提高自己的学习效率。他们善于发现、分析、解决问题，善于总结能解决学习问题的学习策略，而且会在学习中不断地给自己提出新的、更高的要求。

二、年龄

不同年龄的学习者在策略选择方面会表现出不同特征，这与学习者的认知水平发展阶段和心理成熟程度有关系。

幼年阶段的学习者倾向于使用形式操练策略，以便掌握语音、语法、词汇等基础性知识，该类策略包括反复朗读生词、听录音、读语法书等。但是，随着年龄的增长，理解力得到加强，学习者更倾向于使用意义策略，以便提高意义理解和交际能力，该类策略包括通过上下文猜测词义、阐述自己的观点、收看外语视频、阅读外文报刊、阅读英文小说、用目标语与他人进行口笔头交流等。

小学时期的学习者，其策略发展进入过渡阶段。这时的学习者已经自发地掌握了许多策略，但是仍然不能有效地运用这些策略提高其学习效率。此时，如果能及时给他们予清晰的策略指导，他们便可能利用已有的策略去改进学习。

初中和高中时期的学生者,策略发展进入了后期阶段。此时学习者在自己熟悉的知识领域内，可以在没有指导的情况下，自觉地运用适当的策略改进学习，而且能根据任务的需求和情况来调整其策略。实践中发现，优秀的学生往往在初中时期就已经形成了恰当的学习策略，升入高中后，其学习能达到非常自觉的程度，而且有很强的自主学习能力。

三、兴趣

兴趣是人探求某种事物或从事某种活动的心理倾向，能驱动人认识事物和探求真理。人们一般会对有兴趣的东西表现出高度积极性，并且会产生肯定的情感体验。如果学生对英语感兴趣,他们就会勤奋学习。在当前的英语教学中，有些教师早已认识到让学生对英语感兴趣是提高学习成绩的最好的方法，并积极开拓和使用了很多方法，比如有的教师充分使用多媒体声音和视频资源教学，举办演讲赛、阅读赛、写作赛和唱英文歌曲赛，鼓励学生应用思维导图展示自己的学习成果，在课堂上创设不同情景让多名学生参与发言，让学生在课下选择阅读自己感兴趣的英文经典名著，等等。

学生对英语学习情景越感兴趣，就越会设法使用各种学习策略，设法去完成英语学习任务，主动寻找学习方法，选择最佳的学习策略，完成自己的学习任务，从而提高英语学习效果。

四、学习风格

学习策略与学习风格有着直接的相连。学习风格指个人吸收、处理和储存新信息和新技能的自然的、倾向的、习惯的、偏爱的方式（Kinsella，1995）。学习风格作为学习者个体差异的一个重要组成成分，与个性认知方式和情感因素等密切相关。因此，每个学习者都会有自己独特的学习风格，就像每个人都有自己的独特的性格一样，不同的学习风格各有利弊，无好坏之分。

"学习者总是倾向于选择与自身学习风格相匹配的学习策略"（李洁，2011：78）。比如，判断型学习者倾向于使用元认知策略，习惯于自我管理、自我监控和自我评估，还偏爱制订学习目标、确定学习计划、安排学习任务、评价自身有无进步等；外向型学习者更喜欢使用社交策略，擅长社交活动，喜欢小组互动，愿意与人交谈；思维型学习者善于在语言学习中运用推理策略，乐于冷静思考，擅长逻辑推理和分析；内向型学习者习惯独处，喜欢阅读英文资料、看英文电影、听英文广播等活动；直觉型学习者则重视客观事物的意义建构和前后之间的联系，习惯使用总结语法规则的策略。

五、性别

由于性别的差异，男女在诸多方面表现出了不同，比如男生独立性较强，理性思维多一些，而女生则依赖性较强，长于感性思维。奥克斯福德（Oxford，1995）指出男女学习者在学习风格上表现出一系列差异，文秋芳、王立非（2004：31）也指出"性别对外语学习策略的影响通常不是直接的，它通过对学习风格的影响，会间接影响学习策略的使用"。因此，男生和女生由于性别不同，学习风格的表现也就不同，这就导致学习策略的使用倾向也有差异，从下表可以更详细地发现两种性别的不同学习风格。

表1.1 学习风格上的性别差异（Oxford，1995：40）

性别	学习风格	表现特征
男生	场独立型	独立于学习的社会情景，偏爱逻辑推理方式的学习
	分析思维型	偏爱按部就班地演绎式学习
	左半脑主导型	偏爱分析型学习
	触觉型	偏爱摆弄物体
	动觉型	偏爱整个身体的介入
	冲动型	快速回答问题，更注重流利
	判断封闭型	采用封闭的态度，对问题做出快速的判断
	客观思考型	偏好分析，注重事实，看法客观

表1.1　学习风格上的性别差异（Oxford，1995：40）　　（续表）

性别	学习风格	表现特征
女生	场依赖型	对学习的社会情境很敏感
	整体思维型	试图得到总体印象
	右半脑主导型	偏好用直觉回答问题
	听觉型	偏爱与别人交谈和讨论，喜欢小组活动
	谨慎型	回答问题前喜欢先思考，期望答案更准确
	感知开放型	保持开放的态度，期待获取学习的新线索
	主观直觉型	易动情，看法主观，易移情

六、英语水平

不同水平的学生拥有和使用的英语学习策略存在巨大差异，研究发现（刘电芝、黄希庭，2002）这些差异表现在：①不同水平学生使用策略的差异之一是策略使用的恰当性，善学者懂得何时、何地、用何策略、怎样用、能解决何种问题；②学习困难的学生缺乏策略，无法抑制一些不必要的信息输入和干扰，不能有效拎出清晰的线索，不能恰当地利用编码策略，无法找到解决问题的策略，也不会评价所使用策略的效果；③不同水平学生不仅使用学习策略的数量和频率有差异，而且在质量上也存在很大差异。例如，研究发现优秀生使用元认知策略的数量比学习困难生要多，两者在解题过程中使用的元认知策略也有本质区别。虽然，学习困难生在解题过程中也使用一些元认知策略，但主要是对任务难度的自我评价，或是放弃做题的倾向；而优秀生的元认知策略使用则直接指向问题解决方案；④学习困难生由于缺乏相关的经验，使用高级的、复杂的策略就有困难，而中高水平学生则能较容易地获得策略，并善于从优秀学生所使用的策略中获得启发。

同时，有些策略只有在英语学习达到一定水平时，才能有效使用。例如，想要根据上下文猜测生词的意思，就必须先理解文章的大意，想要利用构词规则记忆单词，就必须先拥有一定量的词汇。在英语学习中，对于基础阶段的学习者，反复听、反复读是必要的学习方法，因为大声读单词和课文有利于培养自己的语感和听读能力。而当英语水平达到一定程度后，学习者已经能够完成看英文资料、用英语与人交流、听英文信息等活动,反复听读的方法就不太必要了。因此,不同英语水平者,需要根据自己的情况选择不同的学习方法。优秀学习者的一个特征就是能根据自己的情况寻找适合自己的学习方法。学习策略本身并无优劣之分,衡量策略使用成功与否的标准,是能否达到学习目的。

七、学习任务

首先,学生学习任务的类型会对学生学习策略的使用产生影响。比如,如果学生采用某种策略成功完成了某项学习任务,那么他会总结并在以后完成类似的学习任务时,不断应用和完善该策略。学习任务可以引导学生的思维、行为、策略,同时还可以促进他们对英语的敏感性,从而形成一种策略使用习惯。比如,学生需要完成的任务是快速阅读理解后总结文章的大意,那么学生一般就不会采用逐字逐句地去深究细节信息的策略。但是,如果学生需要完成通过精读以深度理解文章背后的信息,那么学生就会采用细读策略。

其次,学习任务的难易程度会影响到学生的策略使用,学习任务包括三个维度,语言的复杂性、认知的复杂性和交际压力斯凯恩(Skehan,1998)。当这三个维度的难度出现差异,并且只有一个维度的难度较高时,学生运用策略的可能性才最大。但是,如果其中两个维度的难度较高时,学生是否运用策略就出现不确定性。因此,教师在布置学习任务时,需要注意:

一方面,学习任务不能太难。如果学习任务的要求过高,难度太大,学生可能会感到不可能完成,就不会做任何努力。布置学习任务要根据学生的学习能力、学习水平、课余时间等情况来决定,让学生在完成任务中体验到成就感。

另一方面,学习任务不能太简单。比如对于"抄写"类作业,很多学生可能会持反感态度,认为是浪费时间。布置学习任务应该具有一定挑战性,需要通过努力才可以完成。比如,布置一个学习任务,让学生用英语介绍自己小区防控新冠肺炎的情况,要求他们收集材料,制作PPT,课堂上展示给同学。学生就会觉得这个作业有话可说,能体现他们的话语组织能力,就会有较高的完成愿意,会通过一系列的学习策略,开展建立小组、收集材料、查阅信息、组织语言、动手制作课件等活动，从而在分析问题和解决问题过程中提高英语学习能力并锻炼综合能力。

八、教师教法

英语教师的教学策略对学生英语学习策略的形成起着潜移默化的影响作用。比如，如果有这样两位采用不同教学方法的教师，一位经常用目的语解释（paraphrase）的策略来解释和检查学生理解课文的状况，另一位则经常用翻译策略进行讲解和促进学生对课文的理解。那么，结果可能是，第一位教师教的学生很可能形成一种学习策略观念，认为"paraphrase"是理解课文的一种有用的策略，因而基于这种观念，学生在课下预习、复习课文时就会频繁地使用"paraphrase"的策略。同时，第二位教师所教的学生则可能形成另一种的学习策略观念，认为翻译是理解课文的一种有效策略，因而在实践中学生会常常使用翻译策略去分析和理解课文。

然而，"教师对学生学习策略形成的影响作用可能是积极的，也可能是消极的"（文秋芳、王立非，2004：29）。一般来讲，"paraphrase"是用目的语去解释目的语的内容，因此有助于学生在英语学习的过程中用目的语思维，逐步摆脱对母语的依赖性；而翻译则是借助于母语去理解目的语，因而可能会强化学生把母语作为中介语的不良习惯。

对于学校环境中的学生，尽管没有很多挑选教师的自由，也无法从根本上改变教师的教学策略，但是这不意味着学生自己就无法做出任何积极的回应和调整。事实上，学生可以通过选择、调整自己的英语学习策略，适当弥补教师教学中可能的不足。例如，如果教学中的教师只重视读写，而不重视听说,学生可以有意识地在课外进行听和说的训练。如果教师在课堂上经常对句子进行详细的语法分析，但是学生意识到掌握语法只是学好英语的手段而非最终目的，那么学生在课后就不必要再在语法方面花更多的时间和精力，而是进行一些实践运用语言的学习活动。

第二章　英语学习技能策略

英语学习过程是一种集观察、识记、思考、模拟、表达等为一体的复杂活动过程，离不开学习策略的支撑。英语学习的目的就是借助语音、词汇、语法、句子、语篇、声音、视频、手势等载体，锻炼和提高听、说、读、写、译等英语输入和输出能力，培养英语语言运用能力，同时打开跨文化视野，学习人类优秀科学文化知识，锤炼道德和思维品格，最终实现"全人"发展。由此可见，词汇、听力、阅读、口语、写作、翻译等是英语学习中的支柱性要素，探讨其具体学习策略也是英语学习不可或缺的部分。

第一节　词汇策略

一、词汇的性质

词汇是语言的基本组成要素之一，作为音、形、义的结合体，是外语学习的基础和重点。只有掌握了足够量的词汇量，才能掌握阅读、听力、语法、口语、翻译等方面的语言技能，才可能有效地运用得体的话语发表自己的想法，进而成功地实现信息的沟通。英国著名语言学家威尔金斯（Wilkins，1972：48）曾说过："没有语法，人们不能表达很多信息；而没有词汇，人们则什么也表达不了。"70年代兴起的教学法就十分关注词汇的重要性。

从理论层面探究词汇的作用，外语教学的目的是教会学生从事交际活动，而词汇是重要的人际交流的基础。社会语言学认为，词汇是"社会交际系统中最主要的成分"（Labov，1973：341）；心理语言学认为，词汇不仅是言语产出的动力，也是听力理解的关键。

从实践层面探究词汇的作用，词汇是英语学习中一个非常重要的内容。一个人掌握英语词汇的多少，以及其运用词汇的熟练程度和准确程度如何，能直接反映出其英语水平的高低，并影响其交际的效果。词汇学习与语法学习不同。语法学习有明显的阶段性需求，在掌握基本句式、结构之后，语法学习任务就不再那么艰巨。而词汇学习似乎永无止境，它贯穿英语学习过程。词汇的重要性不言而喻，它是砖石，没有它，就无法构筑语篇的大厦。学生词汇量掌握不够，在听、说、读、写、译、看的过程中就会感到困难重重。

由此可见，无论从理论上看，还是从实践上看，英语单词都具有可听性、可说性、可读性、可写性、可译性的特征。可听性，是指单词的发音可被人们接受和理解，有音义相联的特点，听到一个音，就知道它表达的意思，在极短的时间内完成音义对照；可说性，是指英语可用于口头表达，具有音与义相联的特点，发出一个音，它就传达一个相应的意义；可读性，指英语单词的外形形式可被人们理解和接受，并以音的方式读出来，形与音相联；可写性，指单词可以被正确、规范地写出来，形义相联，以书面形式呈现出来表达一定意义；可译性，指单词可以被以另一种语言的形式转换出来表达同样的意义，有形义相连的特点。以上属性相互联系，密不可分。假如割裂了音形义的有机联系，就无法达到对单词的完整认识，也无法正确掌握英语的听、说、读、写、译等技能。

二、词汇学习的障碍

在实际学习中，词汇学习是学生学习英语所遇到的最大的问题，尤其对初学者更是如此。学生中普遍存在英语单词太难记，今天记了明天就忘的看法。而这些想法的直接后果就是使相当一部分学生丧失了学习英语的兴趣，不想学、不爱学、不愿学。另外，有些学生虽然对英语感兴趣，但是苦于找不到学习词汇的恰当方法，为了扩展词汇量，终日埋头于词汇手册和各种词典，却事倍功半。造成这种现象有以下原因。

（一）词汇学习脱离语境

现在，受英语考试、追求速成等思想的影响，学生记忆单词的主要途径是通过机械背诵词汇表、查阅电子词典和摘抄词汇，不太关注词义之间的内在联系、词义的上下文语境、不同词义所对应的句法特征，从而使所记忆的单词孤立存储，结果只能是暂时记住，但是很快便会忘记，出现欲速则不达的情况。

（二）词汇存储印象不深

多数学生在记单词时，主要通过简单的汉英对应方式记忆，在存储单词信息时主要依靠母语概念加工。这种方式并不利于他们用外语思维进行思考，会降低他们用外语表达的准确性、地道性和流利性。另外，即使机械地记住了单词的词义，但由于缺乏回忆线索，而且没有在实践中使用，导致词汇很快被遗忘。

（三）词汇巩固不到位

学生主要靠机械性重复、死记硬背的方式巩固词汇。他们不会通过灵活运用的方式，多途径地使用所学过的词汇，未能在各种不同的听、说、读、写、译的场合中及时提取和使用适当的词汇，而仅仅是通过考试、课堂回答问题、完成教师布置作业的方式来强化词汇的记忆。但是，巩固词汇最积极的方式是反复地、经常地、多渠道地学以致用。

三、词汇策略的相关研究

由于词汇在语言交际中的重要作用，及其存在的这些词汇学习障碍，对词汇习得的研究一直是语言教育工作者和心理语言学家们关注的焦点之一。国外关于词汇习得理论的研究始于20世纪80年代，科恩和阿菲克（Cohen and Aphek，1981）、奥曼利和查莫特（O'Malley and Chamot，1990）、万那（Vann，1990）等人对词汇学习策略做了有益的基础性探索。英国心理语言学家梅拉（Meara，1997）在《语言教学与语言学》杂志上发表了题名为"词汇习得：语言学习中一个被忽略的方面"的文章，反对忽视词汇教学的做法，明确指出了词汇所包含的信息远远超出语言的其他组成成分，提倡要让词汇学习成为外语教学的重要组成部分，这引起了应用语言学界的广泛重视。

从90年代开始，我国关于词汇习得的研究日渐增多。王文宇（1998）调查了本科生的词汇学习策略，着重探讨了记忆策略；吴霞和王蔷（1998）对非英语专业本科生词汇学习策略的调查发现，多数学生虽然认可词汇不能死记硬背的观点，但他们由于缺乏词汇学习策略，事实上还在无意识地机械记单词；周大军和文渤燕（2000）采取问卷方式对学生的词汇量增长情况进行调查，发现学生的词汇量与他们的语言能力之间有密切相关性；范琳和王庆华（2002）利用"语义场理论"证明分类组织策略能促进学生对英语单词的记忆；盖淑华（2003）以"信息处理理论"解释了学生在阅读理解中能附带习得词汇现象；陈绍英（2019）研究了词汇学习策略与词汇量的高相关性。这些研究和调查都展示了学习策略和学习结果之间存在密切的联系。

四、常用的词汇学习策略

根据奥曼利和查莫特（O'Malley and Chamot，1990）的语言学习策略理论，词汇学习策略分为三大类：元认知策略、认知策略和社会或情感策略。元认知策略包括制订计划、自我检查、自我评估和选择性分配注意力；认知策略包括记忆方法，如归类、做笔记、猜测、查词典、联想、练习和语境；社会或情感策略主要包括合作策略和求助策略。

（一）元认知策略

根据现代信息加工理论，学习者首先收到注意的信息，并经过注意选择而进入短时记忆。信息进入短时记忆后，经过编码就被储存起来。但短时记忆对信息的储存时间很短，如果所学习的内容未被及时复习巩固，短时记忆中的信息就不会进入长时记忆，很快就被遗忘了。而元认知策略正是对认知过程进行管理，通过计划、监控和评价等方式对学习进行调整，因而它可以协调各种学习策略。由于英语词汇学习是一个持续不断的系统工程，所以学习者需要有意识地积极采用元认知策略，合理制订词汇学习计划，不断监控词汇学习的过程，及时调整词汇学习的方法。英语词汇学习元认知策略就是学习者对词汇学习活动进行了有效的计划、实施、监督和管理，可以分为制订计划、自我检查、自我评估和选择性分配注意力四种策略。

1. 制订计划

学习者实事求是地确定词汇学习目标，并制订词汇学习计划。比如，计划每周记一个单元的单词。目标和计划可以推动学习者学习，避免学习的盲目性。确定了目标，就明确了努力的方向。目标有短期、中期和长期三种。就英语词汇自主学习而言，有必要制订明确而具体的短、中、长期学习目标。短期目标可以是一个星期或者三天，甚至是一天；中期目标可以定为一个季度或者一个月；长期目标可以定为一年或一个学期。词汇学习的各类目标，既包括词汇学习多少分钟，词汇数量是多少，学习的质量达到什么程度（词汇知识的广度与深度），还应该考虑词汇学习的内容和范围，即学习哪些词汇的问题。一般而言，先学习最基本的高频词汇，再结合学习的不同层次和不同需求去学习相应的词汇。比如，长期目标要根据学习者的具体情况，分别以相应级别的词汇量要求为依据来制订；短期目标的制订可以和学习者的英语教材内容联系起来，即学习掌握教材中那些功能性较强、出现频率较高的重要词汇以及相关搭配。

2.自我检查

学习者应该按照计划监控自己的学习过程、检查自我学习结果，并且必要时做出调整，修正学习方式。学习者每周或每月要进行一次自我检查，核对是否圆满完成目标任务，也可以与同学互相合作，彼此互相监督，个人也可以循环复习，以免遗忘。

3.自我评估

在完成任务后，学习者应针对学习效果进行自我评估，包括总结词汇学习的计划是否科学合理，有什么未被纳入考虑，学习活动的实施是否落实到位，学习效果是否令人满意，等等。通过自我评估，学习者对自己的自主学习活动就有了一个清晰的概念，对计划和管理自己学习活动的能力有了更清楚的认识，对自己的自主学习能力也有了客观的评价，对需改进的地方和以后努力的方向就有了清晰的掌握。这样的评估对学习者无疑是十分重要的，有利于学习者形成正确的成功或者失败的归因，更加全面地了解自我，肯定所取得的成绩以增强学习信心，充分认识学习中的不足，并适当调整词汇学习策略，进一步提高学习效果。

4.选择注意

根据人们学习和运用词汇的需要，词汇研究专家指出词汇可以分为高频率词汇和低频率词汇两种。高频率词汇是多数英语使用场合中必要且非常有用的词汇，对于这样的词汇，学习者不仅需要要求自己会读，会拼，听懂，知道其基本词义，而且能够在口头或书面表达（说、写、译）时灵活运用。低频率词汇仅要求能听懂、会读。学习者学会区分高频词汇与低频词汇十分重要。

学习者可以先依据大纲要求掌握的词汇来学习，一般按照词性的重要性，可以从以下顺序着手学习：动词—名词—形容词—副词—介词—连词—代词—数词—量词。动词是掌握的重点，要求做到会听、会读、会写、会用。遇到一个动词能迅速反应其意思和搭配，使其成为积极的词汇。不过，绝大部分单词只需知其意即可。明白这样的词汇学习规则，可以减轻词汇记忆的负担，同时增加词汇学习的有效性和自信心。

（二）认知策略

1.词汇表策略

词汇表记忆策略虽然有其局限性，但也有其不可否认的价值。一般的英语词汇表，第一列按英文字母顺序排列英语单词，第二列对应的是音标，第三列是单词相对应的汉语意思（也称为等值词、同义词或近义词）。识记单词表是集中识词的一种方式，其优势在于能够在短时间内识记大量新词，从而获得目标词汇的形式和意义等方面的信息，学习效率较高，记忆成效易见。但是，其弊端在于学生通过机械记忆单词表上的单词和中文的直译，不可能真正学会词汇的使用方法。而且，词汇表记忆法不利于学生对所记词汇进行充分处理和系统组织，也就无法构建有效的长时记忆基础。语言学家桂诗春教授认为，词汇表记忆策略既费时又费力，因为这种做法把外语的词语和母语的词语等同起来，而且把它从语言和语境中孤立了出来。

2.卡片记忆策略

与词汇表记忆策略类似，卡片记忆策略虽然有其局限性，但也有一定优势。自制生词卡片可以随身携带，充分利用零碎的时间分散学习词汇，化整为零，是广大外语学习者经常使用的词汇学习方法。但这种方法的局限性在于只调动了视觉器官参与学习，且脱离了语境，词汇记忆效果有限。

3.练习策略

即通过做单项词汇练习，对单词进行比较和识别，以便对所学的关键词汇和短语能够熟练使用。可以把每一个单元中的关键词和短语集中起来，进行重复、强化、练习。因为练习效果直接受练习方式的影响和制约，所以要讲究练习的方式。练习不是对目标词汇进行单一的机械重练，而是应该调动多种感官的参与。练习活动中运用的感官越多，获得目标词汇的信息（比如视觉、听觉等多方面的信息）就可能会越丰满和具体，有利于目标词汇尽早以较完备的形式进入心理，也有利于使用时激活与提取。

4. 诵读策略

即通过背诵目标篇章记忆单词。有选择地背诵课文、英文范文不失为学习外语的一项基本方法。背诵最佳的办法就是先背诵，之后再把所背内容默写一遍，以便全面地自我检查背诵质量。如果记诵的东西能达到默写或默想一遍的程度，记忆的印象就会深刻得多。

5. 查词典策略

该策略就是在必要时查词典，了解词义，并记录学习。在学习外语中，离不开词典，熟悉它的前言、使用方法、编排格式。词典有英汉双解词典和英英词典，都可以使用。在具体使用中要注意正确取义，浏览该词的各种含义，迅速找出更适合文中具体语境的那个含义。这时需要反复研读上下文才能确定所查的单词在句子中到底表达的是哪种意思，这样才能准确掌握每一个词在不同环境下的具体含义，避免张冠李戴。如果学有余力，还应了解该词的各种引申意思和多种使用方法，如这个词的短语搭配、用法举例、注释、同义词、反义词、位置等。其中，学习词汇短语搭配、例句的方法，比单纯学习目标词汇的效果要好，这是因为词汇短语搭配和例句能运用组块的原理扩大短时记忆的容量。

6. 构词策略

即通过词源、词根、词缀及其他构词知识学习词汇。熟悉这些构词知识有助于了解、熟记和有效扩充词汇量。其中，前缀和后缀是最重要的英语词素，因此记住一些最常用的前缀和后缀很有用。un-和in-表示"不，与……相反，否定"，如unusual（不平常的，异常的）、unaware（不知道的，不觉察的）、inaccuracy（不精确，不准确）、inconvenience（不方便）；anti-表示"反对，抵抗，排斥"，如antibody（抗体）、antibiotic（抗生素）；dis-表示"否定，相反"，如disorder（无秩序，混乱）、disappear（不见，消失）；re-表示"再，重"，如revise（再考虑，校订）、reproduce（使重现，生产）。常用的前缀还有non-（不）、auto-（自动，自己）、pre-（在……前，先）、pro-（向前，先）和ex-（向上，超过）。

此外，en-既可以作前缀表示"使"，又可以作后缀，表示将形容词变为动词，如encourage（使有勇气，鼓励）、enable（使能够）、enrich（使富裕）、sharpen（使变尖）、lighten（减轻，缓和）、strengthen（加强）、endanger（使危险）等。

通过构词法学单词，利于高效记忆同类词汇，克服机械记忆单词的枯燥乏味和容易遗忘的问题。英语中一般常用的构词法有以下四种：

（1）合成词（compounding）：就是把两个或两个以上的词组合在一起构成新词的方法，叫复合法。比如hardware（硬件）、network（网络）。

（2）派生词（derivation）：就是由词缀（分前、后缀）和词根相组合构成的新单词叫做派生词。

（3）转化词（conversion）：就是不改变词的形态，只是使一种词性直接转化为另一类，从而使该词具有新的意义和功能，这种构词法叫做转化法或零位派生法(zero derivation)。英语中这类词大多出现于名词和动词之间的转化。比如hunt（名词）、to hunt（动词），类似的还有play，to play；walk，to walk；sight，to sight；等等。

（4）缩写词（abbreviation）：就是将词组用单词的首字母组合而成，如GDP（国内生产总值）、UN（联合国）、WHO（世界卫生组织）、GNP（国民生产总值）等。

7.归类策略

将词汇按照语义、语用进行归类，通过分类比较来一组组、一对对地同时记忆词汇。这种学习方法利于提高词汇记忆效率，因为将同类的一组词放在一起记忆，当遇到其中一个词时，头脑中就会出现一串词。而且，通过这种记忆方法可以在记住单词拼写的同时，掌握词与词的区别和各自特殊的用法，从而清楚地区分极易混淆的单词。同时，还可以通过同义词辨析、反义词辨析、同音异形词、词类转换词的比较归纳等方式，将机械式记忆转化为理解性记忆，从而加深记忆印象，提高记忆效率。

通过比对，在学习一个单词时，可以一并学习同类的词汇。例如，在学习football时，可以同时学习basketball（篮球）、table tennis（乒乓球）、volley-ball（排球）、badminton（羽毛球）、softball（垒球）、baseball（棒球）、billiard ball（台球）、water polo（水球）、field hockey（陆上曲棍球）、ice hockey（冰球）、cricket（板球）等；在学习doctor（医生）时，可以同时学习dentist（牙科医生）、surgeon（外科医生）、physician（内科医生）、resident doctor（住院医生）、family doctor（家庭医生）、attending doctor（主治医生）等。

8.搭配策略

即通过固定短语和习语学习词汇。关注词的搭配可以帮助学生加深对词汇的理解和记忆。一个单词的孤立学习效果，远远没有搭配构成有意义的词汇组块来学习的效果好。词汇的多义性往往通过搭配体现出来。例如，"soft"一词在不同的搭配中有着不同的含义，soft money（纸币）、soft pillow（软枕）、soft music（轻柔的音乐）、soft fire（文火、慢火）、soft drink（不含酒精的饮料）等。

通过搭配联想的方法，记词组的同时也记住了词义和常用的搭配，还可以促进新词汇的活学活用。例如，提到"touch"一词，我们会联想到一系列词组，get in touch with sb（与某人取得联系）、lose touch with sb（与某人失去联系）、keep in touch with sb（与某人保持联系）、out of touch with sb（与某人失去联系）等。

另外，利用习语、谚语的句子搭配，既能够激发学生学习英语的兴趣，又能扩大词汇量。这是因为习语、谚语的文字精练，富有哲理性，读起来韵律明快、朗朗上口，因而广泛流传又易于被记忆。因此，在教学和学习词汇中，适当地运用习语、谚语，能够营造出一种轻松愉快的实践氛围，摆脱枯燥乏味的死记硬背。

9.语境策略或猜测策略

语境策略或猜测策略，就是指学习者通过上下文的语言环境所提供的信息对出现在语境中的生词进行猜测，从而获知该词汇的意思。

在认知策略中，语境策略或猜测策略是目前比较实用的词汇学习策略之一。在英语学习中，难免会经常遇到生词。有些人一遇到生词就立即查字典，但是这样的习惯并不好，一方面，会影响阅读速度；另一方面，手头如果无字典就会不知所措，尤其在考试中。所以，应该学会从上下文去猜测词汇的意义从而弄明白生词的含义。学习者可以根据词汇的结构特征，比如词性、前缀、后缀、词根等构词知识来猜测词义。遇到自己感兴趣的语篇时，还可以通过上下文内容来猜测，如标题、摘要、图片、语法结构、标点符号等多模态的语篇特征，都可以作为学习者猜词的线索。此外，反义词、同义词、句子的前后因果关系、生词与邻近句法成分的关系等，也都可以被作为线索来推测生词的词义。把单词放在语境中就能真正了解其准确的含义。因此，记忆词汇需要将其置于短语、句子或课文中，才能对词的含义、用法形成具体的认知，并能更好地在语言中运用。

10. 记笔记策略

就是在学习中遇到生词时，弄明白其含义和用法后，做好笔记以备复习。记笔记是认知策略中的一项基本技能。通过课堂、阅读、交际等途径将学到的词汇进行笔记，可以积累词汇，扩大自己的词汇量。

11. 联想策略

就是通过相似联想（特点或性质）、对比（相反）联想、接近联想（空间上或时间上）来记忆、回忆和运用词汇。联想反映了客观事物之间的联系，它可以促进人的记忆、想象、思维等心理活动的协同运作，建立相互依存的知识结构，从而增强词汇记忆效果。

（1）词缀联想

比如，在学习词缀-tion时，学习者可以联想词汇operation、description、corporation、administration、congratulation、competition等。

（2）形似联想

就是遇到一个单词能联想到与其外形相似的其他词汇。比如，遇到"consult"，就想到了result、insult等，这样就会记忆一个新单词的同时就对比性、区分性地复习了其他的单词。

（3）同义词和反义词联想

同义词的联想指对两个或两个以上的词语所表示的相同或相似的意义之间的联想。英语中的同义词很丰富。比如，遇到"injure"，使人想到damage、wound、hurt、harm等。收集和整理纷繁复杂的同义词，不仅有利于扩大词汇量，还利于发现同义词在语义上的细微差别。英语反义词的联想印象深刻、易于记忆。但是，它却比同义词联想更复杂。这是因为英语中很多词具有一词多义和一词多性的特点，使得反义词的对应灵活多变，并非一一对应，如"fresh"的反义词有old（古老的）、salt（咸的）、polluted（污染的）、stale（不新鲜的）等。

（4）意义联想

在学习某一单词时，可以同时联想出其他已经学过的相关单词，这种方法可以推动学习者联系所有已经学过的同类单词并加以巩固。比如，在学习"father"一词时，可以联想到其他家庭成员mother、daughter、son、uncle、aunt等。又如，学到"house"这个单词时，就有一个相关语义场进入联想，bedroom、sitting-room、kitchen、bathroom、table、sofa、shower、towel、soap、sheet、mattress、pillow、chopsticks等。

通过词缀联想策略，学习者可以学一个会一串，迅速扩大词汇量。Krashen（1985）的"输入假设"认为，学习者只有接受可理解性输入（comprehensible input）时，语言习得才会产生。联想策略可以建立具体形象与词汇之间的联系，使抽象的材料具体化，使学习者把目标记忆词转化为可理解性输入，大大促进了习得的形成，是一种行之有效的英语词汇学习策略。

（5）中英文对比联想

虽然学英语要尽量避免母语干扰，但是一定的中英文对比有助于英语学习。如英语中有大量音译词，有中文译成英文的词，也有英文音译成中文的词，这些词大多数是在词汇发展演变和翻译过程中形成的。比如，有英文译成中文的词语，humor（幽默）、guitar（吉他）、coffee（咖啡）、sofa（沙发），中文译成英文的词语，tai chi（太极拳）、fee（费）、kowtow（叩头，磕头）。根据中英文的读音、词形、词义的关系而生成的词有多种类型，如"开"可以联想到的表达有，turn on the radio（打开收音机）、open the window（开窗）、have a meeting（开会）。另外，还有The water is boiling（水开了）；The flower has bloomed（花开了）；Dinner is ready（开饭了）。

12.试用策略

就是在听、说、读、写、译中对词汇尝试运用。有意识地对目标词汇加强使用，如笔头造句、口头交际等，利于促进对词汇的掌握。通过使用目标词汇，学习者付出了更多的认知努力，进行了对目标词汇信息更深层次的加工，因而记忆和保持的效果就好。因此，在学习单词以后的一定时间内反复通过听、说、读、写、译等多种形式的练习活动，才能做到加深理解，巩固记忆。

13.广泛阅读策略

大量阅读是复习词汇的非常有效的方法，其作用在于：利于从上下文去体会词义，某些已经记忆模糊的词义从上下文中很容易就能回忆起来；利于从多种不同的语境中接触词语，这比从单一的语境中接触的单词印象深刻；阅读中重复出现率高的词语必然是在言语交际活动中使用频率高的重要词语。

通过广泛阅读可以拓宽词汇学习的渠道。学习者可以利用移动网络，根据自己的兴趣，选择喜欢的话题，随时浏览和阅读英语资料。遇到生词猜不出来时，可以使用鼠标取词的方法，即鼠标指向生词，词义就会立即显示出来，如此可以保证阅读活动的持续进行，还可以附带学会单词，避免因查阅词典而中断阅读。

（三）社会和情感策略

主要包括合作策略和求助策略，它们的运用在小组活动中体现得最明显。Nation（1988）列举了不同研究者发现合作型小组学习模式在词汇记忆和巩固方面的优势，并指出小组学习可以大大提高小组成员的词汇学习兴趣和动机、降低学习者的焦虑，使成员在词汇学习的过程中更积极和主动。

1.小组活动

在单词学习小组的活动中，学习者可以选择一些感兴趣、熟悉度高的话题，进行共同阅读内容，列举、解释、讲解相关重要词语及其用法。然后，每组选派一个代表展示发言，阐述小组成员对内容的观点，交流其中的词汇，互通有无，共同扩大词汇量。最后，由组织者总结。

2.建立对话伙伴

在线下，伙伴对话是一种主体参与的学习活动，其最大的优点就是能调动所有学习者参与口头练习，设法运用词汇语言表达思想，在使用中掌握单词。实施对话伙伴策略应注意确定伙伴的对话主题，并要变换对话的角色，通常可以在同桌之间进行。

在线上，可以通过交笔友的方式，用英语以书面方式与他人交流，可以借助微信、视频、邮箱、QQ等现代媒体与网友沟通，在谈论学校生活、学习问题、生活经历或一些社会普遍关注问题话题的过程中，学习新词、巩固已学词语。

3.意义策略

在英语词汇的学习中，学习者想要达到事半功倍的效果，要彻底摆脱死记硬背，追随新时代的学习理念，遵循意义学习的原则：在有意义的语境中学习词汇；在用中学，在学中用，学了就用，学用结合；词汇学习时，做到意义优先，形式（符号拼写）随后；在理解和运用中学习，避免死记硬背式的机械学习；与其他语言知识和技能的学习紧密结合起来。

第二节 听力策略

听是人类交际的主要方式之一，是英语学习当中最基本的技能，也是对语言感知的第一步，更是交际的必备前提。具备良好的听力，是交流必不可少的条件。根据调查（Cooper，1998），正常人的一天至少有42%的时间用于听。任庆梅（2015）认为，听力活动是促进学生整体交际能力发展和全人教育的一种重要手段，因此听力是学生应该具备的一项重要的语言交际技能。随着现代国际交流的加强，听在交际活动中占有越来越重要的地位。

一、听力的性质

英语听力被定义为"理解操母语者口语的能力（the ability to understand the spoken language of native speaker.）"。可见，听力含有很明确的交际性。奥曼利等人（O'Malley，et, al.，1989）认为，听是有意识的、积极的过程，听者通过上下文和运用现有的知识，从所获取的线索中来构建意义。克莱默（Cramer，2004）认为，从应用语言学的视角看,听的行为，在广义上指的是一种积极寻求意义的活动，狭义上指的是对声音辨析和理解的活动。依据这些表述，听是一种积极的信息输入行为。从听的行为特征来分析，听力具有以下性质。

（一）信息性

信息性倾听，指通过听的行为收集和理解信息。一般而言，人在自己的日常生活和学习中都在进行着信息性倾听，如听讲课、听报告、听辩论、看电视、看戏剧等，这些活动都需要听者通过听的行为去接收、整理、收集、回忆和理解信息。信息性听力活动所面向的素材选择面通常较宽广，因此难度相对大一些，对听者的要求也较高。

（二）互动性

互动性倾听，指听力活动的执行者（即听者）与他人在语言交流活动中的互动关系。在这样的互动关系中，听者首先通过听的行为获得信息，并对信息加工理解，然后做出语言或行为上的相应反馈，从而完成一个轮次的交际行为。互动性倾听要求听者必须"用心去听"，养成良好的倾听习惯，以便使语言交流达到交际效果。听的时候，听者可以自问自答这些问题：我注视着说话者吗？我注意去倾听说话者表达的意思了吗？我听懂了说话者的意思了吗？说话者要求我做什么，我记住并做了吗？我是否有了周全的考虑和答复？如果我不注意去听，我会错过什么吗？

（三）判断性

判断性倾听，就是对听到的信息进行评判、总结和推理，这与推理性思维的联系十分密切。判断性倾听是在听的过程中所产生的心理活动，人在听的行为结束后所做出的反应往往需要以判断性倾听为前提。加强判断性倾听，有助于语言能力的发展。不过，判断性倾听有一定难度。例如，有的材料虽然可以听懂字面意义，但是还需要通过推理才能判断其深层含义。推理是语篇听力理解过程中常常需要完成的思维活动，而且需要在听的瞬间完成，这就需要有听力策略的支撑。

（四）审美性

审美性倾听，主要是指人喜欢听娱悦性和欣赏性的内容，如听歌曲、故事、诗歌、童谣等语言形式，容易让人获取声音或语感。在这种倾听的过程中，听者会不知不觉投入到听的内容中，从而取得良好的听力效果。所以，在日常听力教学或练习中，如果能穿插听一些情节性强的故事，利于提高听者的兴趣。

（五）阶段性

听，作为一个信息传输和加工的过程，会经历三个阶段。第一是感知阶段，听者在一连串连续的音流中，凭借稍纵即逝的声音记忆、初步辨别语言信息，并将听到的话语初步切分成语句片段，从而形成信息印象；第二是辨认阶段，听者根据句法规则和词语搭配规则，将听到的语言切分组合，并将辨认出的片段同正在辨认的语句之间联系起来，从而形成暂时记忆，完成语句的辨认；第三是再现重构阶段，听者将所听到的语言材料再现、整合和重构，构建一个相对完整的信息概念，使其逐步进入长时记忆。

这三个听的阶段，在极短的听的时间内完成。显然，听力不仅要求信息接收者正确辨别声音符号，包括语音、语调、节奏、语气，同时还要调动自己的背景知识、个人经历、情感、思维的敏捷性、语言水平等因素，采取一系列认知策略处理、分析、重构信息，从而理解所听语言的意义。

上述五种听的性质，说明听力理解过程是一个语言学因素与心理学因素交织在一起的心理活动，正是由于听力的这种特殊性，所以众多英语学习者认为它是最难掌握和运用的一项语言技能。因此，听者在听力学习时需要掌握一定的听力学习策略，以便更好地克服听力学习中出现的畏难情绪，找到适合自己的听力学习方法。

二、常用的听力策略

听力策略，通俗地讲，就是指帮助学习者掌握听力技能，提高听力能力的学习策略。在听力理解过程中主要常用的策略有元认知策略、记忆策略、认知策略。

（一）元认知策略

心理学家弗拉维尔（Flavell，1976）首次提出了元认知概念，他认为元认知指的是学习者在认知过程中所形成的知识，对所学到的知识进行积极主动的管理，对自己学习行为进行监控，调整自己的学习策略及协调学习行为以达到预期学习效果的认知过程。元认知策略是指学生在学习的过程中，对自己的学习行为、学习策略和学习效果进行实践、检测、管理和评价（李灵，2019：58）。听力元认知策略是指在听力学习的过程中以学习目标为指向，对学习计划、进程、方法执行情况等方面进行有意识的管理监控，包括前期计划策略、中期监控策略、后期评估策略。

1.前期计划策略

在进行听力学习前，听者首先应对听力学习的目标、过程、步骤等进行宏观规划，找出听力活动的特点及难点所在，并制订短期、中期和长期目标。在此过程中，学习者要确定每个时期的学习任务，明确每个月、每一周、每一天有哪些具体学习任务。

2.中期监控策略

在听力学习的过程中，学习者需要对自己的学习行为和效果进行监测和检验。因为，英语听力训练或听力测试的气氛一般都是被动而又严格的；所以，不论是听力强还是听力弱的学习者，都会出现不同程度的紧张焦虑情绪。比如，有些人在听的过程中，即使对学过且听清了的单词都可能想不起其意思，一旦出现生词就更不知所措。当发生这种情况时，就需要学习者能自觉地控制和调整心态，重新把注意力集中在听力材料上，而不是陷入对生词的苦思冥想中，无法继续听的进程。换句话说，听的过程需要保持良好心态，遇到生词时，果断放弃，不要停留在生词上。可以先根据听到的音写出音标，然后按照读音规则再结合语境进行意义推测。遇到不会作答的题目，应立即暂时搁置，准备听新的题目。没有把握的题目也要根据所听信息排除错误选项，进行优化处理。

3.后期评估策略

在完成某一阶段或某一时期的学习任务后，进行自我检查、自我反省，客观全面地评价自己学习计划的完成情况。通过评价，总结自己的进步，发现自己的不足，分析问题产生的原因，并找出解决问题的办法，为下一步调整做好准备。只有自己有效地评价自己的学习状况，充分发挥评估策略在听力学习中的监督作用，才能真正提高听力能力。

（二）认知策略

认知策略是指运用有关如何学习、记忆、思维的规则去调整人的学习、记忆、认知行为，以提高学习、记忆、认知效率的策略。听力学习的认知策略主要有预测策略、切分话语策略、激活相关图式策略、选择要点策略、推理策略。

1.预测策略

预测是指利用已知信息来确定将要听到的内容可能涉及的大概主题。听力预测主要有听前预测和听中预测。

听前预测，就是在做听力理解活动之前，认真阅读题干，通过题干、段落和标题中透露出来的信息，结合自己已有的背景知识，进行思考和加工，形成一定的思维定式或倾向，从而提高听力质量。

听中预测，就是在听的过程中，根据前面已听到的信息，预测中心思想和说话者的思路，捕捉时间和空间线索，梳理举例和例证、引申和转折、推论和总结等逻辑关系，从而获取整个语篇的意义。预测法有标题预测法、逐句预测法、语法关系预测法、关键词预测法、主题句预测法、谈话者的身份、人物关系预测法，以及关联词、过渡词、功能词等。

此外，听者还可以进行推断，就是根据文化背景知识、语言知识、生活常识等，对语言材料中没有直接说明，但是隐含的语义、事件间的关系、说话者的意图及相关结论等进行推断。例如，以下四句话介绍一个人，听者可以利用已掌握的语法知识，通过逻辑推理来推测其职业。

A. Rose was in a bus on her way to school.

B. Rose was worried about controlling the English class.

C. The teacher should not have asked her to do it.

D. It was not a proper part of the janitor's job.

听到A句时，听者可能认为Rose是个学生。从B句来判断，Rose应该是一名教师。听到C句，又推翻了这一判断。直到D句，才能确定Rose是一名学校的杂工。在对Rose进行预测的过程中，需要一定的语法基础和逻辑推理能力，才能得出正确答案。

2.切分话语策略

切分话语策略就是依据讲话人的语调和停顿，把接收到的语言信号尽可能切分成长的意群。通过有效地利用讲话者的停顿，能大大缩短听者对语言信号反应的时间，从而对语段含义做出更准确的理解。听的过程中，尽量避免致力于听清每个单词，这样只能记住支离破碎的单词或短语，影响对整个语篇的整体意思理解。因此，在听较长的篇章时要注意对整体大意的掌握，而不是个别词语，要把重点放在关键词即实词上，可以一边听一边把要点及回答问题的关键词记下来。另外，可以关注重复的词语，这些词通常会给出一些线索。还要注意听短文的首句和首段，这些往往是对短文内容的主题概括，如讲话的目的、人物、论点、故事发生的时间、地点、事由等。

3.激活相关图式策略

激活相关图式策略，是把新信息同先前的知识相联系的策略。这是一种有助于理解和记忆的高级策略。通过新信息不断激活大脑中已有的相关知识，不仅能充分利用已有信息完善其他信息，还能根据上下文的推进关系、语调变化，对没听懂的部分进行合理的联想，并根据从下文中获得的信息来修正和补充前面所听到的不准确或不全面的信息，以及运用个人经验对新信息做出判断，还利于通过把新信息与先前知识的比较去推测不熟悉的单词或词组的意义。

4.选择要点策略

在听语篇时，听者没有必要强求自己听懂每一个单词，而应该根据预测有选择地听要点。听之前，通过标题预测相关词汇。在听的过程中，注意侧重听段首句和过渡性的词语。段首句通常是段落中心内容的主题句，而过渡性词语则体现出说话者的逻辑思路和语篇的展开方式。在听的过程中，有必要适当地把一些关键的地方和容易忘记的地方记录下来。

5.推理策略

推理策略是运用已有知识和从听力材料中的已获信息猜测意义或补充概念的策略。在真实的言语交际活动中，大量信息的获得不是单靠简单的词句输入就可实现，而在很大程度上是要通过利用语境信息和讲话人之间关系等隐含线索，对输入的新信息进行逻辑推理才能实现。

这项策略与上面所述四种策略有着密切的关系。通过记忆相关信息、预测内容、选择要点并将新信息与个人知识经验相结合等策略，就可以在已有知识、关键句、主题句和具体语境的启发下，推断出生词、语篇中心思想以及材料深层的隐含意义，从而排除不符合逻辑的解释，填补信息空缺，找到合乎逻辑的答案。

（三）记忆策略

在实际的听力活动中，所听的内容一般都是转瞬即逝。即使是听力能力很强的人，也难以记住长段文章或会话中的全部准确细节，这无疑会影响听者对所听材料的记忆。为了设法把短时记忆中的信息存储到长期记忆中，就需要掌握和运用记忆策略。

1.听的注意策略

第一，真正用心听，集中精力去听那些需要记忆的重要信息。

第二，不要把注意力放在个别单词上，听不清或听不懂个别词就放过去，继续跟着向前推进，注意把握文章的整体大意。

第三，听完之后，可以立即做一次自我测试，检验你能回忆起多少听过的内容。

第四，可以尝试把你听到的东西向别人复述。

第五，可以找个朋友一起参与听的活动，听完后相互交流所听的内容，看看两人听到的是否一致。

第六，如果听的内容语篇较长，就尽量把所听的要点记录下来。

2.听的笔记策略

在听力活动中做笔记，有助于区分有用信息和无用信息，利于减轻大脑负担，同时利于完整而准确地把握所听材料的主要内容。记笔记的方式可因人而异，但需要注意，没必要试图把听到的内容全部记下来，应该记录重要信息、容易忘记的内容，尽可能记下文中所提及的各种数据、人名、地名、事实、理由等你认为重要的信息。

（1）记数字

由于听力材料中往往会出现干扰内容，这就要求听者认真地听清原文信息，敏感地捕捉，准确地记录，并理清不同数字之间的逻辑关系。所需记录的数字型材料内容主要包括数量、年龄、时间、价格等，以帮助自己进行判断、推断等活动。对电话号码、门牌号、航班号和车牌号等，可采取听写记录；对判断类数字需要在听到的两个或两个以上数字才能判断，也需要记录；对推断类数字则通常涉及简单的数学四则运算，需要计算才能得出正确答案，也需要记录。

（2）记地点

提问地点的问题大多以where开头的疑问句，如"Where does the conversation most probably take place?"，对于这类问题需要有一定积累和推断。

第一，熟悉和积累与各种地点场所有关的单词、短语、句型和场景。

第二，熟悉和积累常用的地名，如国家、首都、大城市、著名建筑、著名山川河流等的名称。注意地点名称的大小写。

第三，根据对话中的具体内容，结合生活常识进行逻辑推断，从而得知对话发生的地点。

（3）运用缩写和符号记录

在听的过程中，可以通过使用缩写符号，有效缩短记录的时间和负担，从而提高记录的效率。常用的一些缩写与符号有：

缩写符号：television—TV.；professor—prof.；doctor—doc.；gymnasium—gym；week—wk.；after—aft.；transport—trans.；photograph—photo；advertisement—ad.；等等。

记录符号：and—&；smaller than—<；bigger than—>；dollar—$；because—∵；so—∴；change into— →；percent—%；等等。此外，↑表示上升、增长、增加、提高、发展、升值、扩大或晋升等；↓表示下降、减少、下跌、扣除、削减或恶化等。

（4）笔记的系统化

听力笔记应该是针对所听内容列出的一份简要提纲，可以用关键词，也可以用短语、句子等表示，需要简洁、明白、快捷。比如，在听对话时，可以边听边快速核对材料的各项内容，用对、错号加以标示或对不同的选项就内容做简单笔记。

第三节　口语策略

一、口语的性质

英语口语指口头用英语表达和传递信息的交际活动。在人际交往中，口语的表达能力决定了交流的成功与否，特别是在跨国交流的时代，人们用外语交流的机会越来越多，需要提高自己口语能力的需求也越来越强烈。

（一）口语能力的构成

一个人的英语口语水平主要表现在语言能力、语用能力和策略能力。

语言能力是一个人所具有的英语语言知识，包括语音、词汇、语法、语句、语篇等方面。具体地讲，就是说话者在与人交谈中，运用的语言清晰、地道，重音、节奏和语调正确，并能选择恰当的词语、句型、时态和语态等准确地表达自己的思想意图。语用能力是指能根据不同的场合、身份、社会背景、对话者身份、文化知识，运用合适的词汇、句式、话语和表达法，能避免误解和文化障碍。策略能力是指说话者在言语交际中为使交流顺利进行或为了弥补自己的语言表达方面的不足，而使用一些技巧和策略。

（二）口语能力的发展

大致来说，口语交际能力的发展一般分为学习和运用两大阶段（文秋芳，2003）。口语技能学习阶段（skills-getting），是为掌握技能而进行的语言系统基本知识的积累和准备；口语技能应用阶段（skills-using），是把学习到的语言系统知识运用在真实的交际中，不断提高自己的口语技能。

当然，口语技能学习和口语技能运用的这两个阶段并非泾渭分明，而是相互联系、相互作用的。这是因为理想的口语交际应该同时具备准确性和流利性：准确性有赖于对语言系统的学习和掌握程度，而流利性源于对真实交际中语言运用系统的经验积累。在口语学习的初级阶段，可以先重视交际时语言使用的准确性，当准确性达到一定程度后，就可以逐步加强训练语言的流利性，最后达到准确性与流利性并重的高级口语水平。

（三）口语与听力的关系

英语口语是一种表达思想的活动，具有三个实施阶段：第一个是"听"的阶段，是辨认所接受话语的内容是什么信息、命题；第二个是"言语加工"的阶段，是在记忆里寻找与之相应的已知信息加以配对；第三个是"说"的阶段，通过处理新信息、组织语言、输出信息。

从以上流程中可以看出，口头交际是指在听者和说者之间的双向交互过程。听和说作为语言交流的两个方面，在自然状态下往往是不可分离的。在真实对话情境中，虽然有一个发话人，但是说者和听者的角色经常需要互换，双方需要对所听到的内容进行话轮式反馈。因此，听与说紧密相关，对听到的内容做出快速的反应、准确的理解，是口语能力的重要组成部分。

（四）口语提高的综合性

从口语交流的阶段及其与听力的关系可以看出，不可否认口语是相对难以在短时间内提高的一项技能，口语能力的提高需要多方面的综合能力发展。

口语能力发展需要重视语音语调的基本功练习。语音、语调是说话者表达自己思想与情感的最基础的手段。如果发音含糊不清、语音错误不断，就会使听话人感到费解，甚至引起谈话双方不快的交流体验。因此，学习者要加强对英语语音语调基本功的训练。

口语能力发展需要有一定的词汇量、扎实的语法作为语言基础。词汇和语法是语言交际的最基本元素，是开展交际的基础。没有一定的词汇量就无法表达想要说的内容，没有掌握语法规则，就无法正确表达自己的思想。所以，不仅要掌握扎实的词汇、语法，而且注意口语与书面语的区别。

口语发展需要与听力培养同步提高。在真实的环境中进行交流时，听话者不再能够控制即将听到的对话内容，他们的听力理解力和口语能力顷刻间会面临直接的挑战。如果听力弱可能会引发紧张情绪，从而制约说话能力的发挥。因此，学习者要在条件允许的情况下，综合运用听和说的技能，充分利用课内和课外活动，力求进行真实的交流，学会如何在谈话中使交流顺畅无阻。

口语能力提高需要了解目的语的语言文化背景知识。学习者在掌握英语语言技能的同时，还需要了解并比较我国与英美国家的文化差异，按照英语的语用习惯来打电话、打招呼、接受礼物、回复邀请等。同时，要意识到在不同社会环境中，与不同对象交流时，需要使用恰当、得体的语言。

二、常用的口语策略

根据口语的性质，我们充分认识到了口语的提高需要多方面的学习。一口流利、地道的口语不是一朝一夕练成的，而是日积月累逐渐学习提高的结果。对任何一种起点的学生来说，通过掌握适合自己的口语学习策略，可以使口语学习达到事半功倍的效果。结合已有口语策略的研究，可以把口语策略大致有：模仿、跟读、朗读、复述、犯错、补白、回应、迁回、回避、身势语、求助、社交等。

（一）模仿策略

模仿是口语训练的基础，在口语学习的初期很重要。大量的模仿，能巩固基础知识，为流利地用英语表达打下牢固的基础。可以选择英美人士的标准语音语调进行模仿，而且一定要用心、耐心、细致地模仿，尽最大努力接近被模仿者。刚开始时，速度不要太快，注意口型，仔细辨音，慢速模仿，语音需要发到位。从语音、语调、轻重音方面开始模仿，再到模仿单词、词组、句子、连读和意群，然后过渡到同步模仿。对于那些读不准或生疏的词句，要重点精听，识别其发音特点，或请教他人指出发音关键点，反复模仿。

1.弱读

一般来说，英语中实词重读，如动词、名词、副词等；虚词弱读，如介词、代词等。强读和弱读两种读法兼具的词大约有50多个，这些词多为单音节限定词、助动词、介词、关联词和人称代词等，如 a、of、from、as、and 等。在真实的语言使用中，尤其在连贯句子中，这些词常常需弱读而非强读。

（1）弱读的特点

第一，弱读和强读形式不同，读音发生变化，不同于原本的发音。

at/ət/　　as/əz/　　had/həd/　　must/məst/ /mst/ /ms/

第二，弱读中常省略某个音。比如，一些单词省略元音，直接读为一个单音。

am/m/　　has/z/　　have/v/　　is/z/　　of/ə/ /f/

第三，单词弱读中省略一个辅音。

and/ən/　　have/əv/ /v/　　would/əd /　　her/ɜː/

（2）弱读常出现的表达：

    in a/ə/ moment　　　　　　　an/ən/ apple
    all at/ət/ once　　　　　　　　ladies and/ən/ gentlemen
    as/əz/ young as/əz/ him　　　What am/əm/ I going to do?
    They are/ə/ short.　　　　　　He's short but/bət/ I'm not.
    We can/kən/ do it.　　　　　　What does/dəz/ he do?

So do/də/ they.　　　　　　The woman had/əd/ gone.
Has/həz/ he left?　　　　　　Have/həv/ you given?
I'm from/frəm/ china.　　　　You get one of/əv/ each kind.
I'll stay two or/ə/ three weeks.　　Shall/ʃəl/ I read it?
I had some/səm/ bread.　　　Tell us/əs/ it.
don't/dəut/　　　　　　　　won't/wəut/
shan't /ʃa:nt/　　　　　　　you're/jəu/

2.强读

弱读在英语中非常普遍，占了绝大多数，但有些情况下必须强读，强读的情形主要有以下两种情况：

（1）助动词用于简略回答句的时候，需要强读。

They have not gone, but he has/hæz/.

——Will you go, or shall I?

——I will/wil/.

需要强调的是，如果助动词放在连贯的句子中，就需要弱读。

（2）多数介词位于句尾时，需要强读。

What is he talking of/ɔv/?　　Who is he looking at/æt/?
Where are you from/frɔm/?　　Whom are you waiting for/fɔ:/?

强读现象在英语中不多，但却是学习者需要掌握的基本语音常识，平时听音和训练发音时，要有意识地注意发音特征，并用心模仿。

3.连读

连读，指在说话和朗读时，把同一句群中前一词的结尾音素和后一个词的开头音素连读在一起的现象。连读是语调中非常重要的一个组成要素，英语中几乎每个句子都含有连读。有人可能会认为连读易造成交流中理解困难，还是把单词一个挨一个地读清楚更容易听明白。这种说法显然不恰当。每种语言都有自身的使用习惯，正确连读才符合语言的实际使用状况，别人才能听得懂，听起来才觉得自然。英语中的连读主要有：

（1）辅音+元音的连读：这是最常见的连读情况，即当前一个词由辅音音素结尾，后一个词由元音音素开头，并且两个词处于同一个意群，或者说话者语速比较快时，两词自然而然就会发生连读。例如：

get out/ge 'taʊt/　　　　an appointment/ə nə'pɔɪntmənt/　　as it is/æ sɪ tɪz/
half an hour/'hɑ:fə 'naʊə/　　real estate/ri:ə le'steɪt/　　　there is/ðeə rɪz/
there are/ðeə rə/　　　the rent here/ðə 'rent tɪə /

（2）辅音+辅音的连读：当前一个词由辅音音素结尾，后一个词由同样的辅音音素开头，连读为一个辅音。例如：

Red dress/re 'dres/　　　last time/lɑ:s 'taɪm/　　　look cool/lu 'kul/

另外，需要指出的是，以辅音结尾的单词，后面接以h开头的单词，h不发音。例如：

What will he/wili/ do?　　Has he/zi/ done it before?　　Must he/ti/ go?
Can he/ni/ do it?　　Should he/di/……?　　Leave him/vim/.　Tell her/telə/.

（3）元音+元音的连读：如果前一个词是由元音/u/结尾，下一个词由元音开头，那么，在/u/后面加上一个/w/。例如：

go away ——go(w) away　　you are ——you(w) are
do I —— do(w) I　　　　so honest —— so（w）honest

（4）同化：音的同化也是一种连读现象，两个词之间非常平滑地过渡，导致一个音受邻近音的影响而变化。主要是以下三种方式：

第一，辅音/d/与/j/相邻时，被同化为/dʒ/：

　did you/di dʒju:/　　would you/ wu dʒju:/　　　could you/ku dʒju:/

第二，辅音/t/与/j/相邻时，被同化为/tʃ/：

can't you/kæntʃ/　　What's your name? /wɒtʃə neim/　last year/ lɑ :stʃɪə /

第三，辅音/s/与/j/相邻时，被同化为/ʃ/：

I miss you. /aɪ miʃju:/　God bless you. /gɒd bleʃju:/　As you want. /æʃju: wɒnt/

英语中连读现象无处不在，平时学习中，可以通过分析语音、朗读、跟读、模仿、反复对比等方法加以强化练习，才能慢慢掌握。

（二）跟读策略

跟读也是一种模仿。跟读能培养语感，增强记忆。许多英语学习者在反复跟读后会发现，一些单词、句型和习惯用法不再用刻意去背就记住了，而且能脱口而出。同时，跟读还能增加语言输入的类型和数量，给口语表达积累素材。可以在听的过程中进行跟读和重复，不仅有利于记忆，还利于根据具体情景体会表达的使用场合。在开头选择跟读材料时，要以语速适中、内容短小的材料为主,避免选择信息量大、可能引发心理压力的材料。学习者需要有意识地反复跟读,锻炼口齿的灵活性,使自己的口腔肌肉和拉伸方式适应英语的发音习惯。发音熟练后跟读的速度就会逐步提高,这时可以跟读信息量较大、语速较快的对话了,并且可以尝试发挥想象力,把自己放在具体的情境中,说出可以模仿使用的语句,提高口语能力,由短至长,循序渐进。

(三)朗读策略

朗读作为学习语言的第一技能和第一基本功,既可以训练和完善发音器官和口部肌肉,能使口齿愈发伶俐,较快地适应英文发音,还可以辨识和纠正自己的发音,培养自己的语感,体味文章的意境。初学者每天可以抽出一定的时间,先进行跟读再朗读。在开始朗读练习的阶段,不要追求速度和进度,要以正确流畅为基本要求,然后循序渐进地要求速度。朗读的内容可以是课文、对话,还可以挑选一些难度适宜、自己感兴趣的文章进行阅读,如英文绕口令、故事、散文等。

(四)复述策略

复述与背诵不同,它需要用自己的话来完成。复述练习刚开始时,因语言表达能力、技巧等方面的原因,往往复述接近于背诵。但在熟练后,复述的灵活性会越来越强,如改变句子结构,转换表达方法,用自己在课堂上新学的词汇和句型来替换那些不常使用或难于理解的部分。复述的可以是读后复述,也可以是听或看后复述。

阅读后复述,就是在阅读一段文字或一篇文章之后,用自己的语言来表述文中的内容;可以使用文中的某些内容,但应尽量避免完全按照原文背诵。可以以文中出现的关键词或重点句型作为复述的线索。听音频或看视频后复述,可以通过听磁带或看影片的原话来复述,这样可以获取准确的语音语调,体验地道的英语口语,既练听力能力,又练口语表达能力。

(五)犯错策略

正确表达是最终的目标,但口语不是一蹴而就的,需要一个练习过程。犯错策略就是在口语练习中,要有不怕犯错的勇气和容忍犯错的心态,学会在错误中不断自省,进行错误自纠。在口语学习中,需要正确对待准确性与流利性。准确性是指语言学习者能够说出符合语法规则的句子；流利性是指学习者口语表达自然正常，在重音、停顿、节奏、语调、速度方面与本族语者接近或相同。初练口语时，虽然要尽可能做到正确无误，但也要容忍自己和别人犯错误，因为矫枉过正可能会产生负面效果，导致语言交际不能继续进行。学习者需要知到真正的交际是意义的传递。语法的作用是监控句子的规范程度，为有效地表达意义而服务。所以，口语练习不能怕错误，不可因噎废食、舍本逐末，应以沟通为第一目标，初期应养成勇于开口的习惯，然后再继续不断追求雅致。

（六）补白策略

使用补白词（hesitation filler）是日常对话中常见的交际策略之一。说话人为了延长思考时间，往往在话语间插入"这个""就是说""嗯""那么"等口头语。往往初学者在口语练习中感到最尴尬的交际情况，莫过于在暂时无话可说的时候所面对的沉默。这时候可以恰如其分地使用一两个补白词，效果就会改善。英语对话中常用的简单补白词有 uh、um、well、let me see、you know 等。要恰当自如地使用这些补白词还有一个练习过程。当然，过多的补白会让人感到说话人缺乏自信，尤其是在报告或演讲时，不宜频繁地补白。

（七）回应策略

与别人谈话时，要不断地对对方的谈话内容做出积极的回应，通过使用各种停顿词、答语和感叹词表明你在注意倾听对方的话，同时也表达出自己的感受，这就是交谈中的礼貌表现。可以根据情况采用不同的回应语，可以用"Yeah. /Good. /How interesting!"表明赞许、同意、附和等；可以用"Pardon? /What did you say?"请求对方重复；可以用"Wow! /My goodness! /Really? /How strange!"表示惊讶或难以理解；可以用"Could you give an example? /explain the word/ speak slowly/You mean…? /So you are saying…? /If I've understood correctly..."表达方式去确认自己是否完全理解对方的意图。有效的响应不仅使交谈顺利自然，而且能使交谈双方充分沟通，从而实现交际目的。

（八）迂回策略

迂回就是想方设法地表达出自己想要说的意思，但这并不是出于某种特别的目的，而是由于自己遇到交际障碍，如找不到恰当的词语、不知道如何表达或想不起某个句型时而采取的应对技巧。学习者在遇到交际困难和障碍时不应回避，而要想方设法进行迂回表达，以便练习和提高口头表达能力。迂回表达有以下两种方式：一是释义。当找不到英语中相对应的单词时，可以用会的结构来解释这个单词的意思。比如，想不起来"garage"这个词，可以将其描述为"the room where we keep a car."。二是使用近义词代替。英语的同义词和近义词很多，说话人可以选择自己熟悉的词语。

（九）回避策略

会话中我们有时因对某个词语或结构没有把握而改用更熟悉或更简单的词语或结构。比如，对关系从句的用法把握不好，就可能回避使用它，而改用两个简单句。不说"That's the building where he lives."而改说"That's his building. He lives there."这种由于对个别结构把握不大、为了避免错误、或担心对方听不懂、被对方误解而采取的策略，称为回避策略。当然，回避的目的是为了使交际能顺利进行。

（十）身势语策略

人与人交流信息的过程中，不仅仅通过语言实现，更多的信息是通过微笑、点头、摆手、耸肩等非言语手段来传递。表情、动作、手势、姿态每时每刻都在传递着丰富的信息，这使得面对面交流能给对话双方带来很大便利。成功的口头交际者往往善于借助身体姿势语言传递感情、表明态度，弥补自己语言使用中的不足。微笑、开放式的站立姿势、身体微微前倾、目光交流、点头等友好大方的姿态有利于交谈轻松和谐地进行。

（十一）求助策略

在日常交际中，可能会遇到这样一种情况，自己无法表达而又非说不可，这时就要向对方求助，以完成交际活动。平时在练习口语时，可以请口语好的同学、教师和本族语者纠正自己的口语错误。求助时，可以用提问、手势、实物、图画等方法。

（十二）社交策略

通过真实语境或近似真实语境的口语活动，如看图说话、口头陈述、值日报告、小组讨论、对话、演讲、角色扮演、演短剧、英语角、英语晚会等，设法与不同的人学习如何用英语进行交谈，就是对社交策略的运用。日常练习中，如果没有他人组织，可以看到什么场景就在头脑中对自己默默地进行口语描述练习，也可以描述自己的内心感受或与自己对话。此外，学会主动和别人打招呼，仔细倾听对方讲话，寻找可以进一步交谈的话题，为自己练习口语创造更多的机会。

第四节 阅读策略

阅读是现代人生活中获取信息最重要的手段之一，也是语言文化交流的一种重要途径。具体而言，阅读可以涵养其性情，成熟其性格，高尚其情操，健康其情绪，培养其直面人生的心态（苏霍姆林斯基，1984）。"阅读是搜集信息、认识世界、发展思维、获得审美体验的重要途径之一，它可以丰富人的心灵，激发人的想象力，拓宽人的视野，从而使人更好地认识自我，更善于考虑事情，更富有同情心，从而更易于理解他人。阅读和知识加工储备，还能使人们在面对复杂的形势时更具有判断力"（王蔷，2017：20）。因此，阅读能力对于人的发展起着十分重要的作用。一般而言，普通学习者在学习英语这门外语语言的过程中，用英语进行听说训练的机会较少，所以英语阅读变成了英语能力培养最重要的部分，是外语学习当中最为重要的技能，而掌握阅读策略则可以促进阅读技能的提高。

一、阅读的性质

阅读涉及极为复杂的心理活动过程，并非一种简单的信息传递和读者被动接受信息的过程。读者在阅读活动的全过程中，通过对书面信息的理解、加工和吸收，在获取知识或信息的同时体验作者的思想、情感、态度和价值观。

（一）阅读是一种心理过程

古德曼（Goodman，1967）认为，阅读是一种心理语言的猜谜活动，也是语言和思想的互动。即阅读实际上是一种心理活动和思维过程，是读者在阅读文本的过程中，调动一切可能的知识背景对文字信息进行解码的过程。爱瑞奇（Ehrich，2006）研究发现，内心活动在阅读过程中有两个表现：第一，当读者在阅读过程中遇到生词时，会利用上下文不断揣摩，同时会调取脑海中的相关经验来推断和猜测该词的意思；第二，当读者在阅读过程中遇到高频词时，会在内心将所看到的文字与主题以及脑海中存储的词块相关联，迅速解读出文字所传递出的意义。

（二）阅读是意义建构过程

心理语言学认为，读者在阅读过程中应该注重意义建构。图2.1（Dornan，Rosen & Wilson，1997）形象地展现出了阅读过程中读者和作者的心理互动。读者会尝试带着自己已有的知识、观念、问题，利用预测、推理等策略，通过反复阅读、边读边思考，去理解文本的意义、作者的思想。对于文本中传递的信息可能与作者的理解一致，也有可能会因为经历不同，拥有的知识不同，产生不同的理解。读者不是被动地去找所谓的正确答案，而是利用各自的经验和知识，建构出自己不同的理解，赋予文本更为鲜活和多样的意义。

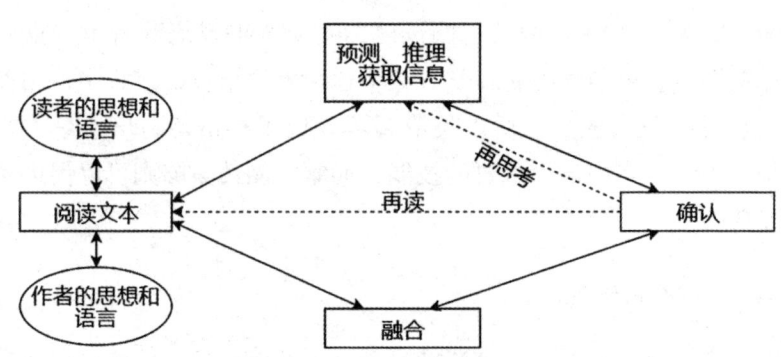

图2.1　心理语言学视角下的阅读过程

（三）阅读是一种信息解读的活动

我国学者蒯超英（2001：298）认为阅读含有两种过程：一种是感觉上的接受过程，它含有熟练的双眼运动；另一种是智力活动，在这个过程中理解印刷材料的意义。陈则航（2016：9）也认同以上看法，认为阅读其实有两个层次："第一，再现，即在头脑中看到书面文字所要描述的场景。第二，理解，即通过读者自身的已有知识对获得的视觉化信息进行解读，重构作者意图传达的信息"。

（四）阅读是一种再创作的活动

建构主义理论认为，每个人都是社会的成员，其自身经验在很大程度上会受到社会与文化背景的影响，因此他们对于文本意义的建构取决于成长环境将其塑造成什么样的人，塑造出什么样的思想。来自不同的性别、阶层、种族、宗教和经济背景的读者在阅读同一篇文章时就可能构建出不同的意义，甚至是完全相反的理解。读者不可能完全客观地去理解作者的意义。在此意义上讲，阅读也是一次再创作的过程，读者其实是带着各自的社会文化视角去解读作品的内涵。如果说心理语言学指出人们在阅读过程中是带入了自己的知识和理解去建构意义，而不是一味追求找到作者的本意，那么社会建构主义则将读者的意义建构能力放在更加重要的位置。这不仅能推动读者与文本互动，更重要的是驱动读者去判断，进行批判性地阅读，使读者意识到作者的观点代表其所在的社会文化价值，由于打上了时代的烙印因而有时也会有局限性，读者完全可以有自己的理解和解释。

（五）阅读是一种读者和文本的互动

针对阅读理解，图式理论和互动理论也类似于建构主义的观点。图式理论认为，阅读理解就是将已有知识和新知识融合的过程（Harris & Hodges，1995）。读者在阅读过程中不是一张白纸，他们对世界有自己的看法，对不同话题有一定的背景知识，这些知识是读者大脑中已有的一张网，读者在阅读时不断地把从文章中读到的内容和自己已有的这些知识建立联系，从而获得一张补充过的新网。换言之，读者所具备的经验性和概念性知识能够在阅读过程中被激活，并帮助读者理解整合新信息。互动理论认为，阅读是一个思维运行高度活跃的过程，在这个过程中，读者在不断与所读文章以及阅读环境进行互动。威道森（Widdowson，1983）认为，阅读是读者与文本或者是作者的一种对话，读者要调动既有的各种知识来理解文本内容，如文法、词法、世界观、背景知识和社会文化知识等。也就是说，读者需要积极调动自己已有的知识，采用多种策略来建构文本的意义。

归纳以上五点探索，阅读的过程与复杂的心理活动紧密联系，它实质上就是读者对于文字符号的一种信息解码的过程，是人在头脑中对阅读内容的信息重组。读者需要调动多重心理手段进行解码，用自己的知识和经验对文字信息进行分析、判断和确认，积极理解其深层含义。阅读一般分为三个层次：语句阅读（read the lines），跨语句阅读（read between the lines），超语篇阅读（read beyond the lines）。语句阅读能达到表层理解，是对文章字面意思的把握。跨语句阅读能达到深层理解，能分析文章的字里行间所含有的弦外之音和言外之意。超语篇阅读是对所读内容进行评价、批评、吸收并内化为自己的人生观、价值观和世界观。

二、阅读的模式

人们基于语言学和心理学的研究，一直在试图探索可以反映阅读本质的模式。目前，研究者普遍认为有三种阅读模式，自下而上式阅读、自上而下式阅读和交互式阅读。

（一）自下而上的模式

20世纪50至60年代盛行的自下而上模式（bottom-up approach），认为读者对阅读材料的理解是基于线性方式进行的，即按照字母、单词、句子、段落、语篇的顺序对信息进行加工理解。在这种阅读模式中，阅读被认为是一种对信息的解码过程，读者从语篇的每一个字词的底层开始进行解码，而后逐步对短语、句子和语篇等更大的语言单位进行加工理解。具体而言，自下而上的模式认为，读者在阅读中从字母开始，由语音、词素等最小的基本单位聚合而上，然后理解单词、词组、句子、语段等，逐级从小到大、从部分向整体意义发展。该模式认为，字词是文章理解的基础，理解文章是对于每个单句理解的集合。由此，阅读教学的合理顺序是先教字母，再教单词，而后教语法，然后逐渐过渡到培养高级水平的阅读技能。显然，自下而上的阅读模式强调认读单词，从而可能会使学生形成"只见树木不见森林"的不良阅读习惯，导致对语篇内容的整体把握上比较薄弱。

（二）自上而下的模式

为了解决自下而上阅读模式的问题，60年代末和70年代初期，逐步发展并形成了自上而下的阅读模式（top-down approach）。在该模式中，虽然读者利用字母与发音的对应关系和句法规则，但同时也利用自己的背景知识经验来预测文章的下文，然后在阅读中不断验证和修正预测（Goodman，1967）。该模式认为，阅读是读者通过词汇、语法、语义系统来预测和重构书面语意义的活动，重视阅读者在阅读过程中背景知识的重要性。背景知识包括两类：第一种是学生在学习其他学科、平时读书看报、与人交流等过程中获得的储存在大脑中的知识，称为图式。图式理论认为，人们在阅读文本时，会受到一种复杂现实或自身体验的介入，以帮助其对阅读材料的解释、感知。第二种是教师在讲解阅读材料之前先介绍与阅读文本的一些相关信息，如作者的生平、家庭、思想、作品、文风等，并对文章中涉及的一些专用名词、地理、历史、风俗习惯等加以介绍，这些知识进入到学生的大脑后构成新的图式。这种模式认为读者在进行阅读时，语篇中的标题、某个词、某句话、某个图表，甚至某个特定符号都有可能激活读者大脑中的某些相关背景知识，从而使读者找到阅读的心理定位，并产生对所读内容的预测，促进阅读的顺利进行。自上而下阅读模式的提出给外语阅读教学带来了质的飞跃，把阅读者从被动的信息接收者转变为主动的信息建构者。但是它的弱点是，过分强调对较高层次的阅读技能运用，削弱了基本认知活动在语言理解和意义构建中的作用。

（三）交互模式

以上的两种阅读模式各有偏颇，第一种过于注重语言本身的作用，存在着导致阅读中碎片化理解的隐患，而第二种模式过于强调读者已有知识经验和语篇宏观结构分析的重要性，而忽略了对阅读具有同等重要作用的语言基本知识。

所以，在20世纪80和90年代，在总结了前两种模式利弊的基础上，交互式阅读模式形成并发展了起来。"互动"观点认为，阅读的信息处理过程，是一个有读者知识经验介入的一个既有"自下而上"又有"自上而下"活动的双向过程（Grabe，1991）。互式模式认为，阅读过程既非自下而上，也非自上而下，而是这两种阅读的融合过程。换言之，就是阅读是一种不断地同时自下而上又自上而下的交互过程，是一种有机的对视觉信息和先前知识经验的综合加工过程。在这种模式下，读者在阅读过程中，加工阅读材料信息的同时，激活自己的语言能力、已有知识和经验背景，以便更好地学习和理解语篇。

在交互阅读模式的影响下，形成了把交互模式与阅读教学实践相结合的SQ3R阅读方法。就是把阅读教学分为五个步骤完成，即纵览阶段（scan）、问题阶段（question）、阅读阶段（read）、背诵步骤（recite）、复习步骤（review）。在这五个阶段中，通过纵观全篇文章、提出疑问、进行阅读释疑，然后背诵复习巩固所学，依次有顺序有步骤地进行阅读教学。

以上的三种不同的阅读模式反映了人们试图从不同角度描述阅读的过程，每一种阅读模式都有助于我们对阅读本质及其阅读过程形成一个更加深入的认知。

三、常用的阅读策略

善于阅读的读者具有以下特点（王蔷，2006：178）：①大多采用默读方式；②通过上下文猜测生词的词义，忽略不重要的生词；③带有明确的目的进行阅读；④关注重要信息，跳过次要部分；⑤阅读时以意群为单位，而非以单词为单位；⑥根据阅读任务的不同，采取不同阅读速度和策略；⑦在阅读英文时，能够理解信息而非逐句翻译；⑧利用自己已有的背景知识帮助理解课文。

善于阅读的读者特点其实体现了其所采用的阅读策略。阅读策略，通俗地讲就是"学习者为解决阅读中的困难而采取的行为"（Johnson & Johnson，1998：333）。具体地讲，阅读策略就是"阅读者在阅读活动中进行有效阅读和解决阅读问题而采取的方式、技巧和行为，该策略既包括内隐的规则系统，也包括外显的操作程序和步骤"（李炯英、秦智娟，2005：43）。布洛克（Block, 1986）认为，阅读策略是指读者关注文本的哪些信息，通过何种手段理解所读内容，当他们遇到不懂的内容时所采用什么措施。可见，阅读策略是读者在阅读过程中所采取的活动，是学习策略的一个重要组成部分。

随着研究的不断深入，专家和学者在研究的基础上，已经总结出了许多阅读策略，使得阅读策略的内容不断丰富，阅读策略已经从传统意义上的单纯的阅读行为，如略读、回读、跳动等，发展到当今的激活背景知识、图式的认知策略及帮助透彻理解文章的语篇策略等。笔者结合王笃勤

（2012）的英语阅读策略分类，对阅读策略分析综合的基础上，认为常用的阅读策略有元认知阅读策略、认知阅读策略、语篇阅读策略。

（一）元认知阅读策略

元认知阅读策略指对自己的阅读活动进行管理、组织、控制、评价的行为。

1.规划、监控与评价策略

元认知阅读最为典型的表现是能够规划管理自己的阅读，设立阅读目标，制订阅读计划，实施自己的阅读计划，监控自己的阅读行为是否能落实阅读计划，评价自己的阅读效果是否满意，然后根据自己的实际阅读情况进行适当的调整补救。从宏观上，阅读要有长期的阅读规划与监控。从微观上，在具体的阅读过程中，读者需要对自己的阅读进行监控，采用修复手段不断进行自我纠正，修正错误的理解。

2.先行组织策略

先行组织策略指学生在学习新材料之前，计划采用什么阅读步骤和策略，确定需要重点突破的方向，还包括上课之前预习材料，在阅读材料之前列出相关词汇。如果阅读者不仅完成教师布置的预习任务，还能根据自己的实际情况开展相关信息查阅和扫除生词障碍，能通过预习发现问题并带着问题上课，那么阅读效果会远远优于盲目被动地阅读。

3.运用多样策略

阅读过程中要讲究策略化。运用元认知策略的学生能够根据不同的文本选择不同的阅读方式，根据不同的阅读任务选择不同的阅读策略。比如阅读记叙文，要注重故事情节、人物关系的发展变化；阅读说明文，要关注内容的时间、空间或程序的前后安排；阅读议论文，要关注包含观点主题句、论据的支撑方式。当阅读的目的是为了获取信息，如阅读报纸和期刊，就要采用粗读或泛读，掌握大意和梗概。当阅读的目的是为了获取新的语言知识时，要采用细读策略。

4.资源利用策略

信息时代的学习者，在学习英语时，不应只依赖一本教材，网络提供了大量的真实阅读材料。除了传统的纸质材料、录音，还应该充分利用电子资源。首先，学习者可以通过手机、电脑、ipad、电子书等媒体提供的文字、图像、动画、语音进行阅读，从而获取海量信息。这些媒体的优势是能立体呈现各种真实材料，大大提高学习效率。其次，在进行数字化阅读时，可以在阅读完一篇文章后，利用相关的链接去寻找相似的文章进行阅读，这样做有利于扩充自己的知识体系。再次，利用网络环境，加强与同学、老师、他人之间的信息资源互动，尽可能拓展学习空间，获得他人的帮助。

（二）认知阅读策略

认知阅读策略指完成具体阅读任务中，直接针对阅读材料的处理而使用的方式方法，如预测或推断、猜测词义、略读、跳读等。

1.预测策略

预测策略就是在阅读时，根据前文出现的信息对可能后继出现的信息做出预测或根据文章的开头提出初步设想，猜测故事的内容和可能发展的情节，也包括阅读全文之前，先观察文章大、小标题、特殊字体（斜体、加黑、加粗等）、特殊符号、图表、插图等，以获取文章的主题线索，大概了解作者要谈什么"话题"，并积极调动头脑中已有的、关于这个话题的相关背景知识和经验，以促进对文章更好、更快的理解，并在正式阅读过程中，有意识地验证、调整预测。

2.略读策略

略读策略指的是为了获取文章要点或者段落大意而快速阅读的策略。中心思想是一篇文章的核心和灵魂，对整个文章的行文有提纲挈领的作用，而其他内容和细节都紧扣着这个中心要旨展开叙述、描写、分析、说明和论证等。在日常生活中，当翻阅报刊杂志时，往往会先浏览主要的标题，先把文章粗略地浏览一下，看看文章中是否有自己需要了解的或自己感兴趣的资料和信息，然后才确定这篇文章是否需要细读。同样，在查找资料时，如果没有充分的时间，或者不需要深度理解时，就不需要逐字逐句地阅读，而是有选择地进行跳跃式的阅读，快速扫过文章，以便尽快地获取大意。一旦找到自己相应的信息，就会停止对文章的进一步浏览。这实际上是一种整体阅读的方法。

一般而言，一个段落只含有一个主题思想，并用一个句子来表达这个主题思想，这个句子就叫做主题句。一篇文章的主题主要通过主题句表现。因此，从段落中寻找到主题句对理解整篇文章至关重要。寻找主题句的具体策略有三种：主题句一般被置于文章的起始段或结尾段；细读其他段落的段首和段尾，主题句主要在段落的这两处；浏览一些与主题句相关的关键信息词语。

3. 寻读策略

寻读属于快速阅读，但目的不是获取大意，而是寻找文章中具体细节、特定信息，或对某观点、看法、事实的一些支持性实例。在日常生活中，当查工具书、翻阅分类广告、浏览列车时刻表、浏览节目单时，或在某篇文章里搜寻人名、年代、地名及所列举的事实时，就是在运用寻读策略。为了快速、准确地通过浏览找到目标，可以利用的信息有：

第一，主题词。按照查找内容的主题词进行寻读或在资料中捕捉关键词。

第二，特殊符号。专有名词（如人名或地名）通常以首字母大写的形式出现；价格或价值经常用货币符号标志（如￥、£、¥等）；还有，表示年代的阿拉伯数字、表示书名的斜体字、用于强调的粗体、斜体和下划线、表示文章标题的加双引号的文字等，也较容易辨别和查找。

第三，标题或图表。很多信息资料配有标题和图表，有时不用看文字说明，通过这些标题和图表就能获得所要查找的信息。

第四，版式和印刷特点。比如，广播或电视节目一般按时间或频道排列；词典、百科全书等工具书，词条常常按字母顺序排列；广告则按主题排列。了解不同文本的版式特点有助于很快预测、定位有关内容可能出现的位置。

4. 辨读策略

辨读策略指的是通过阅读，明确文章的要点，了解作者围绕文章"话题"所表述的若干主要观点。每篇文章都有特定的写作目的，而这些信息通常并不是被明确地表达出来的，而是隐含在文章之中。阅读时的辨读可以采用一定的策略。对于新闻报道，作者往往持尊重客观事实的态度，不会发表个人的观点，或者保持中立的态度。在议论文中，作者的态度是支持还是反对，是倡导还是驳斥，就会比较明确，但是作者一般不会发表带有绝对化或感情过于强烈的观点。有时可以通过转折词、关联表达去判断作者的态度，有时需要根据作者使用词语的褒贬性去分析。同时，再议论文中，还要注意区分作者的态度和作者引用的他人态度，辨认哪些是事实、哪些是观点，并在此基础上将上下文联系起来分析，最后确认文章到底哪些内容能代表了作者的观点。

5.猜测策略

猜测策略指的是通过文章上下文提供的语境线索辨认要点和重要信息，通过话语中的标记词（如however、but、also、therefore等）、指代词（如this、those、that、it等）理解前后关系或利用构词法知识来解读生词词意。词义猜测包括对生词的词义推断和对熟词的生义猜测，需要通过联系上下文得出其在特定场合的含义。

很多学生每当在阅读过程中遇到生词时，总是感到无助或急躁，甚至于放弃整篇文章的阅读。当然，想知道单词的确切意义，必须查阅词典。不过，要通篇理解全文的话，或者再考试中，往往没必要、没有机会去了解每个单词的确切含义，而是需要利用猜测策略来迅速获得生词的词义。此时，可以使用的猜测策略一般有下列四种：

第一，通过构词法，如派生、合成、转化等来猜测。这种方法比较常见，此处不再赘述。

第二，通过已有的同义词或反义词猜测。有时，作者为了使自己的意思表达得更明确，通常用同义词或近义词来解释那个比较难的词或关键词，这些同义词或近义词为读者推断生词词义提供了线索。另外有些情况下，作者在表达同一概念时用两个或更多的同义词或近义词，这就利于读者根据已知的词语推断出生词的词义。例如：

The new tax law supersedes, or replaces, the law that was in effect last year.（此句中，作者用到supersede一词，紧接着用or给出一个同义词replace。此词是一个常用词，读者根据replace的词义很容易就推断出supersede的大概意思来是"取代"。这里，or就是同义词或近义词识别的信号词。）

第三，以因果关系为线索猜测词义。因果关系是一种常见的、行之有效的、能表明生词词义信息的逻辑关系，而这无疑就为读者推断生词词义提供了有用的线索。常用的表示句子之间因果关系的信号词有：because、since、as、for、so、thus、consequently、therefore、hence、due to、result from、result in、as a result、accordingly、for this reason、so that、so...that、such...that等。例如：

Since I could not afford to purchase the original painting, I bought a replica. An inexperienced eye could not tell the difference.（本句中，信号词since引出的从句表示原因，主句表示结果。生词replica后一句又进一步解释了另一种原因，即"没有经验的人看不出来差别"。根据其中的逻辑关系，容易推断，既然不是原画，那么replica应是一张"复制品"。）

第四，以解释性的词语为线索猜测词义。具体而言，就是以生词的定义解释词为线索来猜测词义，这是快速阅读时最常见、最直接的一种猜词方法，如that is, that is to say, or, namely, in other words就是常见的解释性词语。

（1）mean（意指），以to be（是）、refer to（指的是）为线索来猜测词义。例如：

Ventilation, as you know, is a system or means of providing fresh air. It plays a very important part in the field of engineering.（此句中ventilation可能是个生词，但is后面是对该词的一个明确定义。根据上下文推测，这个词应该是指能提供新鲜空气的东西，意思可能是"通风"。）

（2）以定语从句为线索猜测词义。在很多情况下，定语从句会直接给出了某一生词的定义，依此猜词也是一个行之有效的方法。例如：

He was a prestidigitator who entertained the children by pulling rabbits out of hats, swallowing fire, and other similar tricks.（此句中，who引导的定语从句解释了生词prestidigitator的含义。根据这一从句的解释，能从帽子里拉出兔子、吞火和玩其他类似的把戏的人可能是会变戏法的人，因此猜测prestidigitator的词义可能是"变戏法者"。）

（3）以be known as（被称为）、be called（被称为）、be termed（被定义为）、be defined as（被定义为）等结构为线索猜测生词词义。在这些结构中，读者可以通过已知前词或后词推断出未知部分的后词或前词的意思。例如：

A person or thing beyond comparison, a model of excellence, is known as a paragon.（在此句中，be known as前面的主语给出了后面paragon的词义。由

句子的主语可以推测paragon的意思指一个无与伦比的、优秀的典范，可能是"模范、优秀的人或物"。）

6.细读

细读，就是当阅读者既需要掌握本文的语篇内容，又要学习语篇中出现的语法、句式表达法、惯用法和词汇等语言现象，这时就需要仔细地逐词、逐句、逐行地阅读手头的文本。但是，学习者不可以一拿到文章就一字一句地读，而是需要分层次地读，每一遍阅读达到不同的分目的：第一遍时，获取文章的主题和大意，不过多探究细节，对遇到的生词和难句可以标注；第二遍时，要进一步明确文章的中心思想，并读懂每一个细节，分析文章的段落模式、文体结构、整体结构，学习文中出现的生词、表达法、新句式和语言特征；第三遍时，朗读文章增强语感，并背诵优美、重点段落，纳入进长期记忆。

7.简化策略

简化策略，就是将文章中的长句和难句进行简化处理，以便更准确地抓住句义和信息。对于不少读者来说，长句和难句是理解文章的拦路虎。如果这样的句子涉及文章的中心思想或主题大意，则更不可小视。常见的长句及难句有以下特点：①句子长；②有一个或多个从句；③有一个以上的修饰从句；④包含省略结构、插入成分或独立结构等；⑤含有倒装句结构；⑥含有读者难以理解或没见过的习语或口语等；⑦含有读者不熟悉的文化背景知识等。阅读过程中遇到长句和难句时，可用以下四种简化策略解决：①分析抓取句子的主干成分：主—谓—宾；②结合上下文语境分析句意。③将倒装句暂时按正常语序排列，促进对句子意思的把握；④采用"替代法"，就是用名词、形容词、副词分别去代替名词性从句、定语和状语从句。

8.推理策略

推理策略，就是在阅读过程中，利用文章中提供的特定信息，经过逻辑推断，体会作者的写作意图，得出文章字里行间的隐含意义或推断文章中提到人物的观点、情感、态度以及人物或事物（事件）发展的走向、情节发展和结局等，理解文章的深层内涵和"弦外之音"。在推断时，一是注意推理的依据只能是文章本身的内容，一定要摆脱自己对问题的主观看法，避免自己的主观臆断；二是注意结合所读文章以外的有关背景知识，如英语国家的文化习俗、科普知识、社会常识等，在此基础上加以分析、推断，最后做出符合逻辑的判断。

9.组织策略

组织策略，指阅读中根据阅读内容，识别观点、人物、事件之间的关系以及文章的结构关系。

文章中的各种关系，比如时间关系、空间关系、比较关系、对比关系、因果关系、相关关系等，可以通过一些特殊词识别，如first、next、finally、then、later、soon、after、because、if、therefore、in the past、today等，这些词有关联词句、承上启下和文义转换等作用，使文理通顺。

要想准确、深刻地理解一篇文章，还必须对文章的结构有所了解，把握全篇的文脉，理清句与句、段与段之间的前后逻辑关系。弄明白文章结构是前因后果还是平铺直叙，是前后一条主线，还是两条主线并进构成一个整体。文章的逻辑结构一般有：

（1）时间关系。按时间顺序的先后说明某一事物的发展，或某一研究由过去至现在的发展情况。这种文章的主题句通常在首段或末段。

（2）分总结构。前面的几个段落分别说明，末段进行总结。

（3）总分结构。首段作总的概括，其他段落分别加以说明或具体论述首段的观点。

（4）对比关系。这类文章通常以对比各事物之间的共同点或差异为主题。

10.排序策略

排序策略指的是对阅读材料中展示的内容排序，可以按时间先后顺序、按人物出场先后顺序、按因果关系顺序、按情节发展趋势等排序。例如，戏剧故事、散文游记、新闻报道、日记和广告等，大都可以按时间先后顺序进行排序；有的为了强调或者吸引读者的注意，间或也采用倒叙或者插叙的方式叙述，这就是其排序的规律。排序有助于快速理清事物之间的关系，掌握诸多信息间的逻辑关系。采用该策略时应该注意：

（1）首先弄明白文章是按什么顺序叙述的，是顺述、倒叙，还是插叙。

（2）充分利用表示时间和相互关系的标志词。

（3）然后快速抓住事件发生、发展的整个时间跨度，起于何时，止于何时。

（4）分辨大时间与各个小时间点之间的关系。

（5）找出各个时间里所发生的事件，以及事件发展之间的联系。

11.标点符号策略

标点符号不但能断开句子的义群，便于读者理解句子的意思，还能表现作者或文中人物的语气、情感、态度等。平时阅读时要注意文章在什么情况下使用什么标点符号、怎样使用的、为什么这样使用等。作者有时会用冒号、括号、破折号等为一些生词直接下定义或做解释，这些符号无疑为读者理解或猜测生词词义提供了有用的线索。例如：

Tornadoes (violent and destructive whirl wind) normally occur on hot, humid (a little wet) day, but not necessarily in the summer.（句中tornado和humid的词义都在括弧里被做了解释。Tornado被解释为一种非常剧烈的、破坏性很大的旋转风。很明显，就是"旋风、飓风"；humid指有点湿，其词义就是"潮湿的"意思。在这种情况下，根据括号很快就能猜出其词义，使阅读可顺畅进行。）

（三）语篇阅读策略

语篇"是交际的单位，体现的形式可以是一个很长的语言结构（如，一本长篇小说，一次论坛，一场辩论），也可以是一句话（如'此处慢行''轻声细语过走廊'）或一个短语、词组或单词（如'光盘行动''机场高速''慢'）"（黄国文，2020），具有连贯的语义，表达一个整体意义。

语篇分析是从语篇结构出发，对语言材料进行全面的、科学的、系统的分析，理解其意义，分析其结构模式，评价其语言手段及语言的形式特点等（陈则航，2016）。李学谦（2005）认为，语篇分析以语篇为基本单位，对文章进行整体解码，围绕语篇的整体内容进行解释词句，分析人物性格和事件缘由，总结中心思想和写作技巧，同时还注重文章涉及的文化背景知识和其他相关知识。概括起来，对语篇进行分析时，可以从语音、词汇、语法、语义和结构等方面入手，但在实际分析中不必求全，而是要根据语篇的特点，从几个最突出、最具有代表性的方面进行深入分析。根据已有研究成果，语篇分析的方法基本可以归为宏观分析和微观分析两种。

1.宏观语篇分析

首先，我们要从宏观结构整体分析阅读材料，把握文章主旨、体裁及语篇结构。语篇可以由于内容、主题和文体等的不同而呈现出不同的语篇结构，比如李晶和赵波（2013）提到的迈克尔霍伊（Michael Hoey）的语篇结构三模式：总体—分述型、对照—匹配型、问题—解决型；周锰珍（1999）提到的叙述结构、论证结构和实验结构几种语篇模式；还有李学谦（2005）提到的叙事体、论证体、新闻体和说明体等语篇结构。虽然结构繁多，但也并不是杂乱无章，可以探析各类语篇体裁的规律，把握其行文构思之独特性，准确地分析文章的层次，弄清内在的逻辑关系，识别作者所采用的语篇策略（如举例、对比等），从而更准确地理解特定语篇的主题、含义及作者的写作意图等。

2.微观语篇分析

微观分析主要是对语篇进行细致的分析，深入研究词义、语句之间的关系、句群的连贯性以及句子之间的衔接手段等。这种分析要求读者必须超越词义和语法，将文章看成一个连贯的整体，围绕语篇的整体意义有目的地分析、推理、归纳，总结句与句之间、段与段之间的逻辑关系，把握文章的主旨大意。语篇衔接的手段有以下四种：照应、省略与替代、连接、词汇黏合。照应其实是指代关系，如人称代词、指示代词就有典型的照应关系，还有文章前后的比较照应关系。对照应关系的分析可以使篇章中出现的人物、事物间的关系更为清楚，照应关系在叙事体语篇中体现得更为明显；省略与替代是为了避免重复、使语篇紧凑简洁的一种手段，这一关系在对话类语篇中较为常见；连接是一种连句手段，可以通过使用添加、转折、因果、时间等的关联词实现，通常在描写、议论和说明类语篇中较为常见；词汇黏合主要指通过词汇重复、同义词、反义词、上义词、下义词等词汇的使用，来实现语篇内的语义衔接，这种黏合在说明文和科学类的语篇中较多见。

四、意义阅读策略及其教学

意义阅读策略，实际属于语篇阅读策略，这里将结合教学探讨该策略的实践。此处的"意义阅读策略",指的是在阅读过程中为了探究语篇的主题意义而采用的阅读策略。

(一)主题意义探究的理论依据

语言是一种意义交流工具,互动假设理论强调语言的意义性,认为学习者只有通过"意义"沟通中才能够注意、运用和吸收目的语(Long,1981)。同样,语言输入假设理论也认为第二语言习得发生的充要条件是"可理解性输入"(Krashen,1985)。可见,语言学习必须进行意义探究。

著名语言大师韩礼德(Halliday)的语言学习层次观也说明,基于意义探究的语言学习才能促进人的发展。他将语言学习分为三个层次:"learn language(学习语言)"指学习和掌握语言的"形",包括语音、词汇、句子和语法等;"learn through language(通过语言来学习)"指领略语言的"神",即通过语言学习知识、经验和智慧;"learn the nature of language(了解语言本质)"指认识语言的"质",了解其功能、本质和运作方式(Carthy and Cater,2004)。

(二)主题意义探究的内涵

基于语言的意义性和语言学习的层次观,"主题意义探究"从语言所表达的意义出发,属于第二个层次"通过语言来学习",同时涵盖第一个层次"学习语言",是指在主题意义引领下进行语言学习,即通过一系列语言学习、思维、实践活动,挖掘主题所承载的语言知识和意义内涵,建构新的概念,拓展人生阅历,发展思维能力,形成正确的、高级的社会情感,促进语言、思维、文化、情感以及价值观的全面成长。在这里,"通过语言来学习"是目的,处于显性状态,是终极目标;"学习语言"是途径,处于隐性状态,起手段作用。

主题意义探究强调学习者通过获取信息来构建概念,同时能够组合信息进而表达信息。例如,针对某个主题内容,学生能够在思考、讨论、认知、评价、储备、内化相应的语言,最后能够生成性地建构一定的意义并将其表达出来,这就是主题意义探究的过程。显然,主题意义探究能给语言学习赋予生命,使得"学习者不再把语言当作一套客观的语言符号去被动吸收,而是以语言为工具或媒介去主动开展丰富多彩的社会文化建构活动"(孙有中,2017:865)。

(三) 主题意义探究的意义

"学习外语并不只是与人用外语交流，同时也是引导学生用另一种认知的方式思维，培养健康的价值观，涉及的是心智发展和可能对学生品格产生的影响"（龚亚夫，2014：18）。主题意义探究立足英语学科教学的核心素养，整合学习内容，有利于提升学生的道德修养、文化知识和智力水平。

1. 培育品德

外语教育不但承担着工具性任务，而且还承担着人文性责任，肩负着培养学生如何做事和如何做人的双重职责。通过多元化的外语学习，学生紧扣主题意义，探究深层的价值内涵，理解人类共同崇尚的美好品质，厚植家国情怀，养成乐观正直、忠诚担当、开放包容的积极情感，树立正确的世界观、人生观，拥护社会主义核心价值观，顺应国家意识形态对外语教育的诉求，实现外语教育的育人功能。

2. 丰富知识

语言是文化的载体。在学习外语的过程中，学生通过意义探究，利于挖掘特定主题所承载的文化内涵，运用外语进行理解、表达、交流、汲取中外优秀人文和科学知识，认识世界，丰富生活经历，开阔视野，体验不同生活，从多元的文化视角学习人类的智慧，形成分析问题和解决问题的能力，不仅形成跨文化意识还构成宽厚的文化基础。

3. 培养智慧

语言是思维的工具，外语教育能促进学生心智的发展（程晓堂、岳颖，2011）。比如，在阅读过程中进行意义探究，"学生对素材内容的提取、整合、分析、比较、批判、评价、内化过程都是思维品质的形成过程"（王蔷，2017：20）。在意义探究的英语学习中，利于学生从字里行间深度探索含义，质疑作者的态度和观点，批判性地看待不同思想，克服"思辨缺席症"，从而构建新的见解，促进思维发展、价值判断和学习策略的运用。

(四) 主题意义探究的策略

语篇中蕴含的主题是意义探究的实体，它在表层上由语言构成，在深层里蕴含着特定的内涵，传递着某类文化、价值观念和思维方式。教科书作为立德树人最重要的载体，经过编者精心筛选和加工，是多重价值诉求的汇集体，集中体现国家意志和编者意图。目前，中小学的英语教材大多由单元模块组成，每个单元都聚焦一个特定主题，适合进行主题意义探究。教学实践中，教师和学生可以围绕着某个主题，挖掘内容，进行深层意义探究。

1.教师探究文本的策略

课前，教师通过备课进行文本解读是主题意义探究的重要前提。英语课程的育人目标、编撰意图、主题内容都潜含在不同体裁的文本中，有记叙文、议论文、说明文、应用文等文体，而且以符号、图片、色彩等多模态形式呈现。要想理清并非易事，这就需要教师课前解读文本内容。教师通过研读文本，抓住主题，掌握文本特征、语言特点与主题意义之间的关系，才能洞察文本的价值负载，更好地领略国家意志和作者意图。然后结合学生在认知和思维层面需要解决什么问题，进而确定教学重点，为下一步学生开展主题意义探究设计合理的活动任务。

教师进行文本探究通常有what、why和how三个维度，具体包括主题大意、主要内容、作者意图、语篇结构、语言修辞的五个方面。What针对文本中事实性内容，了解文章主题大意和主要内容，帮助掌握文本的概念意义；why围绕文本写作意图和目的，促进理解文本传递的人际意义。how关注文本组织结构、语言风格，促进理解语篇意义。教师对文本探究的框架见表2.1。

表2.1 教师探究文本的框架（龙晋巧，2018: 16）

主题	人与自然/人与社会/人与自我		
	What: 内容（概念意义）	Why: 作者意图（人际意义）	How: 文体结构（语篇意义）
维度	◎文章谈的是什么？ ◎作者说明了什么？ ◎有谁、何时、何地、怎样、做了什么、为什么？	◎作者通过何手段与读者交流的？ ◎作者的视角是什么？ ◎作者持何态度？	◎文章属于何种体裁？ ◎文章的逻辑关系是如何安排的？ ◎文章结构是如何安排的？
策略	◎分析段落大意 ◎分析人物、事物状态 ◎分析动作、过程	◎分析语气表达 ◎分析情感表达 ◎分析言语功能	◎分析主题句、细节 ◎分析句子类型和衔接手段 ◎分析词汇选择

以人教版高中英语（2007）选修8 Unit 3 *The Problem of the Snakes*的课文文本为例。教师通过对what分析可知其主题大意和主要内容。本文讲述了作者母亲在自家院子里发现有蛇，因而向其求助，作者为了保护生灵，决定无伤害捕蛇。经过设计筛选捕蛇方案，经过三次尝试并不断改进方法，终于成功并将蛇放归自然。最后作者将自己的捕蛇技术申请专利，顺便介绍了专利申请的要求。

在分析why时，教师可以从主题切入文本进行意义探究。本文的主题语境是"人与自我"，需要引导学生在生活与学习中学会动脑动手做事，其价值取向在于体会作者解决捕蛇问题的严谨的科学思路，培养解决问题的实践能力和勇于创新精神。

在分析how时，教师可以从事件发展进程的逻辑顺序着手进行意义探究。本文是一篇记叙文，记述了一次在自家院里捕蛇的起因、经过和结果。作者在描述中按照事情发展的先后顺序进行，从蛇出现，到设计捕蛇方案，尝试捕蛇，再成功放生，最后到申请捕蛇技术专利。分析后会发现，该顺序符合一般科学研究的步骤，即"发现问题（遇到问题）—分析问题—解决问题"的程序。此外，根据学生的语言学习阶段，确定重点词汇和短语涉及对捕蛇过程的描述，包括遇到蛇时用"distinguish myself""merciful"，分析捕蛇方案时用"set about""stainless"，尝试捕蛇时用"caution""in the expectation"，申请专利时用"criteria""file an application with"。

通过以上的文本探究，教师可以确定本课教学重点为：让学生通过学习，获取和描述关于捕蛇全过程的事实性信息，梳理和阐释科学研究的步骤，推断内化探索创新的精神。进而围绕该重点抓住教学要素，设计后续教学中推动学生意义探究的活动。

2.学生在活动中探究文本的策略

活动是学生进行主题意义探究的重要途径。"建构主义认为，学生活动对于学习理解和认识发展是必不可少的，活动及其由此所带来的直接经验是有效学习、进行意义探究的基础"（杨莉娟，2000：65）。教师文本解读出来的信息，学生需要通过各种意义探究的活动，才能感知、吸收、内化、迁移并最终转化为学习体验。为了促进学生在活动中有效地进行意义的建构和探究，教师根据前期对文本进行的意义探究，可以从四个方面入手实施教学，即活动过程的主线化、活动任务的层级化、活动内容的关联化、活动结果的可视化。

（1）活动过程的主线化

整体外语教学法强调从整体上理解文章内容，不主张将文章拆成分散的句子、逐词分析、逐句理解的"碎片化"处理方式。自上而下的阅读理解方法也注重首先对整篇文章意义的理解。这就要求活动设计始终围绕主题意义，要从整体入手，整合文章内容，引导学生抓住主要脉络。承载主题意义的语篇包括有不同体裁，如记叙文、议论文、应用文、说明文、对话、访谈、广告、网页等文本。这些不同体裁呈现主线的方式不同。由此，教学活动可以根据不同的体裁特征获取不同的主线。下面以中学英语课本常见的三种体裁为例来分析如何根据体裁获取主线。

一般来说，可以根据体裁拎出主线脉络。记叙文的主线有时间线、空间线、人物线、事件线和情感线等；说明文的主线有时间线、空间线、流程线和主次线等；议论文的逻辑顺序通常包括提出问题、列举证据和提出建议，而且每个段落的首句通常为主题句。

此外，还可以根据体裁设计主线问题，引导学生在回答问题中掌握主题大意。记叙文可以设计的问题有：What major events does it give and what is the result? What impression does it create to you and what details does it present? 说明文的问题可以是：What is the thesis' statement? How does the rest of the article develop and support the thesis? 议论文的问题可以是：What opinion or attitude does the author present? What facts, examples, or reasons back up this opinion?

（2）活动任务的层级化

安德森（Anderson, 2009：51）修订的布鲁姆（Bloom）认知目标分类体系，揭示了对内容的不同教学阶段，具有不同的认知目标，从记忆、理解、到应用、分析、再到评价、创新。就是说，教学需要从易到难，从低级到高级，逐步培养学生的探究能力。恰好《普通高中英语课程标准

（2017年版）》依据该分类提出了"英语学习活动观"（中华人民共和国教育部，2018：62），即在主题引领下，学生通过学习理解、应用实践和迁移创新三个层级（即3×3框架）的活动，基于前期知识，感知理解内容，表达意义、意图和情感，在分析问题和解决问题的过程中，促进自身知识的增长和思想的发展。根据认知目标分类理论和英语活动观理论，教师可以设置不同层级的活动任务，引导学生层层推进，进行意义探究。表2.2为英语教学活动的推进层级。

表2.2 英语教学活动的层级（龙晋巧，2018：18）

Anderson目标层级	英语活动观的层级	实施方法
remembering 记忆 understanding 理解	学习理解	感知注意 获取梳理 概括整合	reading the lines 语句解读
applying 应用 analyzing 分析	应用实践	描述阐释 分析判断 内化运用	reading between lines 跨语句解读
evaluating 评价 creating 创新	迁移创新	推理论证 判断评价 想象创造	reading beyond lines 超语句解读

例如，人教版高中英语（2007）必修1 Unit 3 *Journey down the Mekong* 的课文，是一篇记录旅行准备的日记。作者首先讲述自己和姐姐在初中就拥有骑自行车旅行的梦想，大学毕业后终于有了一次沿湄公河旅行的机会。为了准备这次旅行，两人展开分析和讨论，体现了不同的性格特征，作者认真谨慎，姐姐则敢于冒险。接着，两人开始查阅资料了解湄公河地理状况。教师根据英语学习活动的层级，可以采用层级性的教学流程（如图2.2），逐级递进地推动学生进行主题意义探究。

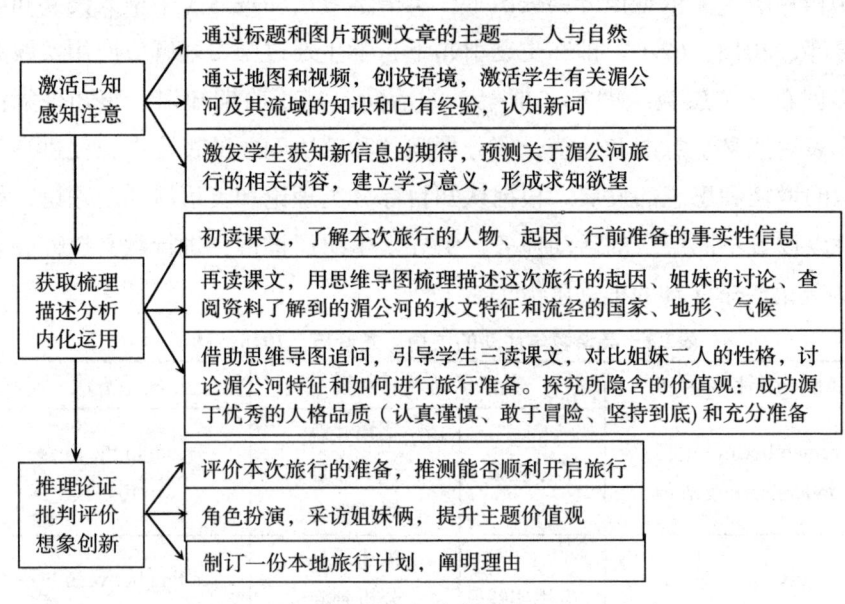

图2.2 层级性教学流程（龙晋巧，2018：18）

针对不同层级的活动任务，有必要设置不同层级的问题，以引领意义探究不断深入。中学常常可以问的问题有：

事实类问题：Can you describe/tell/notice/feel…? What are the facts/opinions? Who/Which/Where/How/When?

理解类问题：What's the main idea/topic of the text? How do you explain it?

应用类问题：How could you use/apply it? What would happen if…?

分析类问题：Why do you think of…? Can you compare/analyze…?

评价类问题：What do you think of the character/activity/event? What can you learn from…?

创造类问题：What would you do if you were the character? Suppose you are…, what advice do you have to improve…?

（3）活动内容的关联化

"意义探究性学习，就是一个把新信息关联和嫁接到认知结构中已有知识的过程"（Brown，2002：80）。同时，"只有通过意义加工将新知识和已经存在的认知概念或命题联系起来——在现有的认知挂钩上挂上新的知识，学习才能发生"（Anderson & Ausubel，1965：51）。因此，外语教学中的主题意义探究活动，需要将某个特定主题与学生的生活经验关联起来，充分调动学生已有的关于主题的经验，推动学生对主题意义的深度探究，并建构新的知识和概念。

通常，在导入环节，教师可以围绕主题采用图片、视频、声音等方式创设情境，搭建起文本信息与学生已知经验的关联，以此激活背景知识经验，激发意义探究的动机，吸引学生的认知注意；在读后环节，可以采用改写、续写、批判、评价、建议、访谈、制作海报、编写班级手册等方式，以便"让学生利用在文本中所学的知识去解决自己生活中遇到的问题，利用别人的思想改变自己的行为"（张献臣，2018：5），从而促进能力迁移和情感升华。下面还以人教版高中英语（2007）必修1 Unit 3 *Journey down the Mekong*课文的导入和读后教学活动为例来说明。

在导入时，教师首先展示湄公河的地图，对学生形成直观生动的视觉冲击，并抛出问题：What's the name of the river? 激活学生有关澜沧江（湄公河）的地理知识，构建学生地理知识和课文信息之间的关联。随后播放航拍视频，使学生初步感知湄公河流经区域的复杂性，并且提问：Would you like a trip along this river? Is it easy to travel there? Why? 由学生对旅游的兴趣引出课文主题——湄公河旅行，激发学生对湄公河流域旅行的好奇心，并想象本次旅行的困难。教师继续提问：Do you know how to prepare before the trip? What do you expect to read from this text? 调动学生的阅读期待，带着旅行前怎样准备的疑惑，在从文中找到答案的期待中进入阅读环节。

在读后环节中，布置两个与学生生活相关的活动，供学生选择完成：第一个是，Suppose you are conducting an interview in pair: one is a news reporter and the other is one of the sisters. Then report to Chinese Juveniles, commenting on the sisters' good quality and full preparation.通过本活动，聚焦主题的价值意义，引导学生在日常的生活和学习中养成谨慎认真、坚持到底、做事之前充分准备的良好习惯；第二个是，If you are going to travel down the Yellow River, how will you prepare for it? 通过新创设的情境，引导学生将所学本课所学的知识运用于自己的生活，解决日常问题，实现知识

和能力的迁移创新。

（4）活动结果的可视化

思维导图也称结构图（mind map/graphic organizer），为主题意义探究的可视化呈现提供了有效途径，通过它重新组成新的模型，可以展现逻辑线索、主题大意、内容层级等多个不同层面，帮助大脑处理信息和思考复杂问题。学生在提取主线和勾画思维导图的过程中，可以根据文章的展开特征，进行描述、对比、分类、排序，也可以分析原因和结果，还可以分析问题和解决问题，从而构建事物或想法之间的图式关联，形成意义探究的直观可视表达。常用的图例有以下六种（见表2.3）。

比如，人教版高中英语（2007）选修8 Unit 3 *The Problem of the Snakes* 的课文教学中，教师可以引导学生，按照课文叙述的发现问题、分析问题、解决问题、申请专利的过程，通过绘制如下的思维导图（见图2.3），拎出课文的语篇线索和主旨大意。

表2.3　六种思维导图图例（龙晋巧，2018：19）

用途	图形	名称
describe描述		bubble map气泡图
compare/contrast对比		double-circle map双圈图
classify分类		fan map扇形图
sequence顺序		flow map流程图
cause/effect因果		multi-flow map多重流程图
problem/solution解决问题		multi-bubble map多重气泡图

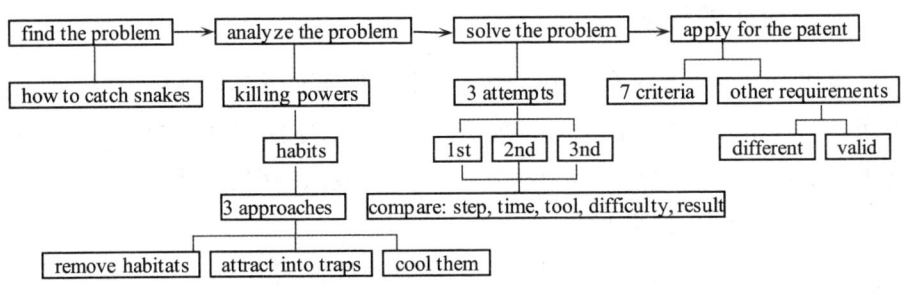

图2.3 课文思维导图（龙晋巧，2018：19）

通过这种思维导图，学生以探究发现法和建构法，直观地提炼和加工各种信息，梳理概括文章结构，在探索中建构自己的观点和立场，领悟创新的科学过程，树立勇于不断探索和创新的科学精神。

当然，深层意义探究并不排斥语言表层的学习，只有兼顾语言的工具性和人文性，遵循"语言学习意义第一"的原则，将英语课程内容的主题语境、语篇类型、语言知识、文化知识、语言技能、学习策略六要素关联为一体，做到得意与得语的整合统一，学生才可能真正实现"博学之，审问之，慎思之，明辨之，笃行之"的教育目标。另外，主题意义探究与人的知识背景、认知能力、审美价值、生活环境等因素有关，所以不同的人即使对相同的主题内容，也可能有不同的意义探究结果，但是都是对内容深化和升华的理解，最终都需指向社会主流价值观。

第五节　写作策略

写作是英语语言输出的重要形式，能体现英语学习者运用英语的综合能力，其中包含词汇的选择、语法的运用和思想的整合。因此，写作一直被认为是相当有难度的一项技能，许多学习者在写作时不是言之无物，就是表达错误百出，要不就是结构混乱，甚至无从下笔。所以，我们有必要了解写作的性质，掌握写作策略并能灵活运用到实践当中去，不断地提高自己的英语写作能力。

一、写作的性质

写作源于语言文字和思想,语言文字因写作而更丰富,思想因写作而更深刻。写作是一种复杂的心智技能,它运用文字实现概念的具体化和可视化。相对于母语写作,外语写作是一个更为复杂的创造过程。

(一)写作的心理过程

外语写作的本质属性是什么?心理学家特别是认知心理学家作了独特的诠释。二十世纪后期,认知心理学派提出的信息加工理论,对学习理论和外语学习理论产生了重要的影响。根据认知学习理论,学习,包括第二语言学习,就是对信息加工的过程(information processing),一般知识需要经过选择(selection)、习得(acquisition)、构建(construction)和融合(integration)四个编码过程才可以获得(Weinstein and Mayer, 1986)。

语言,包括第二语言,是认知技能,由语言输入理解和语言产出表达组成。语言输入是一个积极理解构建的过程,主要包括听力和阅读方面。语言输入理解通过感知(perception)、识别(recognition)、处理(processing)三个阶段来完成。语言产出表达是一个积极构建和表达意义的过程,主要包括说话和写作,属于复杂的认知技能,也要通过构建(construction)、转化(transformation)、执行(execution)三个心理阶段来完成(Anderson, 1985)。

在构建阶段,写作的心理过程包括:确立中心思想和写作目标、搜索大脑中储存的相关信息、选取与目标相匹配的信息,并组合这些信息。在此阶段,读者对象、社会环境、语言修辞都是要构建的内容。句子和篇章的合理组织是成功作品的重要保证之一,需要恰当使用衔接手段,如指称代词、连词、同义词等,来完成句子和篇章的构建。

在转化阶段,写作就是将所构建的意图、计划、思路转化为语言表象,这个表象主要以句子和语片(sentences and sentence fragments)的形式出现。

在执行阶段,即动笔写作。在此过程中,作者可能会暂停、回读,甚至重新构建,包括思想内容、语言表达、段落结构、前后顺序等。

写作的这三个心理阶段并非截然分开，也非通过一次流程就能完成，三个阶段不停地循环、交错，并贯穿写作的始终。

（二）英语写作的过程

根据认知学习理论，英语写作具有学习和产出性质，在此过程中，积极的思维和联系发挥着重要的作用。

第一，英语写作是一个学习的过程，就如同听力、阅读和口语学习一样。英语写作是英语学习的一个有机组成部分，对外语学习活动有影响的心理因素、智力因素和非智力因素，同样会对写作学习产生影响。

第二，英语写作是用外语组织信息、输出思想的过程。这个过程与新信息的获得过程不同，也不同于其他语言的学习（如听、读）过程。它具有语言产出的性质，需要完成从思维到编码，再到写码的过程，有其自身特点和规律。在这个过程中选择和组织信息的能力，显得非常重要。这些信息纷繁复杂，包括读者对象（写给什么人，是劝导、传递信息还是抒发情感）、社会背景（如价值观、世界观、道德观）、语言手段。尤其是语言手段，如词汇、语法、句式、文体、语用、修辞、衔接等的选择和组织，都是语言产出的重要制约因素。

第三，写作是一个积极的思维过程。这一点尤其表现在信息的构建阶段，如何选择重要信息，如何将大量的信息流汇聚整合为一体，是每位作者都要经历的过程。在这个过程中，不同的思维模式和方法，会使写作产出结果的质量不同。

第四，写作是一个关联的过程。关联是人对类属关系、因果关系、时间关系、空间关系、层次关系等各个事物之间的相互联系以及相互关系的认知，是写作心理活动的核心。同时，语言是思维的工具，英语作为一种思维工具，被人类使用的一个重要环节，就是形成联系。例如，通过season联想到spring、summer、autumn、winter，进而联想到warm、hot、cool、cold等，由love联想到family，再联想到father、mother、sister、brother等。联想性的构思能力越强，对英语上下文关联的感觉就可能越敏锐，同时思维能力可能越强。

认知心理语言学对语言和第二语言学习研究产生了极大影响，外语写作的理论基础与教学实践也受其影响发生了质的变化，由传统的写作结果论走向了写作过程论。当然，认知心理语言学并未彻底解决了人们对写作本质的认识问题。关于写作的本质，人们至今还有许多尚未完全认识和明确的东西。作为语言教育者，我们探讨写作的本质，其目的在于掌握写作的性质，既把写作当作一个心理思考过程，又将其视为一个思维联系过程。这一点对如何看待英语写作策略有着重要影响。

二、常用的写作策略

英语写作策略就是在英语写作学习过程和具体写作过程中,学习者为了接近和实现学习目标或创作目标而有意识地采用的一系列方法和手段。刘志群（2006：121）根据奥曼利和查莫特（O'Malley and Chamot，1990）的外语学习策略理论及其学习策略三分法(元认知策略、认知策略、社会情感策略)，把英语写作策略进行如下的层级分类：

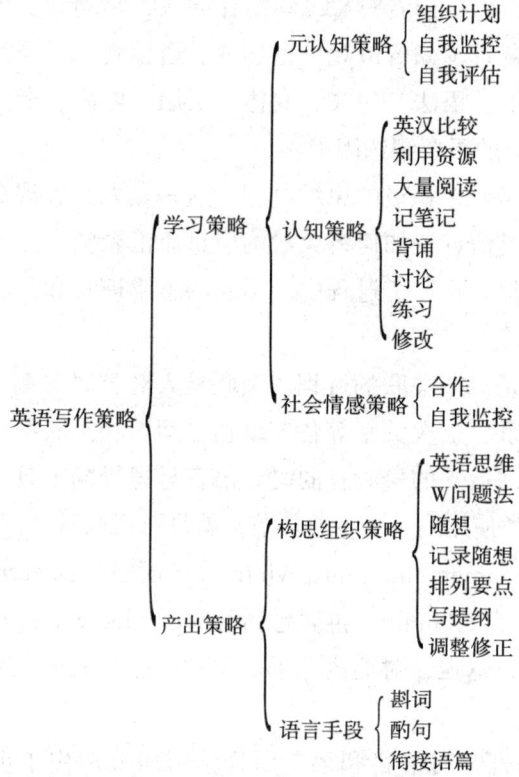

图2.4　英语写作策略分类框架

该图显示，英语写作既是一个学习过程也是一个语言表达过程；相应地，写作策略既包括学习策略也包括产出策略。其中，英语写作的学习策略包括写作学习的元认知策略、认知策略、社会情感策略。英语写作学习的元认知策略包括通过确定写作学习的目标、计划出时间、设定任务、自我监控写作学习过程的进度、检查计划的实施情况、自我评估学习结果、找出学习中的不足、调整目标和选择更适合的方式方法；英语写作学习的认知策略指通过查找和利用资源，开展大量阅读积累，对英语写作学习材料分析写作技巧，进行英汉比较，记笔记、背诵具有表达力的文、句、词等，并通过练习和讨论组织思路，学会修改写作内容如句子、句型、词汇、标点等；社会情感策略指学习者通过与其他学习者的合作交流，互相学习，从高水平伙伴那里学习，并能在学习中进行自我激励和调节情绪。产出策略指写作的具体过程中，学习者为了顺利完成从思维到语言编码的转化过程而采取的手段、方法，这其中包括构思组织策略和语用运用策略，比如采用英语思维、自我设问、随想及其纪录、排列要点、列提纲、调整修正及语言手段的选择等。

这个框架包括了写作学习和写作表达的策略，在具体的运用中可以根据写作的需求采用不同的策略，甚至补充更多的策略。因为以上框架中写每一个策略还有延伸空间，比如，在情感策略中，还没考虑到外界因素，如写作环境、写作教材、教师等的影响作用（施晓伟，2010）。

以下介绍开笔写作过程中常用的具体的写作策略，主要包括：审题策略、构思策略、句子表达策略、段落展开策略、结尾策略和检查修改策略等。

（一）审题策略

审题是写作的前提，是写作第一关，也是决定写作成败的关键环节。学生必须根据题目及要求确定文章题材、内容、格式和长度，认真通读所给要求和提示，弄清题目揭示的内容、时间、人物、环境和事件，对所提供的内容进行分析综合，准确把握材料的精神实质和写作要求，避免出现文不对题的现象。审题应着重审以下四个方面：

1.审文体

一般来说，审题要确定根据所写的题目写哪一种文体，是描绘文、记叙文、说明文，还是议论文。通过看题目往往可以一目了然，大致摸清文章应该是哪种文体。

例如，给定的英语写作题目是："For this part, you are allowed 30 minutes to write a letter to a foreign friend who wants to study in China. Please recommend a university to him."这就是要求学生介绍某所大学的情况，写成描绘性的文章较好。如果题目是"On online learning"，写成议论文较好；"My wishes for new year"之类的题目写成记叙文较好；但是有的题目比如"Life of the campus"之类，则可以写成描绘文、记叙文，也可以用说明文。

考试中遇到题目时，可以有两种解决办法，如果命题者没有附加条件，那么写文章就可以按自己的意愿来选择文体。如果命题有明确要求，例如第一段应该写什么，第二段应该写什么，那就要依照这些条件来确定文章的文体。比如，英语专业四级的考试作文，很多题目都是命题作文，并有具体的段落大纲，要求学生依照大纲完成作文。高考的写作题目中则常常包含有写作要点，例如邀请同学参加生日宴会，题目就会具体要求：信中要说明邀请的缘由——参加生日宴会；指明宴会的时间、地点、地址、如何到达等信息；表达邀请的愿望。

2.审题意

在确定了文体之后，接着就要审题意，判断在题目中出现的各部分的相互关系。比如"Cars and air pollution"这个题目。有些学生看了题目马上就开始动笔写，有的学生讲述汽车的重要性，有的介绍污染的严重性，有的分析汽车是怎样导致污染的，有的则介绍汽车，再阐述环境污染，这些都割裂了汽车与污染之间的有机联系。造成以上审题错误的根本原因是缺乏策略，没有注意题目中的每一个单词或者是没有审出题目的言外之意。其实从该题目来看，是要求阐述使用汽车加剧污染的问题，并提出如何治理汽车导致污染的建议。这类文章可以写成解决问题型的议论文。

3.审条件

所谓的审题不仅仅需要理解作文的命题，还得弄明白写作条件。命题作文可能附加的条件常常为时间、字数和大纲内容。考试的写作时间一般有很严格的要求。要求在规定的时间内完成文章，时间一到就必须交卷。所以，对应的策略有：第一是平时逐步养成写作计时的习惯；第二是根据时间要求，动笔前计划好审题、立意、选材、写作及修改的时间；第三是要注意字数要求。大学英语四级的字数要求是120～180字，第一段和最后一段可以分配各占总字数的15%，中间的论述段落占70%。这样，在写作时就能做到心中有数。

4.审大纲要求

比如，命题作文"My views on reading"的大纲要求如下：有些人认为读书没什么作用，另一些人则认为，读书对人的成长完善很重要。你赞成哪种观点并说明理由。

从本大纲来看，这是一篇论述读书作用或者重要性的作文，因此对读书作用的不同解读就是全文的主旨。首段可以先描述对于读书作用的两种不同认识。然后融合这两种观点提出自己的观点，即"读书使人充实"和"书中自有颜如玉,书中自有黄金屋"。第二段就自己的观点展开说明，即阐释读书的三种重要作用：完善性格、增长智慧以及带来财富和名声,并分别就这三种作用通过数据、例子、事件做出阐释。第三段是结尾段,可以考虑以两种方式结束全文。第一种方式是对前面的论述进行简要概括，重申自己为何有以上观点，做到首尾呼应；第二种方式可以就主旨进行引申，提出自己的建议或倡议。

（二）构思策略

审好题目之后，就可以通过画思维导图来构思内容了。画思维导图时，可以从纸的中心开始，把主题写在一个方框里，然后从这个方框勾勒出几个放射性的分支，作为主要的分论点，分论点后又可以分出更多的论据细节。如此层层展开，可以不断充实文章的内容。可见，思维导图就是用视觉形式组织思路，以图的方式引领头脑风暴，所以这种形式比文字提纲和列表的形式更直观形象，更符合大脑的运行模式，能激发作者进行广泛的联想。

1.第一步，进行头脑风暴画思维导图

例如，关于"money"的主题，可以通过问自己以下问题并画出下图2.5的思维导图：

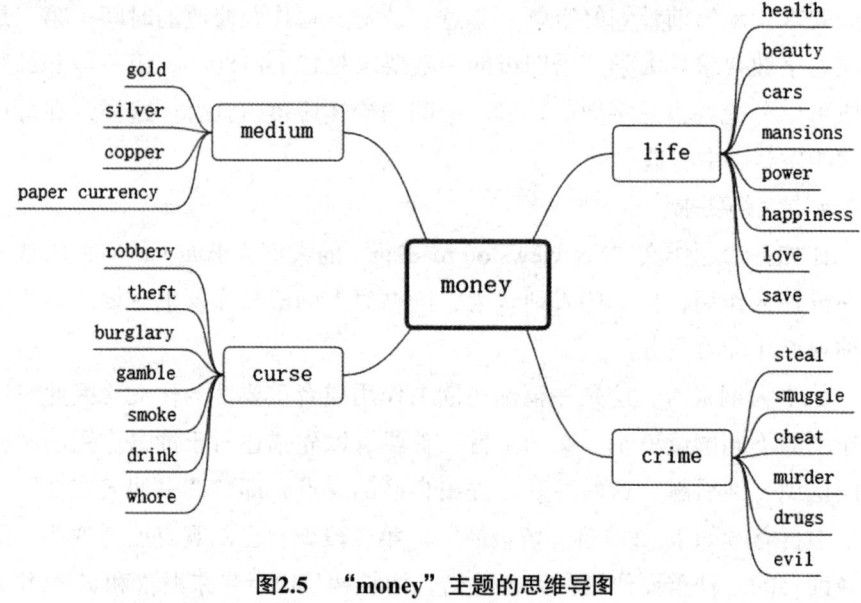

图2.5 "money"主题的思维导图

What do people think of money? What do I think of money? Why do people want money? What problems may the seeking of money bring about? Is money everything? Does money mean happiness?

2.第二步，筛选信息

通过头脑风暴会产生多种多样的想法，但是头脑风暴未经过滤，其形成的往往是观点的数量而不是质量，因此需要对萌发的想法进行审视、筛选、重构和修改。通过梳理思维导图中的主线，明确该话题有几种基本分类，对已有的概念进行重新整合、概括，剔除与主题相距太远的细节，去掉影响一体化的内容，在这些零散的想法之间建立起隶属、前后、因果等新联系，弄清楚思维导图的层次性如何，搞明白关键词和中心词的关联度、方向性是否一致。

比如，手头的写作主题是关于"购买家用小汽车"，我们可以先用头脑风暴法来列举出与主题相关的单词、关键词或细节：driving a car、buying a car、comfort、privacy、financial problem、pollution、road condition、car theft、traffic jam、convenience、paying taxes、speed、travelling、buying petrol、buying safe insurance、car maintenance等。

把上面的细节大致归类一下，就可以理出一个分门别类的思路。

比如，"advantages of buying a car"（买车的好处）——privacy、convenience、travelling speed、comfort等；"disadvantages of buying a car"（买车的弊端）——financial problem、car accident、terrible road condition、pollution、traffic jam、car theft、buying petrol、buying safe insurance、car maintenance、paying taxes。

接下来把一些可以展开的观点和细节，根据文章的要求选择出来，作为重点来论述。针对购买家用小汽车的好处，我们选择"comfort""convenience""speed"。针对弊端，我们则选择了"pollution""traffic jam""financial problem"。

然后就是对选定的分论点进行扩展，增加更多的论据和细节，进入列提纲的环节。

3.第三步，列提纲

列提纲有助于作者进一步理清思路。作者围绕文章的主题，将前一步骤中所构思出来的材料进行分类、整合、排序，然后根据文章的主题和所选定的素材，确定文章的段落层次，安排文章的布局。特别需要关注到的是，确保所选材料基本是同一类型，如原因型、结果型、解决方法型，以使得材料能统一化地支持同一主题，从而实现文章思路清晰、辨证性强、结构严谨。

关于列提纲的方法，一般在考试时，由于时间有限，缺乏大量时间来构思提纲。因此，按照英语写作的特点，可以采用关键词提纲和句子提纲两种策略。第一种列关键词提纲，就是依据题目和所给材料，围绕所要表达的中心思想列出每段、每层的关键词。这种方法相对简略一些，比较适合高强度且时间有限的情况下使用；第二种列出句子提纲，作者需要理清全文脉络，用句子把文章的每段的主要观点写出来，相对复杂一点，适合平时练习中时间充足的情况下使用。常见的英语作文提纲形式如下：

主题题目

介绍文章的主题

I.说明主题思想句

（1）支持性论点1

a.细节；b.细节

（2）支持性论点2

　　　　a.细节；b.细节

II.说明主题思想句

　　（1）支持性论点1

　　　　a.细节；b.细节

　　（2）支持性论点2

　　　　a.细节；b.细节

III.说明主题思想句

　　（1）支持性论点1

　　　　a.细节；b.细节

　　（2）支持性论点2

　　　　a.细节；b.细节

结论

（三）句子表达策略

写一篇文章具备了深刻的主题、丰富的内容、巧妙的构思，还需要用一个个的句子准确地表达出来，句子是英文写作的基础，起着关键作用。句子是能够表达完整意义、独立运用、构成话语或语篇的基本语言单位。句子组织起来才能形成段落，若干段落组合起来就形成了一篇文章。没有准确、地道、连贯、合乎英语习惯的句子作基础，就组织不出通顺完整的段落，更谈不上写出一篇优美的文章。下面是句子的组织策略。

1.句式多样化策略

句式不同，表达效果就不同。只有使用多样化句式，才会使文章生动有趣，充满动感和活力。最常用的是陈述句，还可以使用强调句、感叹句、倒装句等其他不同的句式，增强语句的表现力和感染力。如：

A: Tom saved my sister.（汤姆救了我妹妹。）（一般句式）

B: It was Tom that saved my sister.（强调句式）

A: We were glad to see crops and vegetables growing well.（我们看到庄稼和蔬菜长势喜人很是高兴。）（一般陈述句）

B: How glad we were to see crops and vegetables growing well!（感叹句）

2.长短句变化使用策略

在写作中需避免使用相同长度的相同句型，而应注意结合使用长短句、简单句、并列句、复合句等不同句式。还可使用一些较复杂的结构，如独立主格，分词结构、介词短语结构等。长句和短句各有千秋。长句，因为使用了定语、状语较多，能准确地限制概念的外延，或扩大概念的内涵，所以比较精确、严密，但显得不够活泼简便。短句，由于词数少，直截了当，一般比较简洁、明快、有力，但又不利于表达复杂的语义内容。在具体语言活动中，尽量能长短句交替使用。这样既能体现节奏上的变化，也能满足意义表达的需要。试看下面两组句子（郭霞、尚秀叶，2008）：

①We can imagine the beautiful surroundings. ②There are many trees along the streets. ③There is a clean river in the city. ④There are many fishes in the river. ⑤There are a lot of willow trees on the one side. ⑥There are some pieces of grassland on the other side. ⑦There are many flowers on them.（上面七个句子都是简单句，句式结构单一，而且句子长短基本一样，都在七至八词左右，读来感觉单调。）

①Just imagine the beautiful surroundings if we make our cities greener. ②Green trees line the streets. ③A clean river winds through the city, in which a lot of fishes swim around. ④On the one side stand rows of willow trees. ⑤On the other side lies a stretch of grassland which is sprinkled with many yellow and red flowers.（这里的五个句子中，有长句①、③、⑤，也有短句②和④，长短句交错，读起来有抑扬顿挫的节奏感。不仅句子长短交互，而且句型结构也有变化，整个段落表现的流畅自然，生动活泼。）

3.运用修辞策略

众所周知，恰当的修辞可以使文章富有文采，生动形象。在英语写作中，修辞主要有以下六种：对比、重复、排比和倒装等构成结构辞格，转义、双关和矛盾等则构成语义辞格（郭霞、尚秀叶，2008）。

（1）对比

在英文表达中，正反对比就是要使用对称的英文句式表达互为补充的意思。如果遇到所要表达的内容具有这种情况，就可以采用这种对称的句式并选择适当的反义词语来加强语句。比如：

The advantages far outweigh the disadvantages.利远远大于弊。（本句中的the advantages与the disadvantages具有正反对比的关系和效果。）

（2）重复

英文通常讲求简洁，但是有时为了表示强调，偶尔使用重复来突出语句中的强调内容。根据被重复词语在语句中的位置，英文的重复可以分为句首重复、句尾重复、首尾重复等。例如：

We long for success and we are working hard for success.我们渴望成功，正在为实现成功而努力。（这句为句尾重复，重复的部分为句尾的for success。）

（3）排比

英文表达中有时也使用排比句式，这类句式整齐而有气势，使句式不再单调。比如：Reading makes us wise while exercises make us strong.读书使人聪明，锻炼使人强健。

（4）倒装

这里谈的倒装与非修辞性的语法结构倒装不同。非修辞性的语法结构倒装依据语句的语法结构，没有自由选择的余地。这里所涉及的倒装是指修辞性的语义结构倒装，是实现强调的一种手段，它通过利用语句句首或句尾的特殊位置来完成。例如：

Now on coming to us is the new era of reform full of ventures and chances.充满着风险与机遇的改革新时期正向我们走来。

（5）转义

转义是一种灵活运用词语的修辞手段，主要包括有比喻、夸张、拟人、反语等。其中，比喻又包括明喻、换喻、暗喻、提喻等。比如：

I am reading Shakespeare.我正在读莎士比亚的书呢。（这句采用换喻，换喻就是直接借用一个事物的名称代替另一个事物的名称，需要通过联想理解其含义，但并非所有的事物都可以用换喻来表达的。）

Our English teacher is our best English dictionary.我们英语老师就是我们最好的英语词典。（这句采用暗喻，暗喻的特征是利用事物之间的相似之处来比喻，但不使用like一词，这一点与明喻不同。）

A hand is needed.需要一个帮手。He is a green hand, so let's help him. 他是一个新手，我们帮帮他吧。（这两个句子采用提喻，提喻的特点是用一个事物的部分来代表事物的整体或用一个事物的整体来代表事物的部分。）

He was mad for success and on the news of success he went mad with joy. 他太渴望成功了。听到成功的消息他欣喜若狂。（这句采用夸张手法"went mad"。夸张的特点是为表现事物的特征故意夸大其词。）

The building witnesses the development of the city.这幢大楼见证了这个城市的发展。（这句采用拟人手法将"大楼"人物化。拟人的特点是赋予事物人物的特征。）

（6）衔接

英语写作中可以运用一定的话篇衔接手段，即关联词、连接性副词或一些介词短语等，把句子与句子、段落与段落之间顺畅地承上启下、有机地联系起来，推动段落中心思想顺利地向前发展，使文章段落内部层层推进、环环相扣，读起来平稳、自然和连贯，有整体感且容易被理解。表2.4是英语写作中一些常用的表示不同关系的衔接词。

表2.4 常用衔接词

关联作用	衔接词语
时间、顺序	first, firstly, in the first place, second, secondly, third, thirdly, then, next, afterwards, before, after, as soon as, soon, since, later, later on, during, when, immediately, eventually, as long as, at that time, to begin with, while, in the meantime, meanwhile, at the same time, from then on
空间、方向	here, there, near, nearby, next to, under, above, behind, beyond, across, from, to the tight, to the left, on the north, on the east, in front of, at the back, in the middle, along, in the distance, as far as, in, between, opposite to
因果、目的	because, since, thus, for the reason, in order to, so that, in order that, so, as a result, therefore, accordingly, for this purpose, thanks to, consequently, due to
让步	of course, in spite of, while, although, even though, even so, naturally, regardless, it may be the case that, it is true that, to be sure, certainly
并列、递进	and, too, also, as well as, moreover, in addition, furthermore, next, what is more, similarly, besides, further

续表

关联作用	衔接词语
选择	or, nor, alternatively
解释	in other word, that is to say, thus, namely
对比、比较	in comparison, on one hand, on the other hand, similarly, likewise, on the contrary, yet, but, still, however, nevertheless, at the same time
举例	for example, for instance, in this case, to illustrate, namely, to provide a specific case, as an illustration, and so forth
重复	to repeat, in other words, once again, that is to say, as I said/mentioned earlier
总结	to sum up, therefore, and so, on the whole, as a summarize, as a result, in summary, to put it briefly, all in all, in a word, in conclusion, in short, in the end, finally

（四）段落展开策略

段落是文章的缩影。只有写好段落，才能写好文章。段落是由围绕一个中心主题的一组句子构成，是文章整体的一个基本独立单位。好的段落会有以下特征：首先，段落写作要有统一性，一个段落内的各个句子必须指向同一个中心，任何游离于中心思想之外的句子都不应该存在；其次，段落具有完整性，一个段落需要有若干扩展句，使主题思想得到充分展开，从而让读者有完整的感觉；最后，段落具有连贯性，一个段落不是杂乱无章，而是有机地组合在一起，句子的排列顺序有一定的逻辑，而且从一个句子到另一个句子有流畅的过渡衔接。

一个段落由主题句、扩展句和结论句组成。一篇文章的主题句点出文章主旨，各段落的主题句点明本段的中心思想，合起来构成一篇文章的主线骨架，阐述全文的中心思想，扩展句阐明主题句或为主题句提供论证论据。

1.主题句的策略

主题句是全段引领者，它通过一个句子来点明全段的中心思想。它用于概括段落大意，全段的其他文字都应该围绕它展开。

主题句的位置通常有三种。放在段落的开端，其特点是开门见山地摆出问题,然后加以详细说明。其作用是使文章的主题明确,结构更清晰,更具说服力,便于读者迅速把握主题和想象全段的内容。主题句也可以放在段中起到承上启下的作用,或放在段尾起到概括全段的作用。

主题句对全段具有指引功能,但不是任何一个句子都可以做主题句,只有精心设计构思的句子才可以充当。构思主题句时可以从以下四点着手:

第一,主题句子首先应当是完整句,不应是个词组或修饰性成分。

第二,主题句要明确表达段落的中心思想,需要把握好范围,不能太泛或太笼统。

第三,主题句要有一定的概括性,不能太具体,用于描写细节的句子,不能做主题句。

第四,各段的主题句应相互照应,前后连贯,而不是孤立表达一个意思。

2.扩展句的策略

段落扩展的作用是根据主题句的思想来阐明问题的某一方面。好的段落应该是主题同一、内容完整、严密、连贯,时态和语态一致。比如,描述一个过程或程序时,常用一般现在时的被动语态;报道某一特定的程度或过程时,其涉及的只是过去某时间特有的情况,所以通常使用一般过去时的被动语态。如果描述不涉及某特定的过程或程序,则经常用一般现在时的主动语态。此外,在描述过程或报道事件时,要注意顺序先后。段落扩展的方法很多,常用的扩展方法有:

(1)描述法

描述法是段落扩展中最常用的一种方法,可以:①按事情的起因、经过和结果的顺序组织安排语句,写事情的段落常采用这种方法;②按时间的先后顺序展开描述,先发生的事情先说,后发生的事情后说,如对历史性事件的介绍;③按地点和场景变换的空间顺序组织语句,如对景点的描述;④按论述的重要程度安排,一般顺序是先主要后次要,如对理由的列举。

(2)举例法

用具体事例来阐述主题句的中心思想,如以某事情、某人的故事举例阐明某个观点时,就可以采用这种方法。

（3）比较与对比法

通过比较指出事物之间的异同，通过对比找出事物之间的差异。如：Much, much <u>taller than</u> the Watts Towers of Los Angeles are the redwood trees of Muir Woods near San Francisco. These trees are <u>the tallest ones</u> living in the world. <u>The highest one</u> is three hundred sixty-two feet or about one hundred ten meters high; and hundreds of others are nearly <u>as tall</u>.

3.结论句的策略

结论句，也称为总结句，一般置于段落的末尾，用于对全段内容的总结、归纳或提出结论性的观点。结论句通常和主题句呼应，以不同的形式再现、强调主题，并与扩展句相互关联，重申段落的中心思想，以引起读者的关注和重视。例如，下面的段落结论句：

Buying a car requires careful planning. First, do you want a new car or a used one? This depends on how much money you can spend. Sometimes a used car needs repair. What style of car do you want? You can look at many different models to help you decide. Next, do you need extra features in your new car? Adding lots of extra features makes a car more expensive. Finally, where will you buy your car. It is important to think about all these things when you are buying a car.

在以上段落中，第一句是段落的主题句，提出"买车需要周密的考虑"的观点。接下来的几句都是扩展句，具体说明买车时需要考虑哪些问题：买新的？还是二手的？花多少钱？什么款式？是否需要额外的配置？在哪里买？最后一句则是段落的结论句，得出了本段的结论回扣主题：买车时考虑以上这些问题很重要。

（五）结尾策略

结尾，即文章的收尾部分。通常置于文章最后一个自然段。尽管并不是所有段落都需要一个结尾句，如叙事的段落，但结尾句却是文章的必要组成成分，它可以深化主题，增强文章结构的完整性。结尾句的写作一忌"画蛇添足"，二忌"虎头蛇尾"。恰当的结尾，不仅是文章内容的自然绾结，还可以获得"言有尽而意无穷"的效果，令人感到意犹未尽、回味无穷。确切地说，结尾的作用就是概括全文内容，进一步重申、强调或肯定文章的中心思想，使读者加深印象。有时也可以展望未来，提出今后的方向或进一步深思的问题，给读者留下回味和思考的余地。常用的结尾段写作策略有下面四种。

（1）重复主题

回顾文章开头阐明的中心思想或主题句上，起到再次重审和强调的作用。可以使用的表达有：

Given the factor that I have just outlined, it's wise to support the statement that…

All the analysis justified an unshakable view that…

（2）做出结论

最后用几句话概括全文内容，并进一步肯定文章的主题思想或作者的观点立场。可以使用的表达有：

Judging from all the evidence offered, we may come to the conclusion that…

From what has been discussed above, we may safely draw the conclusion that…

（3）用反问结尾

反问句的形式是虽然问句，但其表达的意义却是肯定的，而且其语气强烈，具有强调作用，容易引发读者思考。可以使用的表达有：

On the one hand, the city has many kinds of entertainment. There are film shows, plays, concerts, parades, and many other kinds of entertainment. There are many places to visit.

On the other hand, people in the country get lots of exercises when they work on the land. Children get lots of exercise by walking or riding their bicycles to school. In the country there are fewer accidents and people do not need so many policemen to protect them. Living in the country is clean and quiet.

Where would you rather live, in the city or in the country? （此反问句的使用不仅总结了上文而且引发读者去思考、判断和选择。）

（4）提出展望或建议

表示对将来的展望，或期待读者付诸行动。可以使用的表达有：

It is suggested that persistent / sustained efforts should be made to attain the goal…

It is not known whether … so more researches are advised / needed to be done.

While it cannot be solved immediately / While it is affected by many factors / While it is simpler to say than to do, still there are ways to…

（六）检查修改策略

写作的最后一步，就是进行检查与修改。只有这样才能最大限度地避免那些不必要的错误。那么，我们检查和修改时应该从哪些方面着手呢？一般而言，检查和修改的时间不可能太长，尤其是在考试的写作中。所以，写作之前一定要把握好审题、列提纲和写主题句的环节，争取文意不走题，不要出现结构上的错误，并保证文章的整体性、连贯性、统一性。在这个前提下，最后的几分钟时间里，应该主要检查语言错误，比如语法、词汇、时态、单复数等的错误。修改时可以从如下七个方面着手：

第一，动词谓语的词尾时态变化的形式，包括特殊形式。

第二，主语和谓语、名词、代词及人称的前后一致性。

第三，过渡词、连词、衔接语使用是否恰当。

第四，句子主干成分是否完整。

第五，词组搭配是否正确无误。

第六，使用的词语是否能确切表达你的意思。

第七，词性使用是否正确。

为了能够提高英语写作技能，平时需要采用恰当的策略进行写作积累和实践训练，同时一定要注意按照写作题目的程序要求，加强限制时间、控制字数、构思速度等的写作训练。

第六节 翻译策略

一、翻译的性质

由于研究角度不同，人们对翻译本质也有多种认识：翻译是科学，翻译是艺术，翻译是技术，翻译是创作……。实际上，翻译就是把有一定文化背景、语言情景的一种语言转化成另一种有不同文化背景、语言情景的语言。有学者指出："社会性、文化性、符号转换性、创造性、历史性这五个方面，构成了翻译活动的本质特征"（刘云虹、许钧，2016：97）。

由此可知，翻译自身的丰富性和复杂性使得翻译具有多重本质特征。综合分析前人对翻译本质的探讨，会发现各种说法虽各有侧重、表述不同，但彼此相通。归纳起来，翻译的本质属性主要有语言性、社会性、人本性和艺术性。

（一）翻译的语言性

翻译的根本属性是语言性。因为翻译是一种语言行为，所以在有关翻译的所有问题中，语言的问题具有突出的重要性。语言是翻译的主要构成因素，是译者作为社会个体进行符号转换的工具。与人们可以随心所欲地使用语言表达和再现事物不一样，译者原则上只能表达、再现原文存有的语言框架与意义结构。因而，必须坚守语言性，对翻译形态进行伦理批评，对译者行为进行道德约束。

在有关语言及其意义的问题上，以维特根斯坦、乔姆斯基、戴维森等为代表的学者主要重视语言的形式维度，而忽略语言的社会性与约定性。依据他们的看法，语言学，尤其是语义学，只应关注词语的客观所指，以及公式的客观真值；至于言语表达的使用者及其意图、习惯、文化与传统等，均可忽略不计。这一观点虽有一定的片面性，但也在一定程度上反映了语言性对于翻译的重要意义。换言之，既然翻译是语言活动，是以意义转移为目的，那么就应该追求译文的"客观指称"及"真值条件意义"（Lakoff，1988：125）。"翻译应当立足于其自身以及其翻译源语的自足性与自主性。它不需要，也不应该过多地参照文本之外的事物，这是因为一方面，语法具有生成性；另一方面，'意义'还可以通过逻辑形式语言，并根据'真值条件'得到客观的描述"（束定芳，2005：4）。翻译是文本阐释现象，为了避免对翻译的误解和滥用，应该强调翻译的语言性，只有以语言研究为根基和依托，才能保证翻译的基础不被破坏。

（二）翻译的社会性

翻译最稳定的本质是社会性。翻译并非纯语言行为，它还是一种社会学行为，它以社会环境为中心，对社会的接受标准和要求具有高度的依附性。斯内尔-霍恩比（Snell-Hornby，1988：22）指出，翻译自古以来就是特定情境和文化的重要组成部分，它与民族交往共生，与民族文化的互动同在。翻译在表面上反映的是源语文本的内容和形式，实际是通过文本与源语环境进行交流的行为。

宋以丰（2019：165）认为："翻译就其对象而言，处于一个高度竞争的环境，社会生活及其时代性与译者活动之间形成密切关系，并影响着翻译的全过程，因而社会性是翻译最显著、最稳定的特征"。没有一个具体的翻译行为能彻底脱离环境，翻译本质上仍是社会现象和文化现象。因此，翻译中对于文本的强调与重视不应被忽视，更不能以忽视社会性或社会的约定为前提。翻译作为一种社会现象，必须在社会环境中进行，并且受到群体意向性的支配，其目的是交流。顺利的交流离不开合作，而为了能使合作顺利进行，就必须顺应社会共同体的期待。这样一来，就给翻译的语言性预设了条件和限制，并使得翻译在意义、传播和影响等方面具有明显的建构性特征。

（三）翻译的人本性

简而言之，翻译是把一种语言已表达的内容用另一种语言正确而完全地重新表达出来。因此，翻译涉及两种语言及两种语言之间的操作者——译者。翻译的过程是一个传达的过程，首先由译者先理解原文，然后把所理解到的内容用另一种语言表述出来。这里明显地存在着理解和表述两个阶段。其间，对译者的要求是他对原文要尽可能地理解透彻，同时，他还需把所理解到的内容用另一种语言尽可能确切地表述出来（张思洁，2012）。虽然这种要求合理，但在理论和操作上都有困难。

换句话说，翻译不只是认识论意义上的活动，也是实践论意义上的行为。作为译者，人并非总是"中性主体"，其翻译实施也并非总是"无关价值"。翻译的"文本"具有动态性，文本意义的呈现具有历史阶段性，译者难以通过自身的意志与努力，无缝地理解并反映文本的原意。无论是在转换的过程，还是在再现的阶段，翻译的对象都不只是原作，它在多数情况下，与译者的多元认识有关，是译者认识理解的结果，是译者反映历史文化语境的结果。

（四）翻译的艺术性

随着社会的进步以及我国对外交流的突飞猛进，外文资料大量出现，翻译的文本也出现了多样化，艺术性也成为翻译的重要组成部分。

第一，依据内容，翻译的文本可以分为文学类和非文学类。由于文学类的文本本身具有艺术性，所以文学翻译中所存在的艺术性是翻译过程不可避免的一个组成部分，而且已被人们所接受。

第二，翻译与艺术有所不同。翻译与艺术的差别之处在于，翻译的创造性没有艺术那样饱满。"翻译"不同于真正的"舞蹈"，是类似于"戴着镣铐的舞蹈"。它与艺术最重要的差别就是出发点不同。文学作品的创作主要是以个人情感或经历为创作背景，而翻译作品的创作则不能带有译者自己的感情色彩，而要依据已有的文化历史背景对作品进行翻译。

第三，翻译的目的主要是传播文化和传播思想，同时兼具艺术性。倘若翻译的创作与文学作品的创作初衷一样，都是为了抒发个人情感和诉说个人经历，那么它就会和文学作品没有本质上的差别。这就是为什么许多译文作品的原文本相同，而译作却有诸多版本，说明每个译者个人对原文本的理解不同，或者使用的翻译手段不同，从而导致其译文的创作结果也出现差异。

二、常用的翻译策略

英汉两种语言在句法、词汇、修辞等方面均存在着很大的差异，因此在进行英汉互译时必然会遇到很多困难，需要有一定的翻译技巧。针对翻译技巧，在20世纪八十年代，出现了多种方法，主要包括：词义的选择、引申和褒贬；词类转译法；正反、反正表达法；分句、合句法；增词法；重复法；省略法；被动语态的译法；定语从句的译法；名词从句的译法；状语从句的译法；长句的译法；拟声词、习语、外来词语等特别词语的译法。

到了九十年代，我国在沿用这些方法与技巧的基础之上，有了新的发展和改进。柯平（1993）编著的《英汉与汉英翻译教程》，除了提出类似以前的方法，还提出了补偿和变通手段：加注、增译、视点转换、概略化、具体化、释义、归化和回译等方法。此外，翻译学者（刘宓庆，1993）进一步研究了翻译手段，在原有策略的基础上，提出了分切、转换、引申、替代、拆离、增补、词性转换、语态转换、肯定与否定、阐释或注释、省略与重复、移植、重构等。

以上是不同学者针对翻译所用的不同术语，用于描述翻译过程中的具体处理方法。在这里把翻译过程中各种具体的操作方法、技巧、手段等统称为"翻译策略"。常用的翻译策略有增译法、省译法、转换法、拆句法、合并法、正译法、反译法、倒置法、包孕法、插入法、重组法。此外还有直译法、意译法、释义法、同义法、套译法、综合法等（何少庆，2010）。这些技巧不但可以运用于笔译之中，也可以运用于口译之中。

（一）增译法

增译法指根据英汉两种语言不同的思维方式、语言习惯和表达方式，在翻译时增添一些词、短语或句子，以便更准确地表达出原文所包含的意义。这种方式多半用在汉译英里。汉语无主句较多，而英语句子一般都要有主语，所以在翻译汉语无主句的时候，除了少数可用英语无主句、被动语态或"There be…"结构来翻译以外，一般都要根据语境补出主语，使句子完整。英汉两种语言在名词、代词、连词、介词和冠词的使用方法上也存在很大差异。英语中代词使用频率较高，凡说到人的器官和归某人所有的或与某人有关的事物时，必须在前面加上物主代词。因此，在汉译英时需要增补物主代词，而在英译汉时又需要根据情况适当地删减。英语词与词、词组与词组以及句子与句子的逻辑关系一般用连词来表示，而汉语则往往通过上下文或语序来表示这种关系。因此，在汉译英时常常需要增补连词。英语句子离不开介词和冠词。另外，在汉译英时还要注意增补一些原文中暗含而没有明言的词语和一些概括性、注释性的词语，以确保译文意思的完整。总之，通过增译，一是保证译文语法结构的完整，二是保证译文意思的明确。例如：

①What about calling him right away? 马上给他打个电话，你觉得如何？（增译主语和谓语）

②If only I could see the realization of the four modernizations. 要是我能看到四个现代化实现该有多好啊！（增译主句）

③Indeed, the reverse is true. 实际情况恰好相反。（增译名词）

④即使是法西斯国家本国的人民也被剥夺了人权。Even the people in the fascist countries were stripped of their human rights.（增译物主代词）

⑤只许州官放火，不许百姓点灯。While the magistrates were free to burn down house, the common people were forbidden to light lamps.（增译连词）

⑥这是我们两国人民的又一个共同点。This is yet another common point between the people of our two countries.（增译介词）

⑦在人权领域，中国反对以大欺小、以强凌弱。In the field of human rights, China opposes the practice of the big oppressing the small and the strong bullying the weak.（增译暗含词语）

⑧三个臭皮匠，合成一个诸葛亮。Three cobblers with their wits combined equal Zhuge Liang the mastermind.（增译注释性词语）

（二）省译法

省译法是与增译法相对应的一种翻译方法，即删去不符合目标语思维习惯、语言习惯和表达方式的词，以避免译文累赘。增译法的例句反之即可。例如：

①You will be staying in this hotel during your visit in Beijing. 你在北京访问期间就住在这家饭店里。（省略翻译物主代词）

②I hope you will enjoy your stay here. 希望您在这儿过得愉快。（省略翻译物主代词）

③中国政府历来重视环境保护工作。The Chinese government has always attached great importance to environmental protection.（省译名词）

（三）转换法

转换法指翻译过程中为了使译文符合目标语的表述方式、方法和习惯，而对原句中的词类、句型和语态等进行转换。

1.词性转换

在词性方面,把名词转换为代词、形容词、动词。由于英语有时态的变化,通常把动词转换成名词、形容词、副词、介词;把形容词转换成副词或短语。例如:

①我们学院受教委和政府的双重领导。Our institute is co-administrated by the Education Commission and the government.(名词转动词)

②学生都应该德、智、体全面发展。All the students should develop morally, intellectually and physically.(名词转副词)

③由于我们实行了改革开放政策,我国的综合国力明显增强。Thanks to the introduction of our reform and opening policy, our comprehensive national strength has greatly improved.(动词转名词)

④I'm all for you opinion. 我完全赞成你的意见。(介词转动词)

⑤The reform and opening policy is supported by the whole Chinese people. 改革开放政策受到了全中国人民的拥护。(动词转名词)

⑥In his article the author is critical of man's negligence toward his environment. 作者在文章中,对人类疏忽自身环境作了批评。(形容词转名词)

⑦Too much exposure to TV programs will do great harm to the eyesight of children. 孩子们看电视过多会大大地损坏视力。(名词转动词)

2.句型转换

在句型方面,把并列句变成复合句,把复合句变成并列句,把状语从句变成定语从句。例如:

时间不早了,我们回去吧! We don't have much time left. Let's go back.(句型转换)

3.语态转换

在语态方面,英语大量使用被动语态,而汉语则很少使用,即便使用也不像英语那样有固定或比较统一的构成形式。比如说,汉语的被动不是只用一个"被"字表示,因此在英汉互译中,要经常变换语态,以使译文符合习惯用法,显得地道而自然。例如:

In some of the European countries, the people are given the biggest social benefits such as medical insurance.在有些欧洲国家里,人民享受最广泛的社

会福利，如医疗保险等。（被动语态转主动语态）

4.句子成分转换

在句子成分方面，把主语变成状语、定语、宾语或表语；把谓语变成主语、定语或表语；把定语变成状语或主语；把宾语变成主语。

①有人让我来这儿。I was asked to come here.（把宾语译为主语）

②He was seen sitting on the bench in front of the gate。有人看见他坐在大门口的凳子上。（把主语翻译为宾语）

5.数字转换

在数量表达方面，汉语通常使用某些数字搭配表示数量的大小或多少，如"三三两两""一无所有"词中的数字表示数量之少，而"读万卷书，行万里路"中的"万"采用夸张手法表示数量之多。因为这些数字并非实指具体的数量，所以在翻译的时候，不能直译，需要做出相应转换。例如下面的汉英翻译例子：

太行山地质构造复杂，地貌景观奇特，素有"奇峰三千，延绵八百"之美誉。

原译：Mts. Taihang has complicated geological structure and peculiar geomorphologic landscape, enjoying the fame of "3 thousand marvelous peaks and 8 hundred length".

改译：Mts. Taihang, famous for its numerous marvelous extending peaks, has complicated geological structure and peculiar geomorphologic landscape.（原句中"三千"表示数量多，"八百"表示距离长，都是泛指用法，并非实指具体数量。这里转换翻译为"numerous""extending"，以便易于被目的语读者理解。）

（四）拆句法和合并法

这是两种相对应的翻译方法。拆句法是把一个长而复杂的句子拆开翻译成若干个短小而简单的句子，通常用于英译汉；合并法是把若干个短句合并成一个长句，一般用于汉译英。汉语强调意合，结构较松散，因此简单句较多；英语强调形合，结构较严密，因此长句较多。所以汉译英时需要注意利用连词、分词、介词、不定式、定语从句、独立结构等把汉语短句连成英语长句；而英译汉时又常常要在原句的关系代词、关系副词、主谓连接处、并列或转折连接处、后续成分与主体的连接处，以及意群的结束处将长句切断，译成汉语分句。这样就可以基本保留英语语序，顺利翻译出全句，顺应现代汉语长短句相替、单复句相间的句法使用原则。例如：

①Increased cooperation with China is in the interests of the United States. 同中国加强合作，符合美国的利益。（在主谓连接处拆译）

②I wish to thank you for the incomparable hospitality for which the Chinese people are justly famous throughout the world. 我要感谢你们无与伦比的盛情款待。中国人民正是以这种热情好客而闻名世界的。（在定语从句前拆译）

③This is particularly true of the countries of the commonwealth, who see Britain's membership of the Community a guarantee that the policies of the community will take their interests into account. 英联邦各国尤其如此，它们认为英国加入欧共体，将能保证欧共体的政策照顾到它们的利益。（在定语从句前拆译）

④中国是个大国，百分之八十的人口从事农业，但耕地只占土地面积的十分之一，其余为山脉、森林、城镇和其他用地。China is a large country with four-fifths of the population engaged in agriculture, but only one tenth of the land is farmland, the rest being mountains, forests and places for urban and other uses.（合译）

（五）正译法和反译法

这两种方法通常用于汉译英，有时也用于英译汉。正译，指把句子按照与汉语相同的语序或表达方式译成英语。反译，则是指把句子按照与汉语相反的语序或表达方式译成英语。正译与反译往往具有相同意义的效果，但反译常常更符合英语的思维方式和表达习惯，因此更加地道。例如：

①在美国，人人都能买到枪。

In the United States, everyone can buy a gun.（正译）

In the United States, guns are available to everyone.（反译）

②你可以从因特网上获得这一信息。

You can obtain this information on the Internet. （正译）

This information is accessible/available on the Internet. （反译）

③他突然想到了一个新主意。

Suddenly he had a new idea. （正译）

He suddenly thought out a new idea. （正译）

A new idea suddenly occurred to/struck him. （反译）

（六）肯否定的双译法

在翻译时，为了使译文忠实且合乎语言习惯地传达原文的意思，有时必须把原文中的肯定说法变成译文中的否定说法或者把原文中的否定说法变成译文中的肯定说法。其中，要特别注意部分否定和实际表达否定意义的双重否定这两种翻译现象。例如：

①他仍然没有弄懂我的意思。

He still could not understand me. （正译）

Still he failed to understand me. （反译）

②无论如何，她算不上一位思维敏捷的学生。

She can hardly be rated as a bright student. （正译）

She is anything but a bright student. （反译）

③Please withhold the document for the time being.

请暂时扣下这份文件。（正译）

请暂时不要发这份文件。（反译）

（七）倒置法

在汉语中，定语修饰语和状语修饰语往往位于被修饰语之前。而在英语中，许多修饰语常常位于被修饰语之后，因此翻译时往往需要把原文的语序颠倒过来。倒置法通常用于英译汉，即对英语长句按照汉语的习惯表达法进行前后调换或按意群进行全部倒置，原则是使汉语译句的安排符合现代汉语论理叙事的一般逻辑顺序。有时倒置法也用于汉译英。例如：

①At this moment, through the wonder of telecommunications, more people are seeing and hearing what we say than on any other occasions in the whole history of the world. 此时此刻，通过现代通信手段的奇迹，看到和听到我们讲话的人比整个世界历史上任何其他这样的场合都要多。（部分倒置）

②I believe strongly that it is in the interest of my countrymen that Britain should remain an active and energetic member of the European Community. 我坚信，英国依然应该是欧共体中的一个积极的和充满活力的成员，这是符合我国人民利益的。（部分倒置）

③改革开放以来，中国发生了巨大的变化。Great changes have taken place in China since the introduction of the reform and opening policy.（全部倒置）

（八）包孕法

这种方法多用于英译汉。包孕，指在把英语长句译成汉语时，把英语后置成分按照汉语的正常语序放在中心词之前，使修饰成分在汉语句中形成前置包孕。但修饰成分不宜过长，否则会形成拖沓或造成汉语句子成分在连接上的纠葛。例如：

①You are the representative of a country and of a continent to which China feels particularly close. 您是一位来自使中国倍感亲切的国家和大洲的代表。

②What brings us together is that we have common interests which transcend those differences. 使我们走到一起的是，我们有超越那些分歧的共同利益。

（九）插入法

插入法，指把难以处理的句子成分用破折号、括号或前后逗号插入译句中。这种方法主要用于笔译中，偶尔也用于口译中，即用同位语、插入语或定语从句来处理一些解释性成分。例如：

如果说宣布收回香港就会像夫人说的"带来灾难性的影响"，那我们要勇敢地面对这个灾难，做出决策。If the announcement of the recovery of Hong Kong would bring about, as Madam put it "disastrous effects", we will face that disaster squarely and make a new policy decision.

（十）重组法

重组法，指在进行英译汉时，为了使译文流畅和更符合汉语叙事论理的习惯，在捋清英语长句的结构、弄懂英语原意的基础上，彻底摆脱原文语序和句子形式，对句子进行重新组合。例如：

Decision must be made very rapidly; physical endurance is tested as much as perception, because an enormous amount of time must be spent making certain that the key figures act on the basis of the same information and purpose. 必须把大量时间花在确保关键人物均根据同一情报和目的行事，而这一切对身体的耐力和思维能力都是一大考验。因此，一旦考虑成熟，决策者就应迅速做出决策。

（十一）直译法

张培基认为："所谓直译，就是在译文语言条件许可时，在译文中既保持原文的内容，又保持原文的形式——特别指保持原文的比喻、形象和民族、地方色彩等。但直译不是死译或硬译。不得不承认，在能够确切地表达原作思想内容和不违背译文语言规范的条件下，直译法显然有其可取之处。直译法一方面有助于保存原著的格调，亦即鲁迅所说的保持'异国情调'和'洋气'，另一方面又有助于不断从外国引进一些新鲜、生动的词语、句法结构和表达方法，使我们的祖国语言变得日益丰富、完善、精密"（张培基等，1980：13）。

简而言之，直译就是在符合译文语言规范的基础上，在不引起错误联想和误解的情况下，既保持原文的内容，又保持原文的形式——特别指保持原文的比喻、形象、民族、地方色彩等。例如：

①But I hated him, and I had a feeling he'd surely lead us both to our ancestors. 但是我恨他，并预感到他肯定会领着咱们去见祖先。

这里把"he'd surely lead us both to our ancestors"直译成"他肯定会领着咱们去见祖先"，既表达了原文的内容，又保存了原文的比喻，译文也通顺。

如果意译为"他肯定会领着咱们去送死"，虽然反映了原文的内容，并且译文也算有变通，然而却失去了原文的形式，较为逊色。

②Hitler was armed to the teeth when he launched the Second World War, but in a few year, he was completely defeated. 希特勒在发动第二次世界大战时是武装到牙齿的，可是不过几年，就被彻底击败了。

这里的"armed to the teeth"直译为"武装到牙齿"，形象生动，大家已经用得很习惯了。如果意译为"全副武装"，语气反而较弱。

直译法能够给汉语注入新的词汇。例如："dark horse"指的是名不见经传的人出乎意料地获胜，在汉语中我们称其为"黑马"。

(十二) 意译法

每一个民族语言都有它自己独特的词汇、句法结构和表达方法，如果在翻译中直译法无法贴切明白地表达原句的意思，且不能找到相符的对接词语，意译是解决问题的有效方法。意译要求译文能正确表达原文的内容，但可以不拘泥于原文的形式。例如：

①太行山的王莽岭造型之巧，神韵之妙，意境之美，堪称大自然的"大手笔"。The ingenious model, wonderful charm and beautiful prospect of Wangmang Ridge in Mts. Taihang are arguably "excellent works" of nature. （"大手笔"常指有名的作品，这里比喻大自然的奇妙产物。英语中缺少此类对应的隐喻，如果直译外国游客会对其产生费解，故而进行意译为"excellent works"。）

②Do you see any green in my eye? 你以为我是好欺骗的吗？（翻译这句话时，如按原文则直译为"你从我的眼睛里看到绿颜色了吗？"，就会让人不知所云，所以只能意译。）

③After that, the special missions became frequent occurrences. 从那以后，特殊任务就司空见惯，习以为常了。

④Don't cross the bridge till you get to it. 不必自寻烦恼。（此处，如果按原文字面直译为"到了桥边才过桥"，就会让人费解，故采用意译法处理。）

(十三) 释义法

释义就是对词语进行适当的阐述。当原文中某个词语在译入语中无法找到与之对应的词语，并且运用上述其他译法也无法奏效时，便可考虑放弃原文的表面形式而尝试释义法。

运用释义法是为了使译文在风格上保持前后一致，避免机械翻译造成该词译文所产生的格格不入感和突兀感。采用释义法要注意两点，第一，释义要准确，要有理有据，不能胡乱解释；第二，应保持译文行文简洁，不能拖沓臃肿。例如：

①大自然的鬼斧神工，造就了太行山蔚为壮观的地貌风光。The nature's uncanny workmanship makes the grand landscape of Mt. Taihang. （句中"鬼斧神工"指像出自鬼神之手才能建造出来的杰作。若用"ghost"翻译，会让人感

觉诡异，因此在翻译中通过释义译为"uncanny workmanship"。）

②This man is the black sheep of the family.

原译：这个人是家中的黑羊。

改译：这个人是家庭中的害群之马。

③Our son must go to school. He must break out of the pot that holds us in. 我们的儿子一定得上学，一定要出人头地。（break out of the pot that holds us in，重意不重形，译为"出人头地"比译为"打破这个把我们关在里面的罐子"意思更为明白简洁。）

（十四）英汉同义法

在古老文明的汉语文化中存在一些在意义上、形象上、表意形式上与英语谚语相同或基本相同的汉语谚语。这是因为各民族之间通过文化交流，一些外来语被汉语吸收和消化，成为汉语语言的一部分。还可能由于人们在社会生活、劳动实践中对同一事物或现象所产生的相同感受和理解，反映到谚语中便出现了英汉谚语中的"巧合"现象。对于这种"巧合"，我们可以尽量套用，这样既可忠实地表达原句内涵，又可使译文不失谚语的形式及特性，容易被读者所理解。例如：

①Strike while the iron is hot. 趁热打铁。

②Go through fire and water. 赴汤蹈火。

③Add fuel to the flames. / Pour oil on the flames. 火上浇油。

④Great minds think alike. 英雄所见略同。

⑤Burn one's boats. 破釜沉舟。

⑥Kill two birds with one stone. 一石二鸟。

英汉同义翻译法要求译者不仅能够准确无误地理解原文的意思，还要有深厚的文学功底，掌握一定数量的中、英文谚语，并且能够较熟练地运用这些谚语。因此，这些看似简单的谚语要求译者的翻译功底达到一定的水平，否则在翻译的过程中将会困难重重。

（十五）套译法

不同的文化背景下，人们可能用不同的动物形象来表达相同或相似的比喻意义，在这种情况下可以使用套译法。例如：

He complained: "one boy is a boy, two boys half a boy, three boys no boy."

他抱怨道:"一个和尚挑水喝,两个和尚抬水喝,三个和尚没水喝。"

在英国,狮子被认为是动物之首,代表着权力、高贵和尊严;而在中国,老虎则是百兽之王。再比如"牛"对中国人而言是一种强壮而普遍使用的动物,也是农民田间耕作的得力帮手;而在英国,"马"扮演着相同或相似的角色。例如下表的说法:

表2.5 中英不同含义示例

含义	英国	中国
夸夸其谈	talk horse	吹牛
巨大的障碍	a lion in the way	拦路虎
喝大量的水	drink like a fish	牛饮
健壮	as strong as a horse	健壮如牛

但是套译法的使用非常有限,只有当翻译者对两国的习语都非常了解时才能够灵活地运用。

(十六)综合法

综合法,是指单用某种翻译技巧无法译出时,着眼篇章,以逻辑分析为基础,同时使用转换法、倒置法、增译法、省译法和拆句法等多种翻译技巧的方法。例如:

①Ruth was upsetting the other children, so I showed her the door. 鲁丝一直在扰乱别的孩子,我就把她撵了出去。

这个句子的翻译中,同时兼用直译法和意译法。前一部分是直译,后一部分是意译。如把后者"so I showed her the door"直译为"我把她带到门口"或"我把门指引给她看",都不能确切表达原意。

②How can the European Union contribute to the development of a European film and television program industry which is competitive in the world market, forward-looking and capable of radiating the influence of European culture and of creating jobs in Europe? 欧洲联盟应该怎样做才能对欧洲的电影电视工业有所贡献,使它在国际市场上具有竞争能力,使它有能力发挥欧洲文化的影响,并且能够在欧洲创造更多的就业机会呢?

在该译例中,同时使用了把长句打断的拆译法,同时将后面的长定语从句转换为目的性的动词短语结构,还增加了相应的解释性翻译。

(十七)文化变通法

中西文化有差异,如果不考虑文化禁忌,译文可能会使目的语的读者很难接受,容易引发不愉快的负面反感情绪。例如:

① "白象方便面"不可直译为"white elephant",其英文含义是"awkward"或"clumsy",因此有人建议翻译为"Bijoy instant noodles"。

② "红茶"应翻译为"black tea",不能译成"red tea"。

③ "红糖"应翻译为"brown sugar",不能译成"red sugar"。

④ "老少皆宜"翻译为"to be beneficial for the old and the young",就不如翻译为"to be good for people at any age"。

第三章　英语学习策略调研

从20世纪80年代开始，国际高等教育界出现了重视培养应用型人才的新趋势。近年来，我国许多院校也在不断改革，将教育教学任务重心转向培养学生实践应用能力。2015年10月，教育部、发展改革委、财政部联合下发文件《关于引导部分地方普通本科高校向应用型转变的指导意见》。随后，我国有许多地方普通本科院校进行转型，出现了一大批应用型高校。然而，不同的学习者有不同的特征。应用型院校的学生，也有其特殊的一面，他们的英语基础普遍较弱，其英语学习结果是否与英语学习策略使用状况有关？他们的英语学习策略使用状况到底如何？只有摸清相关英语学习策略的状况，才能从学生的实际出发，寻找针对性的解决办法。为此，本章从现状出发，分析学生的策略使用状况。第一至第五节的研究对象是大学生，第六节是英语学习策略研究的延伸部分，研究对象是中学生。

第一节　英语学习策略观念状况

一、英语学习策略观念的界定

在国外，文登（Wenden，1987）和斯密特（Schmidt，1990）在研究中都发现，二语学习者使用策略的状况，在很大程度上会受观念的影响。在国内，李炯英（2002）对中国大部分学生的调查研究同样证明观念会影响策略的使用。文秋芳（2003：11）认为："外语学习行为要受观念的支配。存在于某人内心的某种观念可能对他个人的英语学习起到积极的推动作用，也可能会起到消极的阻碍作用"，并且认为观念在英语学习策略体系中，分为管理观念和语言学习观念。其中的"语言学习观念"是指学生对如何才能掌握好语言知识、语言技能和交际能力的看法，方法则与观念对应，"一个观念，往往会引导一个对应的方法"。

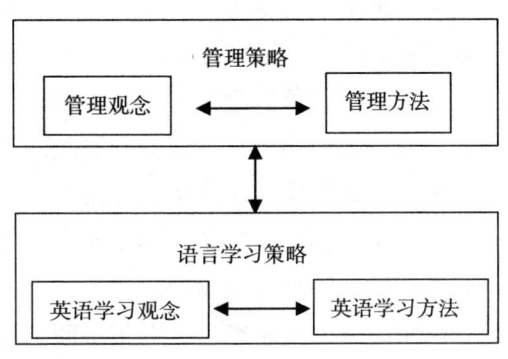

图3.1 英语学习策略体系（文秋芳，2003：3）

这里所要探讨的"英语学习策略观念"是指学习者对英语学习策略是否有助于提高英语学习效果的认识或看法，这种观念影响着学习者选择和使用英语学习策略的行为。所以，了解学生对英语学习策略的观念状况，是开展英语教学和培养学生发展英语学习策略的重要前提。

二、大学生对英语学习策略的观念

为了了解本科院校大学生对英语学习策略的观念状况，在长治学院本科四个年级随机抽取的学生进行了问卷调查，包括一年级121名学生，二年级123名学生，三年级117名学生，四年级101名学生。

（一）对英语学习策略的渴求度

针对在进入大学之后，学生还有无了解英语学习策略的需求。调查结果显示一年级有100%的学生，二年级97.5%的学生，三年级97.5%的学生，四年级87%的学生，表示他们还有必要进一步了解相关的英语学习策略。从整体看，无论是高年级还是低年级学生，认为有必要的学生人数比例都占绝对优势。这种情况可能与以下四种情形有关：第一，虽然学生已经经过小学、初中、高中的英语学习，但对学习策略认知并不多，对这个概念不熟悉；第二，有些学生尽管可能使用了某些策略，但自己并无意识，没有意识到使用了什么策略，也不能确定哪些策略有效、哪些无效；第三，有些学生确实很少使用策略，策略意识比较薄弱，根本想不到用策略解决学习困难；第四，可能是因为一般的英语课堂教学重语言知识传授轻语言学习策略的传授。

在英语学习策略培训的渴求态度方面，调查统计结果显示：一年级人数有82.5%，二年级有86.5%，三年级有82.5%，四年级有80%的学生希望得到策略培训。这说明学生在英语学习中存在困难，且缺乏相应的学习策略来解决这些困难，所以他们渴望自己能受到有效的策略训练。换句话说，大学一至四年级的绝大多数学生愿意接受英语学习策略培训。分析其中的缘由可知，对于基础阶段的一、二年级学生而言，他们面临新的英语学习环境，有英语四级考试的需求，而高级阶段的三、四年级学生则面临英语六级考试，而且越来越多的四年级学生有报考硕士研究生入学考试的需求。这些综合因素在客观上促使学生对英语学习策略培训产生了积极的渴求态度。当然，这样的渴求态度对教学中开展英语策略培训有着积极的意义。

（二）英语学习策略的持有度

英语学习离不开听、说、读、写、译等多种学习策略。调查结果显示，各年级认为没有一套恰当英语学习策略的学生都占到本年级人数的半数以上：一年级70%，二年级61%，三年级61%，四年级75%。也就是说，在学习听、说、读、写译时，尽管被调查学生已经是大学生，他们经历了小学、初中到高中阶段的学习，但是大多数学生仍没有形成一套有效科学的英语学习策略。这势必会影响学生的英语学习效率、学习成绩、自主学习能力乃至终身学习能力的形成和发展。

另外，针对英语学习策略的使用频率，有69.4%的学生表示自己在平时的英语学习中就能注意一定的学习策略，占30.6%的学生表示只在考试前才注意。从宏观视角分析，多数学生的这种反馈可能与学生的学习经历有关。学生在中小学阶段就已经经历了多种考试，周测、月考、期中考试、期末考试，面对各种大小型考试，学生在平时的学习中就必须尝试寻找有效的学习策略。在进入大学阶段后，仍然有单元测试、课堂测试、期中考试、期末考试等。在多样化的大学课外活动中，学生有参加第二课堂课外活动的需求，如演讲比赛、阅读赛、写作赛、英文配音赛、诗歌朗诵赛、戏剧剧本表演赛等，这些因素使大学生在平时英语学习中自然产生寻求有效学习策略的动力。

（三）英语学习策略的形成期

在被问及当前的英语学习策略主要来自哪个阶段时，有0.5%的学生认为其策略来源于小学阶段，有8.6%的学生表示来源于初中阶段，有67.7%的学生则认为来源于高中阶段，有23.1%的学生认为来源于大学阶段。可见，其中多数的学生认为自己的学习策略主要来自高中阶段，这一结果在一定程度上说明高中阶段是学生英语学习策略形成的一个重要时期。同时所获得的调查数据还显示，认为英语学习策略来自大学阶段的人数（23.1%）仅次于认为来自高中阶段的学生人数（67.7%），排在了第二位。这说明大学阶段仍然是学生英语学习策略形成的另一个关键时期。本年龄段的学生在心智方面逐步走向成熟，而且有些学生马上就要步入社会，所以本阶段能否形成更恰当的学习策略将直接影响其终身学习的能力。

三、结论

根据本调查结果显示，目前大学生普遍渴求有效的学习策略，其掌握的英语学习策略尚不完善，他们愿意接受相应的策略培训；大学阶段仍然是学习者形成英语学习策略的一个重要培养阶段，关系着终身学习的能力。

在进行本调查之前，原认为只有大一学生可能相对缺乏一定的学习策略知识，而其他年级的学生不可能存在类似的问题，因为他们在进入高等教育阶段后，绝大多数学生经历了长期的英语学习，已经积累了一套较为科学的英语学习策略。但是调查结果显示，从大学一年级至四年级的学生普遍缺乏有效的英语听说读写译的英语学习策略，他们渴望得到学习策略的相关训练。观念有四个特征，即稳定性、易错性、可描述性、可变性（Wenden，1991），其中"可变性"就是学生可以通过自身的努力或外界的影响，去改变自己已经形成的观念。因此，对学生的学习策略观念有必要进行指导。

学习者因素在学习中有决定性作用，只有学生想学、会学、乐学时，学习才能达到预期的目标。对于高等教育，为了帮助学生掌握学习方法，可以从大学一年级开始，利用学生刚刚跨入校园、对新环境充满着好奇的时期，顺势尽早引导和激发学生对英语学习的兴趣和热情，展开学习策略培训，从听、说、读、写、译等方面多管齐下地发力，强化学习策略观念，提高自主学习能力和学习效率，并进一步强化学习者自身在学习中承担第一责任的学习意识观念，充分发挥正确的策略意识观念对获取学习策略的推动作用。

第二节 英语学习总策略使用状况

一、研究背景

从20世纪70年代开始，随着认知心理学和语言学理论研究的不断深入发展，人们逐渐发现，人的认知过程的主体是学习者本人，由此学习策略就进入了国际语言学家和教育家的关注视界。在国内，20世纪90年代，以文秋芳教授为代表的许多学者开始了对英语学习策略宏观理论的探讨，后来主要趋向于微观的实证研究。

进入21世纪，英语学习策略的微观研究层面主要有以下三个方向：在技能策略方面，主要有词汇策略的研究（王文宇，1998；徐翠，2010）、阅读策略的研究（王英、刘寅齐，2010；周艳琼，2017）、听力策略的研究（陈欣，2015；曹洪霞、丁言仁，2020）；在单项策略方面，主要有对元认知策略的研究（常鹏云、郝玫、Lawrence Jun Zhang，2016；杨蕴文、郭京华、马月秋，2018）；在研究对象方面，有对重点大学的学生学习策略使用的研究，如李炯英（2002）对来自东南大学不同专业的120名在校生进行了调查研究，发现我国大学生最常用的策略是认知、记忆、元认知策略，中等频率使用的是补偿策略，社交策略和情感策略使用频率则最低。牛新春（2017）对教育部直属大学的自主学习策略进行调查并发现，来自城乡的学生重视复习备考策略，较多使用重复策略，较少使用消化整理策略和自我监测策略。

研究对象不同会有不同的研究结果。目前，许多高等院校顺应我国教育发展的方向，逐步向"应用型"方向转型，其中英语教学的目标也重新定位，以培养英语综合应用型人才为指向。然而，应用型院校的学生有多数人来自不发达地区，学生的英语基础相对薄弱，入校成绩较低，入校后听说能力不足，读写能力不强，英语应用能力更是令人担忧。因此，展开对应用型院校学生的英语学习策略状况研究,直接关系着高等教育应用型人才的培养质量。为此,我们针对应用型院校专业学生的英语学习策略使用状况展开探究,以寻求教学改进的措施。

二、研究方法

(一)研究问题

以某应用型院校英语专业本科一、二、三、四年级的学生为研究对象,了解应用型院校英语专业本科生英语学习策略的使用特征,分析其学习策略使用的现状和不足。具体探究的问题包括:应用型院校大学生英语学习策略使用的总体状况如何?学生对不同类型的英语学习策略使用状况如何?不同年级学生在英语学习策略的使用方面有什么特征?

(二)研究对象

参加本调查的受试对象是"应用型"院校长治学院的英语专业学生,多数来自县区,学生的英语基本技能不足,听说读写应用能力较薄弱。在本次调查中,随机抽取英语专业一年级学生40人,二年级学生43人、三年级学生46人,四年级学生53人,回收到有效问卷182份。

(三)研究工具

本研究主要采用问卷调查的方式进行,依据奥克斯福德(Oxford,1990)的经典英语学习策略问卷"Strategy Inventory for Language Learning",经过微调编制而成。该问卷共包括45项子策略,属于六大类英语学习策略,具体构成情况如下:第1~9项属于记忆策略、第10~21项认知策略、第22~26项补偿策略、第27~33项元认知策略、第34~40项情感策略、第41~45项社会策略。问卷采用的是Likert量表的形式。此外,还进行了学生访谈,以便弥补问卷的未到之处。

三、结果与分析

(一)大学生使用英语学习策略的总体状况

参加调查的四个年级英语学习策略的总体平均分数是2.99分。根据奥克斯福德(Oxford)对此问卷得分的分析标准,平均分数在2.4~3.4之间,表示该策略的使用情况属于"一般"水平。因此,该分数说明学生的策略使用属于一般水平。探索其原因，可能有两方面因素造成：第一，许多学生在进入高校之后，英语学习的动力可能有所减弱，思想开始松懈。访谈中发现，一些学生表示大学学习比较茫然，不再像高中阶段那样追求成绩。第二，中学时期，学生大都"两耳不闻窗外事，一心只读圣贤书"。高校里则不同，校园的生活丰富多样，除了课程学习，还有很多自己喜欢的事情可以去做。一些学生表示自己根本没付出心力去认真钻研学习策略，只是沿用中学阶段形成的英语学习策略去解决当前所遇到的学习困难。所以，学生对策略的总体使用状况只属于一般水平。

（二）六类策略的使用状况

针对问卷中调查的六类英语学习策略进行的得分统计结果表明，学生使用最多的是补偿策略（3.21）和元认知策略（3.19），其次是认知策略（3.11）和社会策略（2.95），使用最少的是情感策略（2.80）和记忆策略（2.68）。

1. 补偿策略

补偿策略是指学习者在现有知识不足的情况下，想方设法理解和运用新的信息，如学习者根据上下文语境来猜测词义或进行迂回性的表达等。比如，问卷中的"你在想不出合适的表达词语时，就使用同义词或词组来表达""你遇到不熟悉的生词时就猜测，而不是通过查字典解决"项目，学生的使用频率均高于奥克斯福德（Oxford）对此量表分析标准的一般水平。

2. 元认知策略

另一个学生常使用的是元认知策略，这与李炯英（2002）对东南大学大学生的研究结果基本一致。元认知策略是学习者用以协调自身的学习活动过程和认知处理过程，比如制订学习计划、集中自己的注意力、主动寻找语言练习机会、监控自己的学习错误、评价自我的进步程度等。究其原因，正如李炯英所认为，这可能与调查对象是成人有关。尽管本研究对象中有些学生只为考试而学习，但是成年学习者们大多有明确的学习目标，能够长时间地集中注意力学习，按照已定计划完成自己的学习任务，能较好地完成自我监控。奥曼利和查莫特（O'Malley and Chamot，1990）强调元认知策略对外语学习至关重要。不过遗憾的是，该项学生的均值只有

3.19分，还有很大提升的空间。

3.认知策略

认知策略的平均分是3.11分，位于第三位。认知策略用以帮助学习者理解和生成语言，如练习语音、语调、记笔记、速读、避免逐词翻译、复习等。可见，它是语言学习策略系统中最基本的策略，对于促进学习者的英语水平提高具有重要作用。被调查对象能较多地使用认知策略，与多年的学习环境以及所积累的学习方法有关。他们面临学习中的多种考试，如期中考试、期末考试、研究生考试、专业四级、专业八级考试等，这种"工具型"动机也在客观上推动学生较多地使用认知策略。

4.社会策略

社会策略是帮助学习者通过交互作用、移情理解与其他学习者进行合作的学习策略，如质疑、提问、合作、有文化意识等。该研究中学生使用社会策略的评价得分情况，说明学生使用频率较少。比如，"和其他同学一起练习英语""请对方纠正自己错误""向他人请求帮助"的分项得分都较低。该结果与其他的研究结论基本一致，这可能是由于学生缺乏外语学习环境而造成的，同时许多学生担心出丑，羞于与他人对话，而且不能联系外语的文化背景知识进行学习。

5.情感策略

相对而言，情感策略的使用频率更低。情感策略用以管理学习、规范情绪，如自我鼓励、降低焦虑等，促进学习者积极参与外语学习，有利于培养学习者的自信心和毅力。克拉申（Krashen，1985）指出，学习者应注重情感在语言输入时所起的过滤作用。被研究对象较少使用情感策略，说明其在学习中存在缺乏自信心、焦虑的情况，甚至有时还会有心理障碍。可见，情感策略使用较少和社会策略使用较少相互关联。

6.记忆策略

记忆策略是本项研究发现使用最少的策略。记忆策略用以帮助学习者记忆新信息、复习已有的知识，如联想、归类、语境化等。实际上，记忆在语言学习中是最基础的储存信息程序，因此，记忆策略历来备受外语学习者的青睐。受访谈中，一名学生反馈到："我知道记单词很重要，也努力去背了，但老是记不住。学习中，如果老师要检查就会突击记一遍，后续学习中,只有考试前才再复习一遍。"这说明学生缺少恰当的记忆策略,只是简单地机械"背"。也可能是因为学生在下意识状态下使用记忆策略,这有待进一步研究和证实。

(三)策略使用的年级趋势

学习者的各种个人因素,如年龄、学习任务、第二语言学习水平等方面,都会影响其学习策略的使用(文秋芳、王立非,2004)。在本项研究之前,原本以为随着年级的递增,外语知识的不断积累,学生会逐渐形成一套自己的学习策略,因而高年级的学习策略使用水平会高于低年级的学生。然而,调查结果并非如此,从一年级到四年级,学生策略的使用水平趋势,整体呈"N"字走向(如图3.2):大一学生学习策略平均分是2.94分、大二升高到3.07分、大三降低到2.90分、大四回升到3.10分。

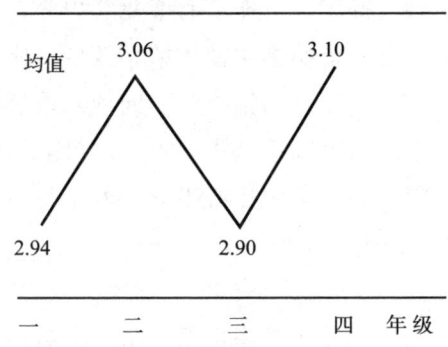

图3.2 策略使用的年级走向

为什么学生英语学习策略的使用没有随年级的升高而增多?大一学生,可能尚未摆脱中学时期的学习影响,习惯按照老师地安排学习,因而独立的学习策略相对较少。这在访谈中也得到了进一步印证,有些学生表示自己刚进入大学,还不适应独立自主的学习环境,对如何学习还茫然无措。还有学生认为刚通过高考,才踏进大学校门,终于可以放一下,从而对学习的要求不够严格。大二学生,经过一年的大学生活和学习,熟悉了各方面,而且要迎接来年四月份的英语专业四级考试,从而对学习策略有了较多的诉求。到了大三,学生没有统考的压力,相对轻松了些。但是,此时专业课程的难度增大,开始接触语言学、英语语言文化、文学、翻译、教学法等课程,学生可能形成断崖式的陌生感和畏难情绪,出现了学生在接受访谈时所说的"怎么学都不大懂"的状况，说明此时的学生没有足够的学习策略来支撑。进入大四，大多数学生要准备参加全国硕士研究生入学考试和来年3月份的英语专业八级考试。随之，学生使用学习策略的动机和频率也增多。

四、结论与启示

本研究以问卷调查为主、访谈为辅的方式，对应用型高校本科生的英语学习策略进行了调查研究，结果发现学生的英语学习策略总体使用状况仅属于一般水平；分类英语学习策略的使用状况也均属一般水平，补偿策略使用偏多，记忆策略的使用偏少；不同的英语学习阶段，英语学习策略的使用水平发展不稳定，没有随年级的升高而提高。

因此，在日常的教学中，有必要根据不同年级学生的特征，开展侧重点不同的学习策略指导。对于一年级，需要侧重学习策略观念的构建。因为学生刚刚入校，对大学里的生活充满了好奇、憧憬和期待，所以乐于接受各方面的新知识和新信息。教师可以抓住时机通过问卷调查、面谈等方式了解具体状况，并为学生开展策略讲座，进行策略培训，帮助学生尽早树立学习策略意识，让学生了解大学时期的学习特点，了解学习策略知识，认知学习策略的意义，学习如何在学习中运用英语学习策略。对于二年级，侧重情感策略的掌握和考试策略的构建。此外，通过建立英语学习策略档案，在教学中记录、关注学生学习情感的体验和调整，注意培养学习动机，鼓励学生树立自信，克服焦虑情绪，形成一定的考试策略，降低"专四"考试压力感。对于三年级，侧重元认知策略培养，通过师生间、同伴间的多元交流，帮助学生认识自己的英语学习水平，正确评价和改进自己的学习策略，逐渐学会对学习及时进行自我管理和正确的自我评价，不断调整和形成科学的策略。对于四年级，不断进行策略完善。进一步针对不同学生的学习策略状态特征，帮助其找出学习方法中存在的不足，形成稳定的自我学习策略体系。

第三节 英语学习策略与成绩的关系

一、研究背景

学习策略与学习成绩的相互关系，一直是学术界对学习策略研究的热点之一。

从宏观视角看，有许多研究从多角度探讨了学习策略对二语学习的影响，结果基本表明学习者学习成绩的好坏与学习策略的使用有关联（吴一安、刘润清、Jefferey，1993；王文宇，1998）。还有许多研究关注学习策略的有效性（文秋芳、王立非，2004；张殿玉，2005；尚晓华、王海华，2010）。

从微观视角看，多视角的研究结果也发现各类策略与语言学习结果存在密切关系。比如，功能策略的使用与语言水平相关，低年级学生较多采用语言形式练习策略，而高年级学生较多使用交际功能练习策略（王立非，2001）；功能练习与学习成绩呈现显著相关（文秋芳，1996）；社交策略的使用与交际能力的提高呈现正相关（Ellis，1994）；蔡圣勤（2007）对82名大学生的研究也发现，学生的英语学习成绩与学习动机和其使用的管理观念、管理策略、功能操练观念、功能操练策略、形式操练策略等六类策略相关，其中管理策略与学习成绩的相关明显；查德华和刘电芝（2016）对39名在校硕士生的研究发现，英语学习成绩与学习策略显著相关。

策略的有效性与学习者的年龄、背景、文化、认知方式、语言水平、学习环境等多种方面存在关联。因此，不仅需要研究某种策略与学习成绩的关系，还要考虑不同层次、不同环境的学习者使用多种策略与学习成绩的关联性。此研究探索应用型院校学生的英语学习策略和英语学习成绩的关联，探索哪些学习策略能促进该类学生英语学习成绩的提高，寻找教与学的最佳契合点。主要回答以下问题：①英语学习策略与英语成绩相关状况如何？②英语学习策略对英语成绩有何作用？③高分组学生和低分组学生在学习策略的使用中有何区别？

二、研究设计

（一）研究对象

在山西省某应用型院校，随机选取本科一、二年级学生为研究对象，包括一年级教育、计算机专业的92名学生，二年级83名学生，来自思想政治、生命科学专业。剔除无效问卷，回收167份有效问卷。

（二）测量工具

1.学习策略调查问卷

调查问卷采用美国语言学习策略专家奥克斯福德（Oxford，1990：293）设计的语言学习策略量表"Strategy Inventory for Language Learning"。该量表包括六大类学习策略：记忆策略，指用于复习巩固知识的策略；认知策略，指用于对新知识接收、归类的策略；补偿策略，被用于解决因知识不足而遇到的学习障碍；元认知策略，指用于管理学习过程的策略；情感策略，指用于调节学习情绪的策略；社会策略，指通过互动和合作开展学习的策略。

原问卷包含50个子项，为了使得问卷更适合调查对象的实际情况，将六类策略的子项调整为45项，包括9项记忆类策略、12项认知类策略、5项补偿类策略、7项元认知类策略、7项情感类策略、5项社会类策略。每项问题后设有5个等级的单选选项：总是（5分）、经常（4分）、有时（3分）、很少（2分）、从不（1分）。

2.英语高考成绩和公共英语四级考试成绩

收集一年级学生参加全国普通高等学校招生统一考试的英语成绩，以及二年级学生参加全国公共英语四级考试的成绩，以便分析策略与成绩之间的关系。

（三）数据分析方法

收集问卷和成绩后，输入电脑，根据研究目的，用SPSS软件进行数据计算：①通过斯皮尔曼相关分析，探索成绩与策略之间的相关情况；②通过多元回归分析，探索使用策略对成绩的作用；③通过T检验分析，比较高分组与低分组的学习策略使用区别。

三、结果与讨论

（一）各类学习策略与成绩的相关情况

对本科一年级新生的高考英语成绩、二年英语的四级成绩及他们使用各类策略的分数，进行了斯皮尔曼相关分析，策略与成绩之间的关联程度检测结果见表3.1。

表3.1 策略与成绩的相关

学习策略	认知策略	元认知策略	记忆策略	情感策略	补偿策略	社会策略
考试成绩	0.435	0.536	0.332	0.298	0.241	0.302

根据相关分析数据，发现认知策略、元认知策略、记忆策略与考试成绩之间的相关系数分别为0.435、0.536、0.332，即在统计意义上达到了显著相关水平。其中，认知策略和元认知策略与考试成绩的相关系数呈现出极其显著的水平。这说明认知策略、元认知策略、记忆策略对英语学习成绩有相当明显的影响作用。也就是说，如果学生使用这三类策略的频率越高，其英语成绩相应越高。另外的三类策略：情感策略、补偿策略、社会策略与考试成绩之间的相关系数分别为0.298、0.241、0.302，没有达到显著水平。

（二）策略对成绩的作用

为了进一步分析学习策略对英语考试成绩的推动作用和推动方向，把六类学习策略作为自变量X，把考试成绩作为因变量Y，然后通过多元回归法，进行分析，计算结果见表3.2。

表3.2 策略对成绩的推动

学习策略	认知策略	元认知策略	记忆策略	情感策略	社会策略	补偿策略
X	0.498	0.712	0.323	0.259	-0.121	-0.150
考试成绩Y	0.355					

1.所有策略对成绩的总推动力

在上表中Y表示所有学习策略对考试成绩的总推动力，该值越高，推动力越强。表中的0.355表示在考试成绩的全部变异中，学习策略使用导致的变异比例占到35.5%。这就是说，学习策略使用的多少在很大程度上影响着英语成绩的高低。

2.各类策略对成绩的推动方向

表3.2中有六个X值,分别表示六类策略各自对考试成绩的作用力。如果X为正值,说明学习策略增多时,考试成绩随之提高。计算结果表明,认知策略、元认知策略、记忆策略、情感策略的四种策略X值分别为0.498、0.712、0.323、0.259。说明这四类策略对学生的英语考试成绩有很强的正向推动作用,学生使用它们越多,考试成绩可能越好。

一方面,在有正向推动作用的策略中,元认知策略的正向推动力最大。该策略被普遍认为起"总指挥"作用,能对整个学习的过程进行总调度。比如,合理地规划学习时间和学习目标,有效地管理自我,客观地评价自我,并调动精力集中于学习,按时预习复习等行为,因此可以说该策略"对语言学习的成功与否起着至关重要的作用"(李炯英,2002:47)。另外,认知策略、记忆策略、情感策略,在语言学习过程中属于基础性策略,对它们越认可,使用频率越多,考试成绩可能越高。

另一方面,如果X是负值,说明学习策略增多时,考试成绩则后退,即策略对成绩有反向推动作用。本研究的数据显示,社会策略和补偿策略的X值呈现负值,这意味着如果学生使用这两种策略越多,那么其英语成绩可能越低。分析原因可知,第一,补偿策略属于变通性学习策略,常常被用于弥补现有知识的不足,比如迂回表达、根据语境和上下文猜测等,所以它对英语考试成绩的作用可能有限。第二,社会策略主要反映学生的互动交际练习语言的情况。令人意外的是,本研究表明该策略与成绩呈现反向关系。这可能与本研究对象有关,他们没有真实自然的语言学习环境,也不太了解英语文化背景知识,尤其不太喜欢练习口语,因而认为该策略对其成绩影响不大。

(三)高分组与低分组使用学习策略的差异

将一年级学生按高考成绩的高低顺序提出前10名,二年级学生按英语四级成绩的高低顺序提出前10名,一共20名学生组成高分组。同时,以同样的方法,分别提取两个年级成绩顺序排在后10名的学生,一共20名学生组成低分组,以便比较成绩优秀和成绩不理想学生在学习策略使用中表现出的差异。两组使用策略的对比的状况见表3.3。

表3.3 高低分组策略对比

学习策略	高分组 Mean	低分组 Mean	T-value
记忆策略	2.90	2.51	2.34
认知策略	2.86	2.18	2.89
补偿策略	3.03	2.80	1.61
元认知策略	3.32	2.62	4.01
情感策略	2.79	2.36	1.95
社会策略	2.77	2.41	1.65

表3.3中，从六类策略总体看，高分组学生比低分组学生能更多使用策略。其中，两组学生使用记忆策略的差异（P<0.05）、认知策略的差异（P<0.01）、元认知策略差异（P<0.001）都达到了显著水平（因为T值都大于1.960），以元认知策略的使用差别为最显著。

另外，补偿策略的差异（T=1.61）、情感策略的差异（T=1.95）和社会策略的差异（T=1.65）在统计意义上未见显著区别。这说明记忆策略、认知策略、元认知策略会对学生的英语学习成绩形成很强的正向推动力。同时可以推断，高分组学生比低分组学生能更科学、合理地使用策略，更善于掌握起重要作用的基础性策略，这可能也是促成高分组学生高分数成绩的一个原因（文秋芳，1995）。

四、结论

在此项研究中，采用问卷调查和收集考试成绩的方式，探究了学生使用英语学习策略与英语成绩之间的关系。通过数据分析，发现各类学习策略之间存在相互依存关系；各项学习策略的使用与英语学习成绩之间有着密切关系，学习策略的使用对英语成绩有着很强的正方向推动作用；高分组学生使用学习策略频率显著高于低分组学生。这一结果，对大学英语的教学有一定启示作用。因为学习策略的使用差异会直接影响成绩，所以需要开展策略培训。而且，基础策略对英语学习成绩有更明显的推动作用，这就提示在教学中有必要重视基础性学习策略的培训，并将其渗透在教学的听、说、读、写、译等的英语学习策略体系中。

当然，本研究只是一项个案研究，且样本容量有限。但是成绩的影响因素还有其他诸多方面，除了学习策略，还需针从多个角度开展深入、广泛的研究，不断探讨建立与我国当前应用型院校飞速转型发展相适应的英语学习策略理论和培训模式。

第四节　听说策略使用状况

一、研究背景

有调查显示，人在进行交际活动的时候，"听"的行为占比例最高占42%，"说"的比例占32%，"读"的比例占15%，"写"的比例占11%（Cooper，1988：102）。由此可见，听和说是人们交际的主要方式，在为交流运用而进行的外语学习活动中有着极其重要的作用。因此，在教学中帮助学生掌握必要的听、说学习策略，以提高学生英语听、说综合运用能力，一直是应用型院校英语教学改革的一大关注点。

应用型院校的生源状况大都不佳，学生的英语基础相对薄弱。加之缺乏浓厚的英语学习环境，这类院校的学生听、说能力不足，"听不懂，说不出"的"聋哑英语"现象比较普遍。所以，听力和口语成为大学英语教学中公认的两大瓶颈。在英语的听、说运用中，多数学生表现出语音语调不标准，中式英语现象严重，听和说时缺乏自信心，严重影响了"应用型"人才培养目标的实现。大学生长期缺乏英语听、说学习策略是造成上述现象的一个重要原因。

为了深入了解应用型院校大学生的英语听、说学习及其学习策略的使用状况，对山西省某应用型院校的216名在校大学生进行了问卷调查。本项调查研究主要围绕两个问题进行：大学生对英语听、说学习的态度如何？大学生听、说学习策略的使用状况如何？

二、对英语听、说学习的态度

针对学生对英语听、说学习的态度，从重视程度、难易看法、交流信心、自我评价方面展开调查研究。调查结果见表3.4。

表3.4 大学生对听、说的学习态度

问题	选项	比例
1.你认为听、说重要吗?	A.与读、写一样重要	15.1%
	B.与读、写比,不重要	80.5%
	C.听、说比读、写重要	4.4%
2.你认为听、说难学吗?	A.难度大	91.3%
	B.难度不太大	6.4%
	C.容易	2.3%
3.你敢于用英语与人交流吗?	A.敢,有自信	32.9%
	B.不敢,担心说错	28.4%
	C.担心说不好被笑话	38.7%
4.你对自己的听、说能力如何评价?	A.比较强	20.6%
	B.中等	27.4%
	C.比较弱	52%

（一）重视程度、难易评价

听、说、读、写是英语学习中的四大必学技能，也是语言传递中的四项必备能力，缺一不可。围绕"你认为听、说重要吗？"的问题，其中认为与读、写相比听、说不重要的学生所占的比例高达80.5%，只有15.1%的学生认为听、说、读、写一样重要。调查结果可见，与读、写相比，学生不怎么重视听、说的学习。

针对"你认为听、说难学吗？"的问题，有91.3%的学生认为听、说学习的难度大，表明绝大多数学生对听、说学习有畏难心理，或者在学习中有困难。这种不良情绪会影响到学生树立听、说的自信心。

（二）交流信心、自我评价

在被问及"你敢于用英语与人交流吗？"的问题时，只有32.9%即大约1/3的人敢于在公共场合与他人大胆用英语交流，其余的67.1%的多数人由于担心说错（28.4%）或担心被他人嘲笑（38.7%），而缺乏听、说交流的积极性。但是众所周知，外语的学习必须通过反复的操练、不断的实践应用，才能在运用时灵活自如。练习不到位，势必导致听、说能力薄弱。

学生"对自己的听、说能力如何评价？"的调查结果显示，20.6%的学生评价自己的能力较强，有27.4%的学生评价自己的能力只属中等水平，却有52%的人认为自己能力较弱，即有半数以上的学生对自己的听、说能力并不满意。

三、英语听说策略的使用状况

围绕大学生听、说学习策略的使用状况，主要从策略的掌握、策略的使用、策略的调整三方面展开分析。调查结果见表3.5。

表3.5 大学生英语听说策略使用

问题	选项	比例
1.你有一定的听、说策略吗？	A.有系统的策略	23.7%
	B.有一些零散的策略	70.5%
	C.几乎没有	5.8%
2.你平时主动练习听、说吗？	A.练习的较多	32.4%
	B.练习的较少	41.5%
	C.没时间，一般不练	26.1%
3.在听音、辨音、发音中，感到困难吗？	A.完全没有困难	17.1%
	B.能听辨，但是发不准	24.2%
	C.听辨困难，但能发准	50.4%
	D.听辨发音都有困难	8.3%
4.你注意别人发音，并模仿？	A.一直注意	35.7%
	B.有时注意	48.1%
	C.未注意到	16.2%
5.你能根据任务调整策略吗？	A.一直能做到	32.5%
	B.有时能做到	45.3%
	C.做不到	22.2%

（一）策略掌握状况

通过调查发现，有23.7%的学生表示掌握有系统的听、说学习策略，该人数不到总人数的1/3。同时，70.5%的学生表示自己仅掌握有一些零散的听、说学习策略，甚至有5.8%的学生表示自己几乎没有听、说学习的策略，这势必会影响学生听说学习和能力的提高。

（二）策略使用状况

对听、说策略使用状况的调查发现，学生在平时学习中有32.4%的人对听、说练习比较多，41.5%的人练习比较少，26.1%的人表示自己一般不进行练习。可见，多数学生对听、说的练习严重不足，占到了总人数的67.6%。

对于听音、辨音、发音，只有17.1%的学生表示没有困难，82.9%的多数学生存在这样或那样的困难。其中，24.2%的学生虽然能听辨发音，但自己发不准音，50.4%的学生表示能发准音，但听辨音有困难，8.3%的学生表示听音、辨音、发音都有困难。无论是英语学习还是交流，听音、辨音、发音都是听、说能力的三个至关重要的环节，无论哪一个环节出现障碍，都将可能阻碍信息的顺利传递。

随时观察、注意他人口型并且能模仿标准的语音语调，是一种简便有效的听、说学习策略。调查数据显示，35.7%的学生能"一直"坚持模仿，48.1%的学生"有时"能，16.2%的学生"不能"。本调查对象是应用型院校学生，主要来自省内的县乡镇区域，由于前期教育的师资和环境问题，学生可能没有足够的机会通过模仿策略来进行语音语调的练习，这可能是造成语音语调普遍存在问题的原因之一。

（三）策略调整状况

在灵活运用听、说策略方面，有32.5%的学生表示"一直能"根据听说任务调整学习策略，45.3%的学生表示"有时能做到"，22.2%表示"做不到"灵活调整策略。这些情况可能与学生听说策略掌握不全面有关，当需要使用某项专门策略处理某项学习任务时，学生可能因为没有掌握相应的策略而不知所措。

四、分析讨论

根据针对应用型院校学生对英语听说学习的重视程度、难易看法、交流信心、自我评价的态度调查结果，以及他们对听说策略的掌握、使用、调整三方面的现状，展开分析，探究该现状背后的问题，可能主要有两大因素：

第一，听、说学习难于读、写学习。听、说属于外显的交际行为，要通过人与人之间的交流才能实现。交流过程中，双方需要听懂对方的语言信息，同时组织语言表达出自己的想法。一方面，从接收信息的听者角度，对方说话有一定的语速，这就需要听者紧随说话人，快速接收和理解传输过来的话语。另一方面，从说话人的角度，要求说话者既要准确、公开地表达自我，还要及时、准确、公开地理解和做出回应。如果说话者的表达不准确，听话者就可能理解错误，如果听话者不能及时答复，说话人就可能感到困惑，从而导致交流中断。

第二，地方院校学生前期英语基础相对薄弱。一般来讲，英语基础薄弱的学生，其听、说能力相对更弱。然而，从小学到初中，到高中，再到大学，英语学习的听、说要求越来越高，对话的内容越来越长，听的材料也越来越难。这对于本就基础弱的学生，会感到听说越来越吃力，畏难心理越来越严重，越来越不愿意听和说，不愿和他人练习听、说，久而久之，部分掉队的学生只能勉强跟着走，心理负担越来越重，听说教学随之就成为一大难题。

五、结论

本次调查以应用型院校大学生为研究对象，结果发现，许多大学生对听、说学习的重视程度不足，有畏难、怕错的心理，自信心不够，这些负面的学习态度有待扭转。此外，多数应用型院校学生掌握的听、说学习策略不够，策略使用能力有限，策略调整的灵活性小，听说学习困难相对较大。而英语学习策略的掌握和使用，有助于提高学生学习成绩，从而形成成就感，激发学习的自信心。

因此，教学中有必要进行听、说策略的训练。教师可以根据学生的具体情况，结合日常教学内容开展学习策略培训。首先，要激发学生对听说学习的兴趣，为学生创造各种实践练习的机会；其次，平时教学中还需要引导学生进行自我调节，帮助他们克服对听、说的畏惧心理，树立遇到困难不急躁、不放弃的平和心态；最后，当学生取得进步时，要及时予以表扬、鼓励，肯定其努力的重要性，使其体验成功的快乐。当其语言语用表达出现失误时，不必反复打断和纠正错误，以培养其大胆表达的勇气。当其考试成绩不理想时，不要苛责，要培养其百折不挠的精神。

第五节 翻译策略的英译特产使用状况

一、问题的提出

听、说、读、写、译在英语学习和运用中，都是基本的必修必备技能。但是，一般的学习策略研究中，对听力策略、口语策略、阅读策略、写作策略的关注较多，对翻译策略的关注却比较少。

在我国"一带一路"倡议的带动下，国内的区域特产迎来了前所未有的国际商机，对外宣传翻译的需求越来越旺盛。因此，教学中开始越来越重视培养学生的翻译技能。地方应用型本科院校地处中小型城市，立足当地区域经济的发展需求，将校内的专业知识技能应用于区域特产的外宣翻译服务，既有助于提升外语实践应用能力，又有利于推动区域特产走向国际市场。因此，培养应用型翻译人才已成为当前地方应用型高校英语教学中一个重要的教学目标。

基于此背景，本研究通过研究地方应用型高校本科生翻译区域特产，探索学生翻译策略的使用状况，找到学生翻译存在的问题和不足，以求改进英语教学，摸清培养学生翻译策略的方向，促进应用型高校有的放矢地培养学生的翻译实践能力。

二、特产翻译的研究现状

当前，应我国特产走出国门的需求，特产翻译的研究已经取得了一定的成果。目前，已经研究了特产食品的名称翻译策略，如任静生（2001）研究了英译中餐菜名与主食的六种方法，刘清波（2003）探讨了一些中餐菜名的英译技巧和策略，范成功（2009）研究了中国著名特产名称的翻译策略，马秉义与马志馨（2014）对河南省地方传统名吃的英译方法进行了研究，黄芳（2007）评析过菜单食品的翻译失误，徐筠与王媛媛（2016）探究了一些中华老字号食品品牌的翻译策略，以及武世花（2017）对茶品说明书的翻译错误分析，等等。梳理已有的文献发现，多侧重于翻译内容本身的研究，很少从学生的翻译角度去研究翻译策略的运用问题。因此，本项研究以应用型院校英语专业本科生在翻译沁州黄小米、太行连翘药茶外宣资料的汉英译文为分析案例，探索学生的翻译策略有何不足。

三、翻译研究的方法

翻译者为山西省某地方本科院校的英语专业大四学生，具有较好的英语表达能力，已经完成了本科四年所有课程的学习任务，基本可以代表地方应用型本科院校大学生的英语翻译水平。翻译围绕沁州黄小米、太行连翘药茶的外宣资料开展，内容包括该特产"是什么""为什么好""怎么用"等的关键信息，如历史传承、产地介绍、外形特征、食用功效、饮用价值、食用方法、饮用方法、贮存方法等的内容。译者被告知，翻译的目的是宣传和推销当地的区域特产，服务地区经济发展。翻译中可以使用工具书、词典等。之后进行访谈。

四、翻译策略的使用状况

翻译过程中，需要关注翻译的意义、意图、受众、文化、语境等语用翻译因素（侯国金，2015）。根据本项翻译的目的，基于汉语的翻译策略，结合本研究被试的特征，从直译策略与词语表述、意译策略与句式重构、转译策略与文化适应、增减策略与信息聚焦等方面展开分析学生的原译文，探讨改译策略。

（一）直译策略与词语表述

在特产的翻译中，会涉及词语的表达，信息能否准确传达直接取决于词语的使用。有些词语可以直译表达原意思。例如：

汉译英：太行连翘药茶是中华本草文化的重要组成部分。

原译：Taihang Lianqiao medicial tea is an essential composition of Chinese herb culture.

改译：Taihang Forsythia Herbal Tea is an essential composition of Chinese herb culture.

汉语句子中的名称"太行"是世界独一无二的，所以用汉语拼音直译即可。但是"连翘"在英语中有专用词语"Forsythia"来表达，不能用汉语拼音翻译。此外，句子中的"药"是依据连翘的特性来表达"草药"的性质，所以直译为"herbal"较合适。该翻译说明学生对特产的常用英文表达掌握还很有限。

类似的术语直译策略，在小米和连翘茶的说明中，还可运用到介绍其特性的化学名称，如茶叶的齐墩果酸（oleanolic acid）、连翘甙（forsythin）、小米的膳食纤维（dietary fiber）、氨基酸（amino acid）；介绍制茶工艺的杀青（fixing或water-removing）、叶底（dregs）、渥堆（pile-fermentation）；介绍保健作用时的人体器官，如脾（spleen）、胃（stomach）；介绍产地的地理术语，如纬度（latitude）、海拔（altitude）等。这些表达可以通过查找词典完成翻译。值得注意的是，多数学生不会翻译"保质期"。该词在日常生活中的常见食品包装上就能见到，可采用的译文有"shelf life""guarantee period""best before"或"expiration period"等。

恰当地选用词语是译者语言基本功的体现，也是对翻译质量的基本保证。学生在翻译中，不可避免地会遇到不同词性或者相似词语的选用问题，比如："红茶"不能翻译为"red tea"，而是要按照普遍使用规范，译为"black tea"，"黑茶"译为"dark tea"。同样，连翘茶、沁州黄小米都具有"清香"的气味，到底是用"fragrant"或"fragrance"还是"aroma"，连翘茶和沁州黄小米都是"宫廷"贡品，是用"royal"或"court"还是"imperial"，这就需要根据具体的语境，结合英语的语法结构选择恰当的词语来表述。

（二）意译策略与句式重构

由于英汉语言的思维差异，英语表达不同于汉语。英语重视形合（hypotaxis），注重逻辑关系，有严格的主谓结构，多使用连接词和各种非谓语动词；汉语重视意合（parataxis），习惯使用无主语、无连接词的并列结构。所以，汉译英时，要注意英语语言的句式表达顺序和结构特征，根据情况采用意译策略，进行句式重构。比如：

汉译英：这里海拔较高，无霜期短，生长期长，连翘药茶制作历史悠久。

原译：It has high latitude. It has short period of frost-free-season. It has long period of growing. It has a long history of making forsythia herbal tea.

改译：The place has high latitude, with short frost-free period, long growing time and a long history of making forsythia herbal tea.

本句汉语主要介绍沁州黄小米的产地特征。在原句的翻译中，句式单一，令人生厌，不够简练。学生可以用"with"的介词构式，将前后贯通起来，整合为一个句子，简明易懂。又如：

汉译英：沁州黄小米颗粒圆润，鲜黄明亮，食用清香发甜，绵软可口，驰名中外。

原译：Qinzhou Yellow Millet is full and yellow and bright. It's sweet. It smells soft and delicious. It is known at home and aboard.

改译：Qinzhou Yellow Millet is fully round, with bright yellow color. It tastes delicious and soft, so it is known at home and abroad.

学生在原来的翻译的过程中，按汉语出现的顺序，将五个短语翻译成了四个单独的句子，略显啰唆。其实，可以将"颗粒圆润"，翻译为"the millet is fully round"。"鲜黄明亮"，可以用"with"结构翻译为"with bright yellow color"。尽管原文中没有句号，"清香发甜，绵软可口"，也可以单独另起一句，翻译为"it tastes delicious"。因为小米具有上述的这些原因，所以它才"驰名中外"，因此将前后因果关系勾连翻译为"so it is known at home and abroad"。这样就会使得句子前后逻辑关系明了。

马会娟（2012：106）在对英语专业本科生翻译的问卷调查时，也发现了类似的结果，许多学生在汉英翻译时有"不知道采用何种句式，译出的句式比较单一，不够多样化"的感觉。在后期的回溯访谈中，当被问到"你希望在翻译的哪些方面得到进一步提高？"时，学生给出"我需要进一步学习句子翻译技巧""我用的句子结构太简单了"等的答复。这表明多数学生意识到自己亟须强化学习句子翻译技巧，掌握更多的意译策略。

（三）转译策略与文化适应

生态特产的翻译，需要重视其保健作用的宣传，因此养生保健功效是连翘茶和小米介绍中必不可少的宣传内容。在翻译中就需要做好中外文化的婉转真实的对接，使得译文符合目的语受众的文化情趣、审美价值、习俗观念。比如：

汉译英：沁州黄小米具有<u>滋阴壮阳</u>，健脾和胃的作用，<u>老少皆宜</u>。

原译：Qinzhou Yellow Millet can <u>nourish blood and breath</u>, invigorate the spleen and harmonize the stomach and <u>is beneficial to the old and the young</u>.

改译：Qinzhou Yellow Millet can <u>nourish yin and yang</u>, invigorate the spleen and harmonize the stomach and <u>do good to people at different ages</u>.

学生的原译文中，直译"老少皆宜"为"is beneficial to the old and the young"。虽然从语法结构上看，该译法无错误。但从语用表达上看，却存在疑点。尽管在汉语中，"老"用以表示对年长者的尊敬，如"您老""王老""老前辈""老爷爷"等，但是在英语语言文化背景下，人们常常忌讳用"old"称呼老人。如果用的话，就有嫌弃对方年老体衰、老弱无用的嫌疑。因此，可以尝试将此处翻译为"do good to people at any age"或"do good to people at all ages"，以此避开译文受众者的文化禁忌。

此外，原句中的"滋阴壮阳"说法，隐含着博大精深的中医文化，用以说明该小米具有的养生作用。学生的原译文为"nourish blood and breath"，虽然尚可表达原意，但仍然欠妥。实际上，阴阳理论是我国中医科学领域特有，"滋阴壮阳"的说法只存在于汉语中，在其他语言中，包括英语中都找不到对应的表达。为了使得译文更符合原意，同时弘扬中医文明，可以用拼音将其翻译为"nourish yin and yang"或"nourish yin and yang to benefit blood and breath"。

本例句的翻译，在一定程度上说明学生在翻译中，只关注翻译表层意思，没有顾及英文文化的相关背景，也未顾及英汉语言背后所承载的文化差异。为了准确、正确地翻译传播信息，有必要了解一些语言文化的习俗禁忌和独有性。

（四）增减策略与信息聚焦

在汉语介绍商品、景点等宣传资料对象时，偏向于对其知名度、质量、声誉、认证等信息的描述，目的是强调其权威性，获得消费者的认可。但是，因为"国外游客更注重实质性的信息（邓仁华、廖婷，2020：90）"，所以这些说明会令目的语受众者感到内容空洞，缺乏实质性的信息。因此，译者需要按照翻译目的和服务对象的心理期待，聚焦原文中的核心宣传内容，增加必要信息，删减次要内容，传达实用的信息。例如：

汉译英：平顺连翘叶茶，色泽温厚，叶面紧致，香气扑鼻，茶汤透亮，入口绵长，具有茶的味道和药的功效，有清热解毒、消肿散结的作用。<u>在2003年，获"国家优质绿色合格产品"，2004年获"长治市知名品牌"，2006年获"国家知识产权发明专利保护"</u>。

原译：<u>Pingshun</u> Forsythia Leaf Tea has warm color, compact leaf surface, fragrant aroma, limpid tea soup and lasting taste, with the taste of tea and the medicinal effects of antifebriles and detoxification, detumescence and lump dissipation. <u>It was honored "National High-quality Green Qualified Product" in 2003, "Famous Brand of Changzhi" in 2004 and "National Intellectual Property Invention Patent Protection" in 2006.</u>

改译：<u>Pingshun (a county in Shanxi province)</u> Forsythia Leaf Tea，<u>which is honored one of Chinese famous brand products</u>, has warm color, compact leaf surface, fragrant aroma, limpid tea soup, lasting taste, with the taste of tea and the medicinal effects of antifebriles and detoxification, detumescence and lump dissipation.

原文中介绍了平顺连翘茶的色、香、相和功能，以及其品质、品牌的认证度等信息。学生的原译文中，也如实地翻译出了这些内容。但是没有考虑到西方消费者的心理期待不同于中国消费者，他们更重视该茶叶的具体品质内容，而该句话的前半部分已经说明了此茶叶具体特征和功效的核心信息，后面无须再详细列举其级别之类的次要信息。因此，改译时，后半部分减译，只表达出"被授予国内知名品牌产品"的大意，以非限制性定语从句"which is honored one of Chinese famous brand products"处理即可。

"平顺"是连翘茶的产地，是山西省一个县的名称，对于国际消费者会很陌生，通过增译其地理位置"a county in Shanxi province"，传达补充出产品的实质信息，帮助消费者对这种茶叶的产地形成一个大概的地理概念。

五、结论

本研究围绕山西省的两种区域特产太行连翘药茶、沁州黄小米的汉英翻译，以本科生的翻译实践案例为分析材料，从直译策略与词语表述、意译策略与句式重构、转译策略与文化适应、增减策略与信息聚焦方面，探讨了学生在生态特产翻译中的困难与不足：学生缺乏翻译策略，不熟悉专业术语，词语表述有误，有待充实特产的语言知识；句子勾连能力弱，翻译单位较小；对英文语用文化背景知识掌握有限，导致误译；直译较多，对受众的心理需求、信息期待了解有限；多数学生句子重构能力薄弱，句式使用单一，对应直译较多，翻译单位尚小，词语选择判断不充分。

"翻译是各种符号（包括语言符号）的信息转换活动"（穆雷、邹兵，2015：19）。"翻译过程"是将原语转变为译入语的过程，包括词、句和语义三个维度上重构信息的过程（Beylard, králová and Mercer, 1998：172）。2020年，教育部高等学校外国语言文学类专业教学指导委员会发布《普通高等学校本科外国语言文学类专业教学指南》，在"知识要求"中提出，要"掌握英语语言、文学和文化等基础知识，了解主要英语国家的历史、社会、政治、经济、文化、科技等基本情况"。这一要求对于引导专业本科生并重外语语言知识与语言文化，从而灵活运用词、句、语义完成信息转换的语言翻译具有重要意义。

基于专业培养要求和翻译运用需求，应用型院校的教学需要大力革新。第一，树立向应用型体系贴近的理念，结合区域经济发展需求，重视应用能力培养，开展翻译策略训练；第二，在重视语言基础知识的同时，有必要引导学生了解英语语言群体的社会文化及其禁忌；第三，帮助学生树立正确的翻译观。生态特产的翻译并非要一味追求与原文的一一吻合，只要符合目的语消费者的用语习惯、思维特征、心理情趣，利于达到翻译促销的目的，译文就为合适；第四，还需要传授区域特产的汉译英策略，如增译、减译、改译、意译、直译、注译、文化变通等策略，训练学生使用转换法和连接重构法，培养长句宏观思维理解能力，并通过实践促进学生内化各种翻译策略。

第六节 阅读策略使用状况

一、研究背景

在国外,从20世纪70年代开始,"语言学习策略"的研究主要有:策略定义、分类(Rubin,1975;Oxford,1990;O'Malley and Chamot,1990)和训练(Cohen,2000)等。然而,国外的研究成果是否适用于我国还需验证。在国内,20世纪90年代起始,主要研究了策略有效性(文秋芳、王立非,2004;王文宇,1998)和大学生策略运用(吴霞、王蔷,1998;查德华、刘电芝,2016)。已有研究表明,学习策略和学习成绩呈现正相关(尚晓华、王海华,2010;马珂,2012),掌握学习策略利于自主学习(谭霞、张正厚,2015)。尽管对英语学习策略研究比较丰富,但研究对象多为大学生,训练内容多为单项策略。对高中生学习策略的诊断性研究尚不多见,所以非常有必要展开相关探究。

二、研究设计

本研究利用"优诊学"网络平台,"诊断"高中生英语学习策略。"优诊学"是由北京师范大学外国语言文学学院外语测试与评价研究所做学术指导,由外研社自主研发的一款在线诊学系统,包括诊断测试和智能练习两大部分,其目的是通过"实施诊断—发现问题—提出建议—专项练习—稳步提高"的测诊模式,帮助学生"对症"矫正学习策略,提高学生学习能力和语言能力,促进英语学科核心素养的落地。具体研究两个问题:高中生英语阅读策略使用状况如何?高中生有哪些阅读技能需要重点培训?

研究方法,一是采用问卷调查。根据"优诊学"平台提供的问卷,编制英语学习策略问卷,开展调查,探究高中生英语读写策略的使用中有何不足。二是通过线上测试诊断。借助"优诊学"平台,在线测试学生五项阅读微技能,寻找技能训练的突破口,攻克技能弱项,以便针对性地开展阅读技能训练。三是通过访谈。

三、高中生阅读策略使用诊断

（一）针对阅读策略的"优诊学"问卷诊断

研究期间，为了诊断学生的策略使用状况，利用"优诊学"平台的调查问卷，对山西省长治市某高中一、二、三年级196名学生进行了初步问卷调查。"优诊学"阅读策略分为8个维度，类似奥曼利和查莫特（O'Malley and Chamot，1990）的三大类策略分类：包括元认知策略（用于自主、计划、监控评价）、认知策略（用于解码、推理和预测、上下文、运用）、社交情感策略（用于情感控制），采用5等分制的Likter量表。选项从1~5依次表示阅读策略使用的频率状况，即"从不""很少""有时""经常""总是"。表3.6为本次策略问卷调查结果。

表3.6 策略使用调查数据

策略维度	元认知			认知				社会情感
	自主	计划	监控	解码	推理和预测	上下文	运用	2.83
均值	2.86	2.97	3.09	3.15	2.77	3.08	3.04	

从数据结果看，学生使用三大策略八个维度的均值都不高于3.16。根据奥克斯福德（Oxford），策略使用均值在2.40~3.40之间表示情况一般。这说明学生的策略使用状况属于一般水平。该调查结果并不乐观。导致该状况的直接原因可能是高一新生的阅读方法和阅读习惯还停留在初中时期，尚未形成完善的策略体系，对阅读策略还处于陌生状态。也可能是学生在阅读过程中虽然使用了一定的阅读策略，但是受母语阅读的正迁移影响导致其并未意识到策略的使用，属于下意识运用，没有形成策略意识。

结论：高中生阅读策略使用水平一般，使用最多的是认知策略，其次是元认知策略，社交情感策略使用最少，需要得到培训。

（二）针对阅读微技能的"优诊学"测试诊断

培训前，为了摸清学生的策略需求，高一两个班学生在"优诊学"平台线上参加了阅读技能测试，以了解其阅读策略的微技能现状。阅读微技能包括5项：理解主旨大意、理解主要观点、确定句间逻辑、推测生词含义、找出细节信息。测试题型包含3篇短文，15个选择题，每项微技能3道题。每项微技能满分为30分，根据百分制折算，18分为及格分。测试后，从不同角度进行了分析。

1.全体学生阅读微技能情况

全体学生在五项阅读微技能中均分从低到高排序依次为：推测生词含义（16分）<找出细节信息（17分）<理解主要观点（17.5分）<理解主旨大意（22分）<确定句间逻辑（25分）。表3.7为五项阅读微技能表现测试结果。

表3.7 阅读微技能总体表现

	理解主旨大意	理解主要观点	确定句间逻辑	推测生词含义	找细节信息
436班	22	17	24	16	17
437班	22	18	26	16	17
均分	22	17.5	25	16	17
百分制折算	73	58	83	53	56
排序	2	3	1	5	4

按百分制折算，60分达标。学生达标的微技能只有确定句间逻辑（83分）和理解主旨大意（73分）两项。其他的三项，推测生词含义（53分）、找出细节信息（56分）、理解主要观点（58分）都不达标。

2.不同层次学生阅读微技能状况

为了深入分析学生的微技能状况，全体测试学生被分为高中低三个层次，统计其阅读微技能得分状况，表3.8为统计结果。

表3.8 不同层次学生微技能表现

层次	理解主旨	理解观点	确定逻辑	推测生词	找细节	均值
高	23.3	21.3	28.9	18.9	17.8	22
排序	2	3	1	4	5	
中	21	17.4	23	15	16	18.5
排序	2	3	1	5	4	
低	22	14.4	25	15	14.5	18.1
排序	2	5	1	3	4	

高水平学生的达标微技能顺序为：确定句间逻辑（28.9分）、理解主旨大意（23.3分）、理解观点（21.3分）、推测生词（18.9分）。此外，找细节信息（17.8分）不达标。

中等学生的确定句间逻辑（23分）、理解主旨大意（21分）两项达标，但是，理解主要观点（17.4分）推测生词（15分）找细节信息（16分）三项不达标。中等学生的高低走向与高水平学生技能得分趋势基本相同。

低水平学生与中等学生不达标的技能相同，都是推测生词（15分）、找细节信息（14.5分）、理解主要观点（14.4分）三项。

3.综合确定阅读微技能培训重点

综合以上分析得出，学生的阅读微技能中，"推测生词""找细节信息""理解主要观点"三项不达标，属于薄弱技能，被确定为策略培训的重点目标；另外两项，"理解主旨大意"和"确定句间逻辑"，虽然达标但是得分也并非很理想，故被作为兼顾性的非重点培训目标。

结论：学生阅读技能弱点主要表现在推测生词含义、找出细节信息、理解主要观点三方面，需要重点培训。

（三）针对阅读策略和阅读技能状况的访谈诊断

为了进一步探讨学生缺乏阅读策略的原因，对实验班教师和学生进行了访谈。以下是提取的部分内容：

我平时在课堂上，也讲一些具体的阅读方法，林林总总，涉及哪一种阅读技能，只简单说一下，但是没有系统地对学生进行过阅读策略训练，课堂教学也没有意识去注意到这块儿。（高一苗老师）

我没有听说过学习策略，我平时不太注意学习策略，但是在考试前会做一些练习题，帮助适应状态。在阅读方面，一看到生（高一王同学）

结论：一方面教师没有意识到策略需要系统训练，另一方面学生没有策略意识，缺乏阅读策略，主要靠题海战去磨炼。

第四章　英语学习策略培训实践

　　新世纪教师的职责内涵发生了变化，教师不仅是知识和技能的传授者，还是学习策略的培训者，需要由原来的管理者、控制者、教员，变成诊断者、培训者、教练、协调员、学习者和研究者。目前，英语课程是大、中、小学的一门重要的基础文化课程，担负着培养学生学习能力的职责。

　　大学英语强调学习策略的培养。大学英语是我国高等院校学生的一门必修课程，是实现完整高等教育的一个重要组成部分。2007年，我国教育部专门颁布《大学英语课程教学要求》，明确指出大学英语教学的四大主要教学内容为"语言知识、应用技能、跨文化交际、学习策略"，同时提倡在遵从外语教学理论的前提下，教学中应灵活创建包含有多种教学模式的大学英语教学体系（教育部办公厅，2007）。2020年，教育部又颁布《大学英语教学指南》，再次强调各高校大学英语课程要兼顾课堂教学和自主学习，建立不同的教学模式，促进学生个性化学习策略的形成和学生自主学习能力的发展（教育部高等学校大学外语教学指导委员会，2020）。

　　除大学外，英语也是中学阶段的一门重要课程。新《普通高中英语课程标准（2017年版）》明确指出学习策略是中学英语课程六要素之一，有效选择和使用学习策略是帮助理解和表达、提高学习效率的手段，是学生形成自主学习和终身学习能力的必备条件。所以，提高学生运用学习策略的能力是教学的重要内容，也是英语学科核心素养的重要组成部分。教师在教学中应当重视对学生学习策略的培养，有意识地引导学生尝试和使用不同学习策略，通过语言实践逐步掌握适合自己的学习策略。

　　本章基于培训实践，介绍英语学习策略培训的理论背景、明晰式策略培训模式、培训实践及其部分培训成果。

第一节　英语学习策略培训理论基础

一、英语学习策略培训的定义

"策略培训"这一词语，又称为"strategy training"或"learner training"，较多使用的是"strategy instruction"（Cohen and Macaro, 2007）。有的学者认为学习策略培训是"一种基于认知的教学方法，目的是帮助学习者更有意识地去学习一些技巧，以利于其更好地理解、习得和巩固新的概念和学习方法"（O'Malley and Chamot, 1990: 96）。有的学者则将学习策略培训归入干预性研究（intervention studies），即对学习者进行策略培训实验，旨在通过培训改善学习者学习效果，提高其语言能力（Macaro, 2001）。

二、英语学习策略培训的研究现状

（一）国外研究现状

在国外，外语学习策略研究始于20世纪70年代中期，鲁宾（Rubin, 1975）提出了"What 'the good language learner' can teach us"之后，学者们围绕学习策略的定义、分类、效力等展开了一系列有价值的研究。从20世纪80年代起，该领域的研究向前推进发展，出现了外语学习策略培训研究。科恩和阿菲克（Cohen and Aphek, 1980）率先开展了联想式词汇学习策略的培训。皮尔森和多尔（Pearson and Dole, 1987）提出针对母语习得的词汇单项策略培训模式，并被人们运用到二语学习中。该模式的主要步骤是：①教师摸清学习者当前使用的学习策略；②评价学习者当前所使用的学习策略及其不足；③教师讲解所要教授的新学习策略；④为学习者提供练习使其锻炼使用新的策略；⑤评价策略培训的效果如何。

到90年代，随着学习策略研究的深入，策略培训研究也取得了诸多成就，涌现出了多元化的语言学习策略培训框架（如Cohen, 1998; Oxford, 1990; O'Malley and Chamot, 1990; Grenfell and Harris, 1999; Macaro, 2001）。以下是国外一些具有代表性的策略培训框架。

科恩（Cohen, 1998）出版的著作 *Strategies in Learning and Using a*

*Second Language*的第四、五章，专门讨论了外语学习策略培训，介绍了将55名学法语和挪威语的学生分成实验组和控制组开展策略培训的教学实验，提出了"strategies-based instruction"，即以策略为基础的外语教学模式（strategy-based instruction, SBI），提倡将策略培训纳入日常外语课堂教学中，主要步骤是：①教师首先描述、示范、举例某些策略的使用方法；②根据学生自身的学习经历引出更多的使用例子；③引导小组或全班学生讨论，反思策略使用的依据，设计具体的策略使用活动，并对所选用策略的有效性进行评价；④鼓励学生尝试使用多种学习策略；⑤将策略融入课堂教学材料，以显性或隐性方式嵌入到语言学习任务之中，让学生在具体情境中练习使用各种策略。

奥克斯福德（Oxford，1990）在著作*Language Learning Strategies: What Every Teacher Should Know*中，提出了三种策略培训形式，即意识训练、短期培训、长期培训。而且该著作还详细介绍了"策略+控制力"的八步策略培训模式：①确定学生的策略需求和学习时间；②精心选择要训练的目标策略；③思考如何将策略训练融入日常教学中；④思考学生参加策略训练的动机是什么；⑤准备好策略培训的使用材料，设计好策略训练的活动方式；⑥开展学生完全知情的策略训练，即在学生有意识的状态下进行策略训练；⑦评价策略培训的效果；⑧教师根据评价效果调整培训模式。

奥曼利和查莫特（O'Malley and Chamot，1990）在其著作*Learning Strategies in Second Language Acquisition*中，提出Cognitive Academic Language Learning Approach（CALLA），即认知语言学习策略培训模式。这种CALLA模式，以认知理论为基础，认为语言是一种复杂的、需要反复操练和反馈的认知技能，目的在于帮助外语能力有限的学习者掌握外语技能。CALLA包括5个阶段：①准备阶段：教师鼓励学生运用原有的知识，唤起语言学习策略意识；②示范阶段：向学生展示新知识、新策略，必要时举例说明；③操练阶段：采用以学生为中心的教学方法，结合正从事的学习活动，操练新策略；④评价阶段：学生检查自己运用策略学习的效果，可以教师评价，学生互评或自我评价；⑤拓展性活动阶段：学生参加各种活动，综合运用所学策略完成综合学习任务。

格伦费尔和哈里斯（Grenfell and Harris，1999）的著作*Modern Languages and Learning Strategies: In Theory and Practice*中，提出的策略培训步骤是：①教师了解学生目前的策略使用情况，并帮助学生增强策略意识；②教师示范新策略的使用事项，学生们讨论其价值和用法；③学生在不同的任务中练习使用新的策略；④学生确定练习计划和任务，并选择合适的策略以达到各自的学习目标；⑤学生开展练习活动，实践使用所选的策略，同时，教师减少自己的参与，以使学生能够充分地使用策略；⑥教师和学生评估策略练习是否成功；⑦学生确立新的学习目标。

马卡罗（Macaro）2001年出版的著作*Learning Strategies in Foreign and Second Language Classrooms*里提出的策略培训模式，有以下步骤：①提高学生的策略意识；②探讨各种可能的学习策略；③教师或学生示范策略的使用；④根据具体的学习目标或任务进行策略选择和组合；⑤通过支架式的支持和帮助应用学习策略；⑥学生进行初步评价；⑦教师进行评价；⑧教师逐渐移去支架；⑨学生和教师共同评价。

以上这些学习策略培训模式都强调提高学生策略意识的重要性，且各具特色。奥克斯福德（Oxford，1990）和科恩（Cohen，1998）的培训模式，都强调摸清学习者目前的学习策略使用状况是策略培训至关重要的一步，然后据此选择适合他们特点和需求的策略。奥克斯福德（Oxford）重视综合各种学习策略来开展培训。科恩（Cohen）的框架主张将策略训练与课堂教学融为一体，在训练中，教师可以选择合适的策略嵌入课程教材内容，也可以围绕要训练的重点策略，设计相关的练习题，也可以根据教学内容的需要，在恰当的时候插入所需的策略进行训练。一般而言，这种训练是自发的、随机的、灵活的，具有高度个性化特征。在这种模式下，随着学习者策略意识的提高，教师也要及时调整自身的教学角色。在格伦费尔和哈里斯（Grenfell and Harris，1999）的框架活动中，学习者通过制订和实施个人的行动计划和练习完成一个策略培训周期后，开始进入下一个新的周期。马卡罗（Macaro，2001）提出的学习策略培训模式具有循环性，类似于行动研究，提倡学生采用不同的策略组合完成学习任务，并重视对学习策略使用效果进行评估和监控。

（二）国内研究现状

在国内，英语学习策略培训方面的研究还处于初级阶段。笔者以"英语学习策略培训"为主题，通过中国知网进行了查询，发现发表在教育类核心期刊上的相关论文，数量有限。主要有王立非和文秋芳（2003）报道了"全国首届英语学习策略培训与研究国际研修班"的活动内容，方向性地指明了今后开展外语学习策略培训的原则和方法；高越和刘宏刚（2005）、程冰（2006）、马刚和王娟（2010）、熊苏春和严峻（2011）、徐锦芬和寇金南（2011）、高黎、陈唐艳和曾洁（2012）各自选择不同实验对象进行了综合英语学习策略培训的实践；杨爱英（2011），肖武云、王晓萍和曹群英（2011），杨爱英（2011），杨蕴文、郭京华和马月秋（2018）等人探讨了学习策略中的单类策略——元认知策略的作用及其培养；在单项技能学习策略培训研究方面，取得了很多成果。在词汇策略训练方面，有徐翠（2010）等的研究。在听力策略训练方面，有陈欣和戈玲玲（2015），常鹏云、郝玫和Lawrence Jun Zhang（2016），周艳琼（2017），曹洪霞和丁言仁（2020）等对不同对象的研究。在阅读策略训练方面，主要有孟悦（2004）、王英和刘寅齐（2010）、袁慧玲（2011）等的研究。此外口语策略训练方面也开始起步，焦丽霞（2016）对口语策略训练进行了研究。这些研究表明，学习策略的运用能降低英语学习难度，并且验证了策略培训的有效性的假设。

其中，文秋芳（2001）曾经针对学习策略的指导和培训，提出了具有启发性的实施建议：

第一，教师在实施策略训练时，要充分了解学生的策略使用情况。如果课堂的学生过多，没有办法完全通过课堂表现来确定他们的学习观念和方法现状，老师可以尝试使用问卷、面谈、写学习日记等方式来保证调查结果的真实性和准确性。

第二，策略训练内容的选择要符合学生的认知水平，策略要具有迁徙性和兼容性。即训练活动要涉及不止一种方法，使学生能够将训练的技能应用到其他的学习活动中去。训练内容要注意难易结合，以保证学生保持学习的热情。

第三，确定训练方式。常用的策略训练方式有集中训练、分散训练、个别指导三种方式。集中训练强调设立专门的课时，系统地训练多种学习策略。分散训练则主张将策略的训练与常规的教学相结合，自然地帮助学生掌握某种方法。个别指导适用于针对有问题的少数学生进行小范围的指导。当然，最好的办法是将三种方法相结合，根据学生的实际有的放矢地选择。

（三）对前人研究的反思

这些研究大多证明了策略培训对提高学习者语言能力的积极作用，同时也呈现了多样化的结果。究其原因可能是各个研究的固有差异所造成的：教学的环境不同，二语与外语；学习者的类别不同，大学生与初高中生；培训的内容不同，单项策略与综合策略，元认知策略与其他认知策略；培训的方式不同，分散型与融入型；培训的时间长短不同，短期训练与历时训练；测量内容不同，结果测试与过程测试。由此可见，开展策略培训是一件极其复杂的事情。

1.前人研究的共识

第一，综合国内外的研究发现，研究成果大多对策略培训的有效性持肯定态度，认为策略是可教的，可以通过培训帮助学习者提高策略意识，推动其有效使用策略增强自学能力。

第二，研究者多侧重于对元认知和认知学习策略训练，并且将认知策略和元认知策略作为学习策略的核心和基础。大部分的研究内容都是在以上两种策略训练的已有研究基础上进行深化拓展的。虽然其他学习策略的训练研究相对较少，但研究者关注的重点开始逐渐转向其他学习策略。

第三，学者对于策略训练的研究结论较为相近。学习策略训练的方式基本上分为集中训练和与课堂融合两大类，以学生理解、掌握和学会恰当运用为根本目的。由于二者各有利弊，因此越来越多的研究者倾向于把两种方式结合起来。

2.前人研究的争议

虽然关于英语学习策略训练的研究发展较快，并且取得了诸多研究成果，但是仍存在一些值得讨论和进一步研究的问题。

第一，英语学习策略的分类比较多样，导致学习策略训练内容的选择差异大、训练不均衡。虽然各位学者对学习策略类别的表述不同，但可以分为两种：一种是将学科特点融入一般策略中，另一种则是将英语学习策略分为一般的学习策略和学科技能学习策略。按照前种英语学习策略的分类，在进行训练时往往以具有学科特色的策略为训练内容，突出一般学习策略对学科的指导意义。参照后者的分类，有些研究则突出学科内部的、侧重学科学法的各个技能的学习策略的训练。此外，关于认知和元认知策略的训练研究较多，情感、资源策略的训练研究则较少。

第二，研究结论差异较大。国内相关研究的结论比较一致。几乎全部的研究都认为进行英语学习策略的训练在不同程度上增强了学生的学习策略意识，促进了学生学习能力和学习效果的提高，也以此验证了进行学习策略训练的可行性及在英语教学中进行适当的学习策略训练的必要性和重要性。但是，国外的相关研究得出的结论不尽相同，研究结果仍有很大的不确定性。

第二节　英语学习策略培训模式构建

"接受过策略培训的学习者，会在随后的学习中自觉使用获得的策略"（Cottrell，1999：93）。本节以在大学英语教学中开展策略培训为例，介绍"明晰式策略培训模式"，包括其涵义、构件、教学实施步骤及其特征。

一、明晰式策略培训模式的涵义

策略培训是一个"复杂多维的过程"，牵涉学生、教师、学习环境、学习媒介等学习者因素和社会文化因素，需根据具体情况构建适合学生的特定培训模式框架。纵观国内外的策略培训研究会发现，多数研究者认为应该采用明晰式策略培训方式，同时还认为，应当尽量将策略培训融入课堂教学（O'Malley and Chamot，1990；Oxofrd，1990；Cohen，1998）。也就是，"要尽可能详尽、明确地帮助学习者明确学习和使用新策略的意义和目的，并要介绍如何将策略迁移到其他的学习任务中去，明确如何评价策略的有效性，且通过嵌入式活动任务强化策略的使用，以帮助学习者更加自如地使用学习策略"（沈翠萍，2012：11）。

明晰式英语学习策略培训模式，可以界定学习素养基础培养的范畴，借鉴"融入课堂"的思路，是根据中国学生的特征和大学英语的教学情况而设计的一种集策略培训与听说读写教学为一体的教学模式。"明"，即公开，显露在外，不隐藏，与"暗"相对；"晰"，即清楚，明白。"明晰式培训"，即以明白清晰、直截了当的显性方式，依托英语课程教学，充分发掘教材中的相关知识内容，根据内容及时授予学生听、说、读、写针对性的学习策略，包括词汇学习、语法知识掌握、基本技能操练等方面的记忆、认知、统筹、交际、情感调控等多种具体策略的综合培训。

二、明晰式策略培训模式的构件

为了采用明晰式模式开展英语学习策略培训，达到有效提升学生英语应用能力的目的，需要做好培训者、培训对象、教学大纲、策略手册四个构件的准备工作。

（一）组织培训者

英语学习策略系统庞大而复杂，并非所有的教师都了解学习策略，教师个体也不可能系统掌握所有的策略。为了保证策略培训的顺利进行，有必要培训相关代课教师，帮助他们研究学习策略、学习教学大纲、掌握策略培训模式、设计教学过程，从而具备培训知识和技能。

（二）确定培训对象

该模式选择在大学生入学的第一学期开展策略培训，因为这一学期的学生具有特殊性：其一，新生刚刚离开高中跨入大学，许多人在学习方法方面出现了困惑，没有一套科学的学习策略，因而出现了中大衔接空档，过渡困难，亟需学习方式指导；其二，新生刚到一个全新的环境，好奇心强，学习欲望强，渴望学好英语，希望掌握有效的学习方法，因此对其进行策略培训较其他年级更容易开展；其三，如果学生在一年级就能掌握一套高效的学习策略，将有助于其顺利完成后续学业。早培训，早受益。

以上这些特征使得本学期成为进行策略培训的黄金时期，如果严格执行培训计划，利于获得事半功倍的策略培训效果。

（三）制定培训大纲

为了使策略培训与大学英语课程教学紧密对接，需要编制专门的教学

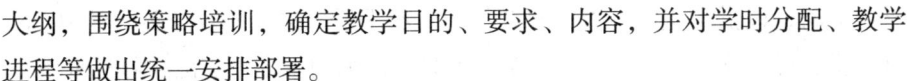

大纲，围绕策略培训，确定教学目的、要求、内容，并对学时分配、教学进程等做出统一安排部署。

1.设定教学目的

通过教学，学生了解英语学习策略的基本概念、基础理论；培养和提高学生运用英语学习策略解决学习中遇到的困难，并发展其听说读写英语应用能力，培养独立自主学习能力，提高学习效果，为学生毕业后直接从事英语教学工作或其他英语语言文字工作打下坚实基础。

2.确定教学要求

通过学习相应教学内容、进行听说读写策略性练习、完成相应口笔头作业、记录策略使用得失等环节，要求学生树立策略意识，学习记忆策略、认知策略、元认知策略（管理策略）、补偿策略、情感策略、社会策略等综合策略，掌握词汇学习策略、听力学习策略、口语学习策略、阅读学习策略、写作学习策略、翻译学习策略等语言技能学习策略，调整学习方法，改善学习过程的自我管理，并形成科学有效的英语学习策略。

3.确定教材

任何教学都离不开一个重要的教学媒介——教材。明晰式策略培训可以"因材施教、因时而行"地依托教材，结合正常的英语教学开展。目前，权威的英语教材，如国家规划、由高等教育出版社和外语教学与研究出版社出版的教材，其编写均以教学为中心，充分考虑到外语教学的实践性和实用性，囊括听、说、读、写、译的教学内容，能顺应时代要求，注重应用技能的培养，提倡课堂教学与自主学习结合，强调培养学习策略。因此，只要充分利用国家规划教材都能满足本模式的培训要求。

4.安排教学内容及时间

为了便于培训过程的操作，需要详细策划明晰式英语学习策略培训的教学内容，包括每个课时的策略训练内容和课本教学内容。新生入学第一学期开展英语学习策略培训，与英语课程教学同步进行。培训按主题分块，进行13周教学培训，占46课时。

（四）编写便携式策略手册

为了更好地帮助学生解决英语学习困难、掌握有效的学习策略，需要编写一份策略小手册，包括英语各项学习策略，详细介绍各种具体实用的学习策略,以供学生随时查询对照使用。小手册可以分别介绍英语学习总策略和听、说、读、写、译、词汇学习策略,详细列举多项英语学习子策略。

三、明晰式英语学习策略培训的步骤

确定大学一年级第一学期的培训班级,按照教学大纲,由大学英语任课教师执行培训,从下列4个步骤展开:

第1步,下发专门编写的英语学习策略对照清单,教师开展讲座、课堂示范,明确介绍各类学习策略,帮助学生认识学习策略,树立策略观念。

第2步,依托大学英语课程课堂教学,学生学习使用相关策略完成教材中有关词汇学习、听力练习、口语交际、阅读任务、主题写作等作业。教师根据教学进度及时检查反馈。

第3步,学生填写相应的反馈卡,记录策略使用状况,然后分组讨论,分析各自不足之处,不断实践修正。根据专项教学大纲,共进行13周学习策略训练。其间,每完成一类策略的培训,安排学生使用反馈卡记录一次。第一周填写单周反馈卡1张,从第二周开始填写双周反馈卡,分别为第2~3周的、第4~5周的、第6~7周的、第8~9周的、第10~11周的、第12~13周的反馈卡,共填写7张。由于不同周次策略培训内容不同,故7张反馈卡中的"培训内容"一栏都不同,分别与具体"教学内容及学时分配"从前往后一一对应。

第4步,教师通过批改学生作业和回收反馈卡,不断了解和分析学生英语学习策略使用情况,逐步调整策略训练模式。同时,为了督促学生认真练习和记录策略使用效果,将作业和记录卡填写情况纳入学生成绩评价体系,构成过程性评价一个因子,计入学生平时成绩,期末按比例汇入综合成绩。

四、明晰式英语学习策略培训模式的特征

本模式力图探索提高英语应用技能的新途径,将学习策略理论与英语学科特点相结合,旨在省时高效地培训学生掌握科学有效的英语学习方法。该培训模式具有以下特征:

首先,以显性方式开展策略培训,快捷精准、省时高效。"明晰式"意在以直接明白的方式,及时授予学生针对性的学习策略,强调不以隐性

方式让学生自己在潜移默化中琢磨领悟，故能避免曲折误解，节省培训时间，适用性普遍，更适于基础弱、亟须学习策略的"应用型"院校学生。

其次，步骤具体、操作性较强。该模式使策略培训融入大学英语课程教学中，便于学生结合教学实践操练策略。其间，编制专用大纲、设计专门记录卡、布置配套作业，学习任务明确，以"培训—实践—矫正—考评"的程序，环环紧扣，使策略培训和日常教学紧密结合，打破过去策略教学两分离的做法。

最后，英语四大技能策略和元认知策略同步、多元化培养。元认知策略对语言学习和运用具有导向和决定作用，能极有效地提高学生学习自主性。该模式中，学生通过完成"反馈卡"，积极进行自我评价和调控，科学管理自己的英语学习，可以形成元认知学习策略。

第三节　英语学习策略培训材料

根据策略培训的需求，在教学和实践中使用相应的培训材料。培训前，为了摸清学生的策略使用状况，需要采用问卷调查、访谈等方式进行前期调研。培训中，需要制订出班级培训的具体进程和策略内容，还需要不间断地、定期了解学生使用策略状况的反馈卡；同时，还需要有学生可以随时查询和对照自己学习行为的策略对照清单。本节提供了策略培训中的部分材料，在具体的培训中，还需要根据培训对象、依托的课程、培训的时间、培训的目标、条件等情况，做出适当调整。

一、英语学习策略调查问卷

姓名_____　专业_____　班级_____　高考英语成绩_____

（一）请根据你自己的情况，在相应的选项上打"√"。

1.你毕业的高中在_____。

　　A.乡镇　　　　B.县城　　　　　C.普通市　　　　D.省会城市

2.你听说过英语学习策略吗？

　　A.有　　　　　B.没有

3.你的英语学习有一套学习策略吗？

　　A.有　　　　　B.没有

4.你在英语学习中,能有意识地使用学习策略吗?

   A.能   B.不能

5.平时学习中,你注意调整自己的学习策略了吗?

   A.注意   B.没注意

6.你现在已是一名大学生,你认为还有无必要了解英语学习策略?

   A.有必要   B.没必要了

7.你希望大学里哪个学期进行英语学习策略培训?

   A.第一学期   B.第二学期   C.第三学期   D.第四学期

8.策略培训可能提高你的英语成绩吗?

   A.可能   B.不可能

9.你愿意参与策略培训吗?

   A.愿意   B.不愿意

10.你希望掌握哪些英语学习策略?(可多选)

   A.听力策略   B.口语策略   C.阅读策略   D.写作策略

   E.词汇学习策略   F.不确定

(二)请选择五项中能体现你的实际做法的一项(不是想法),并将该选项代号填在括号里:1.从来不使用 2.基本不使用 3.有时使用 4.常使用 5.一直使用

1.学习英语生词时,将新学的词与已学的联想起来。   (   )

2.把英语生词用在句子中,以加深记忆。   (   )

3.把英语生词的发音和与它相关的画面联想起来,以帮助记忆。

                                                                      (   )

4.尝试通过想象可能使用某生词的具体情景,来记住那个生词。

                                                                      (   )

5.按发音归类,来记忆英语生词(如rice和ice)。   (   )

6.用袖珍本或单词卡片,来记英语生词。   (   )

7.使用分类记忆的方法(如同义词、反义词等),来记忆英语生词。

                                                                      (   )

8.按生词或短语在书本中或教室黑板上出现的位置记忆。 (   )

9.经常复习上一阶段所学习的英语课程。   (   )

10. 模仿以母语为英语的人说话，练习口语。（   ）
11. 练习英语单词的发音和句子的语调。（   ）
12. 以不同的方式使用所学的英语单词、词组和语法结构。（   ）
13. 主动用英语与同伴、老师及其他人交谈。（   ）
14. 看微信英语视频、电视节目、电影或广播。（   ）
15. 阅读英语语言文章并以此为乐。（   ）
16. 用英语写便条、日记、笔记或书信。（   ）
17. 阅读英语文章时，先通过速读获取大意，然后再细读。（   ）
18. 注意英语与含义之间的结构、表达、习惯等的异同。（   ）
19. 尝试找出长句子和难句的英语句型。（   ）
20. 把生词分解成自己认识的若干部分，以理解其意思。（   ）
21. 避免逐词翻译理解英语句子。（   ）
22. 遇到英语生词时，就尝试猜测它的意思，而不是每个生词都查字典。（   ）
23. 英语表达时，如果想不起恰当词语，就设法用手势、表情和语调表达。（   ）
24. 在英语对话交流中，尝试猜想对方下一句要说什么。（   ）
25. 当想不出合适的英语单词时，就用同义词来代替。（   ）
26. 在英语阅读过程中，并没有每个生词都查字典。（   ）
27. 尽可能以各种方式使用所学到的英语。（   ）
28. 反思自己的学习方法或策略，尝试寻求更有效的学法。（   ）
29. 计划英语学习的日程安排，保证有足够的时间学英语。（   ）
30. 寻找他人用英语交谈。别人讲英语时，注意仔细倾听。（   ）
31. 尽量找机会多阅读英语类文字材料。（   ）
32. 对提高自己的英语，个人有明确的学习目标。（   ）
33. 回顾自己在上一阶段英语学习中有什么进步或有什么不足。（   ）
34. 每当感到害怕使用英语时，尽量使自己放松不紧张。（   ）
35. 即使害怕说错，也鼓励自己去说英语。（   ）
36. 当自己的英语学习表现良好时，就给自己奖励。（   ）

37. 听英语或说英语时，注意自己是否感到紧张。　　　（　　）
38. 写英语学习日记，记录自己的学习情绪。　　　　　（　　）
39. 和他人交流自己学习英语的体会和感受。　　　　　（　　）
40. 和老师交流自己的英语学习心得，希望得到其鼓励。（　　）
41. 对话中如果听不懂时，就请对方说慢一点或重复一遍。（　　）
42. 说英语时，请对方纠正自己的错误。　　　　　　　（　　）
43. 和其他同学一起练习英语口语。　　　　　　　　　（　　）
44. 在英语学习中，有问题就去提问和澄清。　　　　　（　　）
45. 尽量学习有关英语国家的文化背景知识。　　　　　（　　）

共计：选1:_____项；选2:_____项；选3:_____项；选4:_____项；选5:_____项

二、英语学习策略访谈提纲

年级_____ 姓名_____ 性别_____ 时间_____

1. 你是怎样记忆单词的？记不住怎么办？思考过更有效的方法吗？

2. 你是如何选择自己的英语学习方法的？是根据自己的特征，还是周围优秀学生的特征？是否常与他人交流彼此的学习方法？

3. 英语课堂上活动多吗？你能积极参加各种英语活动吗？害怕发言吗？为什么？想过放松的办法吗？

4. 从内容、教师、教法、笔记、时间、预习、复习、信心方面谈谈你对英语学习策略的看法。

5. 进行课外阅读吗？谁选材料？怎样读？碰到生词怎么办？

6. 你平时制订学习计划（确立目标/规划时间/评价学法的成效）吗？你是怎样制订计划的？

三、英语学习策略培训反馈卡

该反馈卡用于记录学生在学习中的策略使用点滴变化，共有7份，学生按周填写。请学生根据自己的真实情况，对照课堂所学和老师所给的策略清单，进行相关记录，说明自己各类策略的使用状况。该反馈卡的目的在于帮助学生在记录中反思，在反思中调整，在调整中提高学习效率。

学生策略使用反馈卡1：第__1__周

专业_____ 班级_____ 姓名_____ 日期_____

学习策略类型	我第1周英语学习策略使用点滴
记忆策略	
认知策略	
补偿策略	
元认知策略	
情感策略	
社会策略	

学生策略使用反馈卡2：第__2、3__周

专业_____ 班级_____ 姓名_____ 日期_____

词汇学习策略	我第2、3周英语学习策略使用点滴
练习策略	
规划策略	
社会策略	
诵读策略	
查字典策略	
选择策略	
联想策略	
笔记策略	

学生策略使用反馈卡3：第__4、5__周

专业_____ 班级_____ 姓名_____ 日期_____

听力策略	我第4、5周英语学习策略使用点滴
状态调控策略	
要素筛选策略	
信息预测策略	
做笔记策略	
推理策略	

学生策略使用反馈卡4：第 6、7 周

专业_____ 班级_____ 姓名_____ 日期_____

口语策略	我第6、7周英语学习策略使用点滴
个体单练策略	
社会交际策略	
资源利用策略	
迂回表达策略	
身势语策略	

学生策略使用反馈卡5：第 8、9 周

专业_____ 班级_____ 姓名_____ 日期_____

阅读策略	我第8、9周英语学习策略使用点滴
略读策略和寻读策略	
要素策略	
推理策略	
猜测策略	
简化策略	
笔记策略	

学生策略使用反馈卡6：第 10、11 周

专业_____ 班级_____ 姓名_____ 日期_____

写作策略	我第10、11周英语学习策略使用点滴
准备策略	
选词、造句、成段策略	
修改策略	
积累策略	

反馈卡7：第 12、13 周

专业_____ 班级_____ 姓名_____ 日期_____

翻译策略	我第12、13周英语学习策略使用点滴
增译、减译、转译	
拆合译、正反译	
倒置、包孕、插入法	
直译、意译、释义	
套译、综合译	

四、英语学习策略培训内容及进程表

为了便于培训操作，详细规划了明晰式英语学习策略培训的教学内容，包括每个课时的策略训练内容和课本教学内容。新生入学第一学期就开展策略培训，与英语课程的日常教学同步进行。在一学期中，按主题分块，进行为期13周的教学培训，共46课时。下表为教学内容及学时分配详情：

表4.1 培训内容和进程

周次	英语学习策略培训内容		英语课程教学内容	课时
第1周	学习策略分类	英语学习策略问卷	熟悉教材结构体系，依托Unit 1说读听写内容，尝试使用Oxford的六类策略	1
		记忆策略、认知策略		1
		元认知策略、补偿策略		1
		情感策略、社会策略		1
第2、3周	英语词汇策略	词汇学习策略问卷	依托Unit 2的生词，练规划、诵读、社会、查字典、联想、选择、笔记等词汇策略	1
		词汇学习基本策略		2
		词汇学习具体策略		2
		词汇学习策略的实践		2
第4、5周	英语听力策略	听力学习策略问卷	依托Unit 3的Listening部分，练习自监、筛选、预测、笔记等听力策略	1
		听力学习基本策略		2
		听力学习具体策略		2
		听力学习策略的实践		2
第6、7周	英语口语策略	口语学习策略问卷	依托Unit 4的Speaking部分，练习交际、身势语、迂回、模拟等口语策略	1
		口语学习的基本策略		2
		口语学习的具体策略		2
		口语学习策略的实践		2
第8、9周	英语阅读策略	阅读学习策略问卷	依托Unit 5的课文Text A和Text B部分，练习猜测、要素、简化、寻读等阅读策略	1
		阅读学习的基本策略		2
		阅读学习的具体策略		2
		阅读学习策略的实践		2

表4.1 培训内容和进程 （续表）

周次	英语学习策略培训内容		英语课程教学内容	课时
第10、11周	英语写作策略	写作学习策略问卷	依托Unit 6的Exercise部分，练习选词、造句、联段等写作策略	1
		写作学习的基本策略		2
		写作学习的具体策略		2
		写作学习策略的实践		2
第12、13周	英语翻译策略	翻译学习策略问卷	依托Unit 7的课文语句、课后练习翻译习题练习直译、增减、正反、倒置、意译等翻译策略	1
		翻译学习的基本策略		2
		翻译学习的具体策略		2
		翻译学习策略的实践		2
共计		7个策略模块	7个单元课程	46

五、英语学习策略清单

这份英语学习策略对照清单，旨在帮助学生解决英语学习困难、掌握有效的学习策略、提高英语学习效率。清单包括六部分：第一部分，由善学者的学习策略切入，着重介绍英语学习的六大总策略，即记忆策略、认知策略、补偿策略、元认知策略、情感策略和社会策略。第二部分到第七部分分别介绍听、说、读、写和译五大语言技能的学习策略，以及词汇学习策略。

（一）英语学习总策略

1.善学语言者使用的策略

善学语言者的学习策略具有很大的示范价值，值得参考。1975年Rubin研究总结出善学语言者的七项特征：①随时准备猜测；②注意语言形式；③利用机会练习；④不担心显得愚蠢；⑤尽量表达自己的想法；⑥注意语言表达的意义；⑦监控自己和其他人说话。

1978年，Naiman、Frohlich、Stern和Todesco也列出了善学语言者的五项特征：①积极参与一切可能的语言学习机会；②领悟到语言应当作为交际的工具；③能管理自己情感的需求；④认识到语言作为一个体系；⑤随时监控自己的外语行为表现。

尽管两人的研究运用了不同的词语描述善学语言者的策略，但它们有许多共同之处，大家可以分享一些高效的策略。

2.典型的英语学习策略

（1）记忆策略：用来记忆新信息、复习已学内容的策略，如归类、联想、复习等。

第一，使用和制作单词卡片来背英语生词。

第二，将英语生词用在句中，以加深记忆。

第三，按发音规律来记忆英语生词。（如rice和ice）

第四，学英语生词时，将新学的和已学的联想起来去记忆。

第五，通过想象可能使用某个生词的具体情景，来记需要学习的那个生词。

第六，将英语生词的发音和与它相关的某个图画联想起来，以帮助自己记忆。

第七，通过分类记忆法，如近义词、同义词、反义词、相似词等，以帮助识记英语生词。

第八，按英语生词或短语出现在书中、黑板、文中的位置来记忆。

第九，经常复习已经学习过的英语知识。

（2）认知策略：指学生为了完成某个具体学习任务而采取的步骤和方法。

第一，注意练习英语的发音。

第二，反复通过造句、说、写等方式，使用新学的英语生词。

第三，以多种不同的方式使用所学的英语单词、词组。

第四，主动用英语与他人交谈。

第五，模仿以英语为母语者的说话方式、语音和语调。

第六，看英语电视节目、英语微信、英语电影或收听英语广播。

第七，用英语写日记、记笔记、写书信、写便条。

第八，阅读英语类文章，并感到快乐。

第九，阅读英语文章时，先是速读，了解其大意，再细读内容。

第十，尝试找出英语的句型格式。

第十一，把英语生词分解成自己理解的几个部分，以识别它的意思。

第十二，避免逐词逐句地翻译文章。

第十三，注意英文与中文之间的异同之处。

第十四，将听到、读到、看到的英语及时做笔记。

（3）补偿策略：指用于克服困难，解决知识空白而采取的变通性的学习策略。

第一，遇到不熟悉的英语生词时，就尝试先猜它的意思。

第二，阅读英语时，并不是每个生词都去查字典。

第三，在英语会话中如果想不起恰当的词语时，用手势、身势、表情和语调表达。

第四，当表达中找不到合适的英语单词时，就自己造一个。

第五，当想不出合适的英语单词时，用同义词、词组、解释代替。

第六，在英语会话中，尝试猜想对方下一句可能会说些什么。

（4）元认知策略：指为了学习，制订计划、选择策略、自我监控、自我评价和自我调整。

第一，对提高自己的英语学习，要有明确的目标。

第二，尽可能以各种方式使用所学到的英语单词、句型等。

第三，在别人讲英语时，仔细倾听。

第四，留心自己的英语表达错误，以便以后改正。

第五，回顾自己在英语学习中的进步和不足之处。

第六，反思自己用的学习方法，尽量寻求更有效的学习方法。

第七，找同学、同伴等用英语讲话。

第八，安排好自己的学习日程，以便有足够的时间学习英语。

第九，尽量找机会去多阅读英语。

（5）情感策略：指学生规范自己的情感、态度、动机，降低焦虑、自我鼓励的策略。

第一，即使害怕自己说错，也会鼓励自己说英语。

第二，每当感到害怕使用英语时，尽量使自己放松不紧张。

第三，听英语或说英语时，注意自己是否感到紧张。

第四，当自己英语学习表现良好时，就奖励自己。

第五，写英语学习的日记，记录自己的学习情绪。

第六，对英语学习有自信心，追求成功，敢用英语表达，能克服学习中遇到的困难。

第七，和老师、同学、父母交流自己学习英语的体会和感受。

（6）社会或交际策略：指与其他学生互动学习英语，了解英语的相关文化。

第一，和其他同学合作学习英语，一起练习英语。

第二，对话中听不懂时，就请对方说慢一点或重复。

第三，向英语学习好的人请求帮助。

第四，说英语时，会请对方纠正自己的错误。

第五，在英语学习中，有问题就要问清楚。

第六，积极主动参与有关英语学习的多种多样活动。

第七，尽量学习关于英语国家的文化、社会等背景知识。

（二）听力策略

1.听力总策略

（1）有明确的英语听力训练的目标，如经过一段时间努力，能听懂老师英文授课或者上课内容。

（2）根据自己的听力学习目标，制订课外听力学习的总计划，而且对每周的听力练习做出详细安排，如规定每周听力总次数、或时数等。

（3）为了提高自己的听力，制订明确的听力练习任务。

（4）在平时的英语学习过程中，注意积累有关语音、语调等方面的知识，比如发音类型、连读、爆破、弱读、重读、升降调等，以帮助提高听力。

（5）为了提高自己的听力水平，课外主动通过听各种音频或视频的形式，来接触最真实、自然的英语语音语料，并体会英美国家人士的语音差异。

（6）为了提高自己的听力，课外努力积累单词和做大量的阅读练习。

（7）常思考听力学习的有关知识，如听力有几个步骤、影响听力有哪些因素、怎样能提高听力等。

2.听前策略

（1）在听前，要明确听的目标并选用不同的听力方法。

（2）听前，注意根据题目及选项，对即将要听的内容、主题、重点、难点进行预测。

（3）听之前，练习那些可能出现的单词的发音。

（4）听之前，对将要听的话题进行有关的联想和回忆。

（5）在听前或听中，根据对要听的内容、主题、重点、难点的预测，将注意力有选择地聚焦在当前要完成的有关任务上。

3.听中策略

（1）不仅在平时练习中，科学地安排听力训练时间，而且在实际听力训练时，也能科学统筹分配时间，比如利用录音间隔的暂停时间，快速完成上一题，同时留一定时间预读下一题题干和选项。

（2）在听音过程中，借助标题或者选项，对文章谈论的主要话题、下文即将出现的内容进行预测。

（3）在听音过程中，有选择地听和记录人物、数字、号码、时间、地点等关键词，并在听的过程中保持注意力集中。

（4）在听音过程中，根据背景知识、常识和经验，检查当前的理解。

（5）在听音过程中，碰到生词或不懂的句子，会跳过去继续跟着听。

（6）在听音过程中，如果遇到不懂之处，继续听下去，希望疑问能在后面找到答案。

（7）在听英语过程中，尽可能理解所听到的内容而不是词句，并完成相关任务。

（8）在听音过程中，对材料的理解要注重其内容和意义上的前后逻辑关系。

（9）在听音过程中，根据不同的听力任务，灵活地调整听的策略。

（10）在听音过程中，将听力内容要点（如主题句、关键句）联系起来理解。

（11）在听音过程中，注意信息是如何关联在一起的，用了什么样的连接词，如therefore、however等。

（12）在听音过程中，根据上下文，来推理、判断、检查当前的理解。

（13）在听音过程中，预测和推导文章后面的潜在内容，明确其重要性，注意往后听。

（14）在听音过程中，不断验证和核查自己的推测。

（15）在听音过程中，留意自己的答题情况，如若发现有错误，马上更改。

（16）在听音过程中，尝试估计文章中一些与任务有关内容的重要性。

（17）在听音过程中，注意自己是否有注意力分散的现象。如有，会努力让自己把注意力集中到当前任务上来。

（18）在听音过程中，有自己放松和集中注意力的方法，比如，听时闭上双眼或眼睛盯着某个物体。

4.听后策略

（1）听完后，根据对总体信息的理解来检查自己的前期理解是否正确、完整。

（2）听完后，利用所做作的笔记来检查自己的理解是否正确、完整。

（3）听完后，及时评价听力材料的难度，并检查自己对材料听懂了多少、听懂了哪些内容，没有听懂哪些内容。

（4）听完后，检查自己的理解、解答，是否与听到的信息相符。

（5）课后，会有计划地复习听过的材料。

（6）听完后，如有疑问，马上询问同学或老师。

（7）评估自己听力学习策略的有效性，并做出相应调整。

（8）回顾自己在听力方面的取得了哪些进步。

（9）平时注意要求自己按计划完成预定的听力目标。

（10）及时找出自己听力中的不足之处并分析原因。然后根据实际情况对计划、学习过程中所采用的策略进行调整。

（三）口语策略

1.将英语单词的发音和与它相关的图画联想起来，以帮助记忆。

2.能注意根据单词的发音规律（如sight和right），来读单词。

3.在口语中，反复运用新学到的英语生词以巩固。

4.模仿以英语为母语者的发音、表达等的说话方式。

5.注重练习英语的单词和句子的发音。

6.主动运用英语与他人交谈。

7.看英语微信、电视节目、英文电影等，并有意去模仿其发音。

8.在会话中，如果不会表达，就用微笑、点头、皱眉等手势、表情、语调表达。

9.遇到忘记单词、找不到恰当词、忘记句型等的情况时，就改用其他办法把自己的意思表达出来，可以用近义词代替、用简单句解释或向说话的对方求助。

10.在英语会话中，尝试猜想对方下一句可能要说什么。

11.留心自己的英语口语表达的错误，以便改正。

12.别人讲英语时，集中注意力去听，并模仿标准的发音（可以跟着教师、音频、视频等标准发音模仿，从口型到音位，从语音到语调、从单音到复合音，从单词到句子）。

13.找人用英语聊天和交谈。

14.尽量找机会多说英语，积极参加口头汇报、看图描述、英语演讲、口头作文、主题辩论、小组研讨、原声电影配音等的口语活动。

15.对提高自己的英语口语水平，确定明确的小目标。

16.即使害怕自己说错，也鼓励自己说英语。

17.说英语时，注意自己是否有紧张的情绪。

18.写英语学习的日记，记录自己的学习心得。

19.和同学或老师交流自己学习英语口语的体会和感受。

20.在对话中听不懂对方时，就请说慢一点或重复。

21.说英语时，请对方注意和帮助纠正错误。

22.向英语讲得好的人学习和请求帮助。

23.在英语口语练习中，有问题时敢于提问，当即解决。

24.背诵精选的素材，如精品范文、优美段落等。

25.通过原文中的核心词、重要句型等复述已学过的材料。

26.通过自思、自语等方式进行自我英语独白。

27.在练习口语时，首先鼓励自己勇于开口，然后再追求流利。

28.设法利用微信、手机、电视机、电影等，眼睛看，耳朵听，口模仿，做到视听说相结合。

29.练习时，先从单词、短语、简单句开始，然后逐步过渡到长而复杂的句子。

（四）阅读策略

1.读前策略

（1）平时，要制订详细的阅读训练计划，包括阅读材料的选择和时间安排。

（2）为了获得知识、拓宽视野、增加智慧而阅读英文内容。

（3）阅读并不只是为了在考试中获得高分，而是提高自己的综合能力。

（4）英语阅读前，树立信心去理解材料。

2.读中策略

（1）阅读时通过眼睛扩大视距的方法，以加快浏览和阅读的速度。

（2）运用略读，快速掌握文章的大意，比如，浏览题目、图片、特殊符号、图表、段首句和段尾句。

（3）运用寻读和跳读等技巧，快速寻找所需的信息，如根据图表、数字、排版、字母顺序等寻找文章中的某些特定信息。

（4）对于不同类型的文章，阅读时考虑使用不同的方法。

（5）阅读中遇到困难时，设法克服困难继续下去。

（6）对于自己比较熟悉 主题的阅读材料，可以根据自己的已有知识进行推测。

（7）阅读中遇到生词，不必总是通过查词典解决。

（8）通过构词特征、同义词、反义词、解释性词语等方法，猜测阅读中遇到的生词。

（9）对于自己认为不重要的、不影响理解的生词，在阅读时候就跳过去。

（10）重视阅读中的连词、过渡语，以及各种表明作者观点和态度的词语。

（11）对于长难句，通过分析句子结构来理解。比如，把长句和难句化繁为简，先根据主谓宾判断是复合句还是并列句，再找连接词，拆分为一个个简单句，最终简化为句子的主干结构。

（12）阅读中，抓关键词、关键句。

（13）阅读中，不必逐字逐句地细读、翻译文章。

（14）阅读中，会通过题目和图片猜测文章的大意。

（15）阅读中，注意文章的体裁类型及其写作特点。

（16）阅读时，着重关注和理解文章的主题句。

（17）阅读中，提取出文章中的信息要素who、when、where、what、how、why等。

（18）阅读中，用自己熟悉、习惯的符号勾画出重要信息、词句，尽量不用汉语标记。

（19）阅读中，尽量不要把文章翻译成中文去理解。

（20）阅读中，根据作者的措辞，推理、判断和领会文章隐含的"弦外之音"，推断和预测其思想、观点以及情节走向。

（21）阅读中，通过上下文来理解整篇文章，注意不要打破文章的整体性。

3.读后策略

（1）扩大词汇量，以便提高阅读能力。

（2）经常读英文资料，如电子文章、报纸、杂志等，扩大自己的阅读量。

（3）通过图书馆和网络等资源，获取阅读信息。

（4）对自己的阅读方法进行自我评价、检验和反思。

（5）通过分析自己在阅读中的困难和不足之处，找出策略方面的薄弱环节并加以改进。

（6）与老师或同学交流自己的阅读体会和经验。

（7）通过借鉴他人有效的阅读方法，来调整自己的阅读方法。

（8）主动查找资料，向他人请教关于阅读方面的问题和技巧。

（9）接触到新的方法后，进行针对性的阅读训练。

（10）及时总结阅读训练中的成功经验，以便进一步提高。

（11）根据自己的总结，找到适合自己的阅读方法。

（五）写作策略

1.写前策略

（1）日常学习中选择背诵精彩的词、惯用短语、句子、范文，以储备写作素材。

（2）经常练习用英语词汇造句，经常模仿英语句子的结构造句。

（3）经常用英语写日记或随笔，可以锻炼写作能力。

（4）写英语作文之前，注意花点时间研读写作要求。

（5）写作前，看完题目要求后，在脑海中先构思写作思路。

（6）在动笔之前，先写出提纲。

（7）看完题目，以头脑风暴想一些与题目相关的关键词、单词、短语。

（8）平时练习写作前，查阅与题目相关的资料。

（9）在平时写作之前，先与同学讨论交流。

2.写中策略

（1）写作中，边写边对照提纲。

（2）写作中，用英语思考，尽量用英语思考，避免用汉语思考。

（3）写作中，如果遇到不会写的单词，不要停下去查字典，可以找替代词。

（4）平时写作中，如果有问题，感到写不出来时，询问其他人，如同学或老师。

（5）写作中，关注单词的拼写及标点符号。

（6）写作中，考虑用必要、合适的连接词汇，以保证文章的通顺。

（7）写作中，可以套用常用的作文模版。

（8）写作中，注意检查是否有语法错误。

（9）写作时，排除其他干扰因素，集中注意力，一气呵成地把文章写好。

（10）鼓励自己尽量把刚学过的词汇、句型、谚语等用于自己写作中。

3.写后策略

（1）完成写作后，先自己复查和修改。

（2）完成写作后，请同学或老师帮助修改。

（3）修改时，改正拼写、语法、标点等错误。

（4）修改时，考虑内容是否表达清楚，并对其进行必要的增删和调整。

（5）修改时，接纳和参考他人的意见。

（6）把自己写的英语作文保存汇总，用以观察一个阶段的写作水平提高了多少。

（7）老师或同学批改自己的作文后，仔细研究、订正、修改被指出错误的地方。

（8）老师把作文发回时，比较本次作文与前几次的得分。

（9）老师把作文发回时，比较自己和其他同学的作文。

（10）老师把作文发回时，关注老师的评语，仔细体会其指向。

（11）与同学或老师交流自己用英语写作文的感受。

（六）词汇学习策略

1.学了新单词后，反复念、读这些新单词。

2.学习单词，不能主要靠背书中的单词表，一个词挨着一个词地背。

3.对记单词要有信心，能坚持经常复习。

4.学习中遇到不会的单词时，可以先尝试猜测它的意思。

5.感到某个单词记忆困难时，能想方设法解决。

6.感到单词学习枯燥、没意思时，尝试寻找有趣的方法。

7.当不会生词的发音时，向同学或老师请教。

8.可以根据音标和字母对应的发音规则记单词，拼写时一边大声读一边写。

9.当学一个新单词时，要看看这个词有什么特征，然后把它跟有关的已学单词联系起来记忆。

10.记忆单词时，注意寻找规律，根据词根、词缀、同义词等来记忆。

11.按照事物的分类，把表示同类事物的单词放在一起记忆。

12.经常把搭配在一起使用的词组或用法相同的词放在一起记忆。

13.把新单词放在词组和句子里，将词组和句子一起记忆。

14.单词要放在课文里或句子中记忆，不要孤立地记。

15.把所学的生词及其用法记在生词本上。

16.将课堂内外遇到的一些词汇，随时记录下来。

17.刚学到的单词，要经常在说和写的活动中使用。

18.和同学一起学习单词,以便互相帮助,提高单词记忆效果。

19.找一些窍门、顺口溜、思维图等帮助记忆。

20.通过前后句子、上下文、同义词、解释等语境,来猜测生词的意思。

21.通过广泛阅读来扩大词汇量。

22.特别关注使用率高的单词,并有意识地去记忆它。

23.学过的单词,尽量将其使用在各种学习、生活情景中。

24.学过的单词,在使用时,需要注意它的使用场合和文化背景。

25.做完英语作业,要检查一下,若发现单词有拼写错误,及时改正。

26.当读错或写错单词时,要想想到底是什么原因造成的错误。

27.定期复习已学过的单词,遇到默写不出来的单词就抄写几遍或读几遍。

28.规定自己每天或每星期要记多少单词。

29.每过一段时间,要检查一下自己记单词的方法,要是效果不好,就考虑改用别的方法。

30.与老师、同学等人交流学习词汇的心得和体会,并注意吸取好的方法。

(七)翻译策略

1.增减译法

(1)在汉译英时,尽量用含有完整句子成分的句子来表达。

(2)在汉译英时,遇到汉语无主句的时候,一般都要根据语境补出主语,使句子完整。少数句子翻译可用英语祈使句、被动语态或"There be…"结构来翻译。

(3)在汉译英时,遇到人的器官、归某人所属的物品或与某人有关的事物时,要增补物主代词。在英译汉时,又需要根据情况适当地删减物主代词。

(4)在汉译英时常常需要增补连词,以表达英语词与词、词组与词组以及句子与句子的逻辑关系。在英译汉时,往往需要去掉连词,通过上下文和语序来表示这种关系。

(5)汉译英时,注意给英语句子补充介词、冠词,而在英译汉时,则要去掉这类词。

（6）在汉译英时，需要注意增补一些原文中暗含却没有明言的词语和一些概括性、注释性的词语，以确保译文意思的完整。

（7）英译汉时，删去一些可有可无或违背中文表达习惯的词。

2.重译法

（1）在翻译时，有时为了忠实于原文，不得不重复某些词语，否则就不能忠实表达原文的意思。

（2）在汉译英时，用重复的英语词语、句式、修辞等。

（3）在英译汉时，用重复的汉语表达词语、句式、排比等。

3.转换法

（1）在翻译过程中为了使译文符合目标语的表述方式、方法和习惯，而对原句中的词类、句型和语态等进行转换。

（2）在词性方面，把动词转换成名词、形容词、副词、介词；把名词转换为代词、形容词、动词；把形容词转换成副词和短语。

（3）在句子成分方面，把主语变成定语、状语、宾语、表语；把谓语变成主语、定语、表语；把宾语变成主语；把定语变成状语、主语。

（4）在句型方面，把并列句变成复合句，把复合句变成并列句，把状语从句变成定语从句。

（5）在语态方面，汉译英时，可以把主动语态变为被动语态，而在英译汉时，常将被动语态变为无主语的主动语态句，以便使译文显得地道而自然。

4.词序调整法

（1）英汉互译时，对词序做必要或必不可少的改变。

（2）英译汉时，注意把句子按照与汉语相同的语序或表达习惯译成英语，例如，在翻译地点时，注意汉语的词序排列方式是先大地点后小地点。

（3）汉译英时，注意把句子按照与英语相同的语序或表达习惯译成汉语。例如，在翻译地点时，注意英文习惯上是排列先小地点后大地点。

（4）翻译时，注意英汉表达中定语和状语的次序的调整。在汉语中，定语和状语往往位于被修饰语之前；在英语中，许多修饰语常常位于被修饰语之后。尤其注意英语长句译成汉语时，需要把英语后置成分按照汉语的正常语序放在中心词之前。

（5）英译汉时，把英语长句按照汉语的表达习惯进行前后顺序的调换，或按意群进行全部倒置，原则是使汉语译句顺序符合现代汉语的一般叙事逻辑顺序。

5.肯否定转换法

在翻译时，注意否定结构的翻译，有时必须把文中的肯定说法变成译文中的否定说法，有时又必须把原文中的否定说法变成译文中的肯定说法。其间，需要特别注意部分否定和双重否定的现象。

6.拆或合法

（1）遇到一个长而复杂的句子时，需要考虑使用拆句法，把其拆开翻译成若干个较短、较简单的句子。

（2）如果汉语长句中含有几个平行的子句，各讲一个方面的内容，就可以采用分译法翻译为英语。

（3）汉译英时，遇到若干个短句，可以使用合并法，把它们合并成一个英语长句。

（4）汉译英时，需要注意利用连词、分词、介词、不定式、定语从句、独立结构等把汉语短句连成英语长句。

（5）英译汉时，需要在原句的关系代词、关系副词、主谓连接处、并列或转折连接处、后续成分的连接处，将长句切断，翻译成一些汉语分句。

（6）汉译英时，把难以处理的句子成分，用破折号、括号或前后逗号将其独立出来，插入译句中，如使用同位语、插入语或定语从句。

第四节　英语听说读写译策略培训实践

本节围绕英语学习策略培训，首先从应用型院校学生的问题诊断切入，摸清学生的学习策略现状，然后展开策略培训实验研究，探索依托课程进行策略培训以改善学生英语学习的教学模式。

一、应用型院校学生的问题

为了使策略培训有较强的针对性，首先需要对应用型地方本科院校学生进行分析，摸清其生源地状况、策略意识和策略培训需求等的初始状态。山西省长治学院是近年高校转型的过程中出现的一所应用型本科高校，它具有一般应用型高校的特征。以该校84名新生的情况来分析应用型高校学生的问题所在。

（一）生源基本状况

应用型高校学生与普通高校学生相比，有其特殊性，生源入学成绩较低，前期学习基础较薄，"先天不足"是他们的现实状态。这种状况是应用型院校的教学起步点，是开展针对性教学的重要依据。为了解应用型高校学生的高中所属地，结果发现63%的学生来自县级中学，7%的学生来自乡镇级中学，27%来自普通市区中学，只有3%来自省会城市中学。绝大多数学生的高中所在地处于相对落后的县乡地区，其教学基础、教师水平、教学资源环境等的弱势状态，势必会严重影响其教学质量，有些学生有语音误读、语调失常、听了不懂、说时不会、写不地道及读速缓慢等问题，严重影响了语言的美感和表达应用功能。所以，生源地是应用型院校开展教学必须顾及的一个方面。

（二）策略意识状况

思想是行动的指南。一个人的策略意识决定着其策略使用的行动。对学生策略意识调查旨在了解学生对学习策略的认识状态。问卷中的四个问题是有一定的梯度性的多选题，从"概念"到"拥有"再到"使用"和"调整"，层次逐步递进。调查结果表明，多数新生表示他们并没有听说过"英语学习策略"，约80%的学生都没有一定的英语学习策略，高于70%的学生在英语学习中不能有意识地使用策略。以上情况说明大多数学生既"没有听说过"学习策略，也没有掌握一定的学习策略，更谈不上在英语学习中有意识地使用策略。

（三）策略培训需求

在策略培训意愿方面，接受调查的学生，100%都认为有必要了解英语学习策略，都愿意参加策略培训，都认为策略培训可能提高自己的英语成绩；在策略培训时机方面，87.1%的学生希望在大学第一个学期受到策略培训，12.9%希望在第二个学期进行。尽管问卷中设计了第三、第四学期，但根本无人选择。显而易见，多数学生希望第一学期就能得到培训；在策略培训的技能类型方面，选项中包含听、说、读、写、译、词汇学习策略。被调查学生的策略培训需求倾向度依次为：听力策略88.6%>口语策略80.2%>阅读策略78.3%>词汇策略76.7%>翻译策略70.1%>写作策略61.4%。显然，六种策略的倾向人数都超过了半数以上，说明多数学生向往全面语言技能的策略培训，这种需求为策略培训内容指明了方向。

二、策略培训的研究目的

科恩（Cohen，1998：70）认为，英语学习策略培训能帮助学生"创建个性化学习系统，选择有效的策略完成不同的学习任务，对自己的学习承担更多的责任"。策略培训的目的在于帮助学生掌握策略，学会根据具体的任务选择恰当的策略，并能自我指导、自我调整地进行自主学习。在策略研究领域，学者们肯定了策略培训的必要性，并提出了丰富培训类别、方式、框架。奥克斯福德（Oxford，1990）强调要培训策略意识，构建了"策略+控制力"的培训框架。查莫特（Chamot，2004）提出了循环性训练框架。文秋芳（1996）、徐锦芬和寇金南（2011）、高黎、陈唐艳和曾洁（2012）也初步探索过策略培训的模式。这些研究都是对如何开展策略培训的有益探索。

然而，研究对象不同，策略培训需求也会不同。这里以应用型院校的学生为研究对象，探索明晰式策略培训模式。具体探讨以下问题：①明晰式策略培训教学能否提高学生的英语学习成绩；②明晰式策略培训教学能否改善学生的策略使用水平。希望通过本实验能给英语策略培训模式提供一些启示。

三、研究设计

本研究采用实验法，实验对象是长治学院本科一年级旅游专业两个自然班学生，实验班43名学生，对照班41名。两个班学生以平行班的方案分班，所以成绩基本相当。研究工具包括策略记录卡、调查问卷、期末考试英语成绩和SPSS等。

通过对实验班和对照班进行第一次问卷调查，了解学生英语学习策略使用状况。接着，对实验班开展明晰式策略培训模式教学，对照班采用传统的常规教学法。在教学中，实验班定期上交策略记录卡，跟踪记录自己的策略掌握情况并自评。期末，收集对两个班的期末考试成绩对比；对两个班再次进行问卷调查，以对比实验班和对照班的策略使用状况；分析实验班上交的策略记录卡，掌握其对策略教学的满意度。

四、研究过程

（一）实验前策略使用水平问卷调查

开学初，对实验班和对照班学生进行了英语学习策略问卷调查。问卷采用语言学习策略量表SILL，根据学生情况略作修改，包括45项策略。结果显示（见表4.2），实验班的评价分为2.80，对照班2.89。

表4.2 两个班前测策略使用水平

	班级	N	平均值	标准差
前测策略	实验班	43	2.80	0.488
	控制班	41	2.89	0.414

独立样本t检验结果显示（见表4.3），两组方差等同性检验的显著值为0.197>0.05，这说明方差具有齐性。双侧检验的显著值为0.343>0.05，这说明两个班在实验前的策略使用水平无显著差异。

表4.3 两个班前测策略差异t检验

	方差等同性检验		平均值等同性t检验	
前测策略	F	显著性	t	显著性（双侧）
假定等方差	1.689	0.197	−0.953	0.343
不假定等方差			−0.953	0.344

（二）开展实验教学

英语学习策略培训采用明晰式英语学习策略培训模式，开展一个学期的实验教学。

1. 理论基础

奥克斯福德（Oxford，1990：204）提出了策略培训要有清晰明了的步骤。科恩（Cohen，1998：65）指出策略培训需要和课堂教学融合，只有在真实自然的学习活动中，学习者才能练习、使用、强化策略。可见，学习策略的教学并非枯燥的讲解，而是需要融入教学实践。据此，以英语应用能力的培养为目的，设计了明晰式训练（explicit instruction）模式，即将策略培训直接明了地融入外语教学活动中，使其成为日常教学的一个组成部分。

2. 培训内容

依据实验前对学生策略培训需求的调查，学生渴望听、说、读、写、词汇、翻译的全语言技能的学习策略培训。所以，本实验依托英语课程教学，融入学习策略培训，结合课本内容，操练听、说、读、写、译，在学中用，在用中调节。

3. 培训原则

清晰明确地说明策略培训目的、方法，帮助其树立策略意识，而非潜移默化进行；策略培训融入日常教学，贯穿到听、说、读、写、译的具体学习任务中，而非单纯的理论讲解；针对同一种任务，训练综合应用多种策略完成的能力，而非单一的策略训练；为了调动学生的学习状态，学习任务之下的策略活动设计应多样化、情趣化、意义化，而非枯燥乏味的操练；以目标策略训练为主线，结合课程单元内容，循环性训练，适当复习巩固已学策略。

4. 训前准备

培训前确定教学对象为一年级新生。这是根据前期策略培训意向调查结果做出的规划。新生普遍好奇心强、求知欲强、处于大学高中交替困惑期、乐于接受新方法。新生接触策略越早，越利于尽早掌握策略，及早提高英语学习效率，为整个大学英语学习奠定坚实基础。所以，以新生入学后的第一学期为实验阶段。对实验班进行明晰式英语学习策略培训，对照班仍然采用传统教学模式。此外，编制融入策略培训的教学大纲，拟定教学内容、授课进程和策略训练模块。

5.培训流程

实验时间为大一第一个学期,13周,每周4课时,依托英语日常课程教学进行,分"三阶段、三小步"(如图4.1)有序开展。

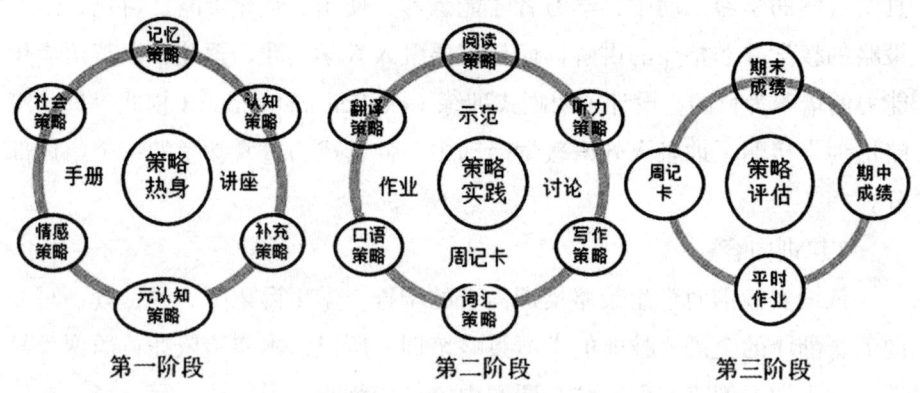

图4.1 "三阶段、三小步"

第一阶段,热身准备。帮助学生树立学生策略意识。下发介绍综合策略和词汇、听、说、读、写、译的学习策略小手册,开展专题讲座与课堂讲解。明确介绍记忆策略、认知策略、补偿策略、元认知策略、情感策略、社会策略等综合性,帮助学生认识了解策略。记忆策略用以识记新信息和温习已学知识,如分类、背诵、回顾、联想;认知策略用以理解和生成语言,如课前预习、做笔记、推断、分析、总结和练习;补偿策略用于弥补现有知识不足时,设法理解新的语言知识或表达自己,如从上下文推测词语意思或迂回表达;元认知策略指学生调节管理自我的活动,如要求自己集中注意力,主动寻找机会练习听说读写译,积极制订语言的阶段性学习计划,评价自己的学习效果以及修正不足;情感策略用于管理规范情绪,如树立自信、增强毅力、减少焦虑和鼓励自己放松;社会策略指通过换位思考、移情作用与他人合作学习共同进步,如质疑沟通、合作学习、了解语言文化背景知识。

第二阶段,教学实践。依托英语课程课堂教学形式,结合每单元的词汇、听、说、读、写、译六大内容,根据教学进度,每单元侧重围绕一种策略训练,依次是词汇策略、听力策略、口语策略、阅读策略、写作策略、翻译策略。本阶段分为三步:第一步,教师明确介绍、举例示范具体的技能策略使用。第二步，学生试用策略。教师针对教材中出现的内容，布置相应作业，要求学生使用相应的策略完成，之后及时交回，每两周上交一次作业。练习策略中，围绕重点策略，同时兼顾已学策略的迁移使用。每类策略培训约占两周时间。第三步，学生填写相应的双周反馈卡。每两周使用学习策略记录卡记录策略掌握、使用状况，在小组内讨论、分析、反思不足，总结收获，然后上交。教师根据记录卡督导、评价，帮助学生调整和修正。然后开始下一个目标策略培训的新周期。

第三阶段，评估效果。将策略培训纳入到学生综合成绩评价体系，构成过程性评价的一个组成部分。学生作业和双周记录卡的完成情况，记入学生的平时成绩中，促进其对策略的掌握。

五、结果与讨论

（一）后测英语成绩对比

一个学期的实验结束后，收集和对比实验班和对照班的英语课程期末成绩（见表4.4）。实验班均分为75.54分，对照班为69.02分，前者高于后者。

表4.4　两个班后测成绩

期末成绩	班级	N	均分	标准差
	实验	43	75.54	8.10
	对照	41	69.02	7.63

独立样本t检验结果显示（见表4.5），方差等同性的显著值为0.552>0.05，这说明方差具有齐性，平均值的等同性t检验结果要依据第一排"假定等方差"中显著值（双侧）判断，而0.000<0.01，由此判断差异非常显著，说明实验班的后测英语成绩显著高于对照班。

表4.5　两个班后测成绩t检验

期末成绩	方差等同性检验		平均值等同性t检验	
	F	显著性	t	显著性（双侧）
假定等方差	0.357	0.552	3.837	0.000
不假定等方差			3.837	0.000

（二）后测策略使用对比

实验教学结束后，针对英语学习策略使用水平，实验班和对照班再次参加了英语学习策略问卷调查，调查结果见表4.6。实验班策略使用频率均分为3.42，对照班均分为2.98，前者高于后者。

表4.6　两个班后测策略使用水平

后测策略	班级	N	平均值	标准差
	实验	43	3.42	0.33
	对照	41	2.98	0.48

后测策略使用水平独立样本t检验显示（见表4.7），方差等同性的显著值为0.004<0.05，说明该方差不具有齐性，需要根据第二排中"不假定等方差"的平均值的等同性t检验值来判断，0.000<0.01，由此判断两个均分之间存在非常显著的差异，实验班的策略使用水平显著高于对照班。

表4.7　两个班后测策略t检验

后测策略	方差等同性检验		平均值等同性t检验	
	F	显著性	t	显著性（双侧）
假定等方差	8.688	0.004	5.009	0.000
不假定等方差			5.009	0.000

对照培训前、后实验班和对照班的策略使用水平发现，一个学期后，实验班从2.80提升到3.42，对照班从2.89提升到2.98，两个班的策略使用水平都有提升。但是，t检验结果说明，对照班的策略使用均分虽然提高了0.09，涨幅较小，且不明显，而实验班的策略使用均分则提高了0.62分，升幅较大，且增长明显。

（三）策略培训的满意度

实验班每两周提交一次学习策略培训记录卡，43人，每人上交7份，通过记录，进行分析反思，在反思中调整，在调整中提高学习效率，同时表明自己的满意程度。期末，根据学生期末考试成绩由高到低，将全班学生分成三档，分为优生14人、中等生15人、后进生14人，然后对应三类学生分别统计第7周和第13周记录卡的满意度，三类学生分类计算。抽取该时间段记录卡是因为第7周为期中考试时间，第13周为期末周。因此，第7周和第13周的记录卡基本能代表性地反映学生期中前、后两阶段对策略培训的满意度，调查结果见表4.8。

表4.8 策略培训满意度

阶段	满意度	优生14人	中等生15人	后进生14人
第7周	满意	50.2%	37.4%	28.3%
	不满意	22.5%	19.4%	51.6%
	还需调整	27.3%	43.2%	20.1%
第13周	满意	80.7%	87.2%	90.2%
	不满意	10.2%	4.1%	5.4%
	还需调整	9.1%	8.7%	4.4%

1.前期的满意度

前7周，学生接受了意识培训，了解了记忆、认知、补偿、元认知、情感、社会六类英语学习策略，主要完成了词汇策略和听力策略训练。

从"满意"率看，优生对学习策略培训的满意率为50.2%，中等生为37.4%，后进生为28.3%。只有优生的满意率超过半数。前期基础好的学生，接受策略信息较快，能较快地把所学策略融入当前学习任务中，所以满意度较高。中等以下学生，英语基础薄弱，对策略的感受和体验较缓慢，所以学习效果不是很好。这说明短期培训对优生效果要好。

从"不满意"率看，优生占22.5%，中等生19.4%，后进生最高占51.6%。后进生的情况与接受能力有限、自信心不足有关，说明他们更需要鼓励和支撑，以获得战胜自我的信心。

从"还需调整"率看，优生占27.3%，中等生43.2%，后进生20.1%。显然，中等生的"还需调整"率最高，说明他们比已掌握了一定策略的优生更愿意调整策略，比自信心不足的差生更希望通过培训改善自己的学习方法，策略培训到中期走入他们的"最近发展区"。

2.后期的满意度

从第8至第13周，接着开展了以口语策略、阅读策略、写作策略、翻译策略、翻译策略为主的培训及其他策略的巩固。随着策略训练的进程的推进，学生的策略也不断完善。

从三类学生看，优生满意者占80.7%、不满意者占10.2%、还需调整者占9.1%；中等生满意者占87.2%、不满意者占4.1%、还需调整者占8.7%；后进生满意者占90.2%、不满意者占5.4%、还需调整者占4.4%。经过一个学期的策略培训，三类学生的满意者都占到80%以上。

后期，三类学生的"满意"度依次为，后进生（90.2%）>中等生（87.2%）>优生（80.7%），说明策略培训越到后期，基础薄弱的学生越感到有收获。其中，后进生的满意率最高，这说明他们比中等生和优生需要更长的时间的培训，才能收到一定的成效。在后期，多数中下等生能对策略培训满意，乃是本策略培训面向应用型院校学生开展的初衷。

六、结论和启示

通过调查问卷和实验相结合的研究方式，对大学一年级学生开展了依托英语课程融入策略培训的教学实践。研究得出，依托课程的明晰式策略培训可以有效提高学生的成绩，利于提高学生的策略使用水平，取得了令学生满意的培训效果。从微观视角验证了"策略培训的确能有效促进第二语言学习"（秦晓晴，1996：5）的观点，对英语学习策略培训教学有一定的启示作用。

第一，应用型院校学生需要得到策略培训。"工欲善其事，必先利其器"。应用型院校学生英语基础较弱，学习中缺乏策略技巧，策略渴求度高，亟须得到学习策略的指导和帮助。教学中需要及早推出策略概念，培养策略意识，通过策略培训，帮助学生增强自主学习能力，为其四年的大学英语学习开好头、铺好路。

第二，依托日常课程教学开展策略培训。日常英语课程教学与学习策略培训可以同步进行，把策略培训作为教学的一个必要组成部分，而非权宜之计，正如文秋芳教授指出的："策略培训和外语教学融为一体的做法值得推广"（Cohen，2000：F25）。

第三，策略培训需要区分学生层次。策略培训的效果与学生的前期基础有关，基础越弱，培训需要时间越长。策略培训中，需要考虑不同层次学生的特征，及时分析学情。表扬接受快的优等生，鼓励他们帮助其他学生，带动全体；关注大面积的中等生，根据学习者的认知规律，不愠不急，稳扎稳打，满足他们的策略需求；鼓励能力有限的后进生，解决心理障碍，激发他们英语学习动机，提高自我效能感。

第四，策略培训需要抓好三个环节。培训前要精心准备，摸清学生情况，设计教学计划，编制策略手册，熟悉和挖掘教材的内容，找到策略的融入点；培训中要围绕听、说、读、写、译和词汇策略，积极练习、巩固、修正，及时记录和反思；培训后，通过批阅作业和跟踪记录卡，分析学生的不足，及时弥补、评价、反馈，为新策略的培训奠定基础。

第五章 阅读策略培训和思政阅读圈实践

英语阅读策略的掌握离不开教学实践尝试,也离不开教学理念的引领,还需要教学方法和手段的支撑。本章立足阅读,围绕阅读策略培训方法,依据新时代"立德树人"的教育方针,探索在教学中利用网络平台开展阅读策略培训的现代教学方法,尝试采用融入阅读策略的"阅读圈"方法开展阅读课程思政的实践方法。

第一节 英语阅读策略培训的研究

一、英语阅读策略培训的研究现状

英语阅读策略是英语学习策略的一个重要组成部分,阅读策略培训是总策略培训的具体化和深入化。

(一)英语阅读策略

"阅读是读者再现和理解书面信息的过程"(王蔷,2006:178),是语言输入的重要渠道,更是人们认识世界、获取智慧、润泽心灵的有效途径。阅读策略指"学习者为解决阅读中的困难而采取的行为过程"(Johnson and Johnson,1998:333)。具体而言,阅读策略就是"阅读者在阅读活动中进行有效阅读或解决阅读问题而采取的方式、技巧或行为,既是内隐的规则系统,也是外显的操作程序或步骤"(李炯英、秦智娟,2005:43)。

奥曼利和查莫特(O'Malley and Chamot,1990:45)根据认知阅读技巧和心理学中信息处理的模式类型,将语言学习策略分成了三种,包括元认知策略、认知策略和情感或社会策略。元认知策略主要用于规划、管理或评估认知策略的使用;认知策略用于具体的阅读活动任务,如速读、略读、跳读、猜词、利用上下文理解词汇和内容等;社交情感策略则用于人际交流合作、对情感的管理和控制。

（二）英语阅读策略培训的相关研究

语言学习策略训练指"教师指导学生在学习和使用语言过程中，根据需要有效地运用策略的活动"（程晓堂、郑敏，2002：135）。国外，对英语阅读策略培训的大量研究表明，阅读策略培训有助于改善学生阅读策略使用情况，从而提高学生的整体考试成绩和阅读水平（Pearson and Fielding，1991；Auerbach and Paxton，1997；Song，1998）。很多学者倡导应当把策略培训融入课堂，使其成为课程教学的一个组成部分，并且支持策略培训显性化（Oxford，1990；O'Malley and Chamot，1990；Nunan，1997；Cohen，2000）。Cohen（2000）创立的"基于学习策略的教学"（SBI），就采用了将策略培训融入课堂教学的方式。

国内学者也对阅读策略培训进行了探索和实践，同样证明阅读策略培训与大学生阅读理解能力存在显著的正相关（孟悦，2004；耿珣、徐晟，2014；王利娜、吴勇毅，2017），还确认了元认知策略在非英语专业的师范生阅读中具有可教性（潘黎萍，2006），并验证了快速阅读策略对理工大学生的课堂教学的有效性（马红、林建强，2007），且证实了策略培训融入大学生阅读教学中具有可行性（马刚、王娟，2010），还认识到"显性阅读策略培训能够有效影响学生与文本的互动能力并进行批判性阅读"（陈则航，2016：14）。

但是，以上的研究对象主要集中于大学生，对于基础阶段学生的研究并不足；培训方法方面，主要采用单一的传统课堂教学进行，没有现代计算机网络平台的及时诊断和评价。实际上，我国高中生群体较大，分布广泛。由于处于基础教育阶段，高中生学习方法尚未完全定型，学习策略可塑性很强。2017版《普通高中英语课程标准》确定的英语学科培养的四大核心素养之一，就是培养"学习能力"，并指出"重视对学生学习策略的培养，有意识地引导学生学习并尝试使用各种学习策略"，同时强调"开展线上线下的混合式教学"。因此，本研究尝试将阅读策略培训嵌入日常英语课程教学活动中，运用计算机网络平台的评价工具，跟踪诊断学生的阅读策略迁移状况，以此探索针对高中生开展阅读策略培训的方法。

（三）高中生阅读策略现状

在培训之前，需要摸清高中生的阅读策略使用状况，弄清高中生阅读技能培训弱点。针对这两个问题，在第三章第六节已经探讨过。现回顾如下：

　　对于学生的阅读策略使用状况，通过"优珍学"平台对196名高中生的问卷调查发现学生的策略使用状况并不乐观。学生元认知策略、认知策略和情感或社会策略使用的总均值为2.97分。根据奥克斯福德（Oxford，1990）的划分，该分值位于2.4～3.4分之间，属于一般水平，高中生亟须得到相关培训。其中教学是一个重要原因，由于长期以来"高中英语教师对学习策略指导不能够做到系统、全面，而且手段简单，效果不明显"（杜小梅、焦艳存、王振力，2011：87）。当前，学界已经开始关注教师在策略培训中的重要教学作用，比如，欧盟纲要提出"教师应了解外语学习策略，帮助学习者掌握和发展时间管理、进度监控、学习评估等的具体策略方法"（仲伟合、王巍巍，2016：6）。

　　对于学生的阅读技能状况，通过"优珍学"平台测试，发现学生的理解主要观点（58分）、找出细节信息（56分）、推测生词含义（53分）三种技能不及格，属于薄弱技能，需要得到重点培训。同时，理解主旨大意（73分）、确定句间逻辑（83分）两项虽然达标，但是仍然有提升空间，需要兼顾性培训。

　　基于高中生现有的阅读策略使用状况，以及当前策略培训的研究现状，拟定此处探讨的主要问题是：融入课堂教学的网络培训，对于提高高中生的阅读水平和阅读技能有无作用？高中生在策略培训前后，对培训有何态度变化？

二、实验设计

（一）实验对象

　　实验对象为前期参加"优珍学"阅读策略调查和技能诊断的山西省长治市高一两个自然平行班，分别被确定实验班和对照班。实验前，收集统计两个班的中考成绩，实验班中考英语平均分为105.24，对照班为105.80。两个班成绩差异的独立样本t检验表明无显著差异。两个班由同一名教师授课。在实验前，教师学习阅读策略相关知识，在备课中遴选教学内容，识别策略的切入点，结合教材已有活动，补充设计新的任务，熟悉网络"优珍学"诊断系统的操作和使用。"优诊学"主要用于诊断测评高中生英语能力。其运作模式是"诊学相结合",通过"测试诊断、报告建议、专练推送"的环节,诊断和评价学生英语学习中的不足,及时为师生提供反馈和建议。

(二)实验方案

培训分为三个阶段完成:培训前、培训中和培训后。在策略培训之前,根据学生策略需求和阅读微技能弱项,充分分析实验的教学条件和教材板块特征,据此设计教学活动;培训中,对实验班学生采用显性培训模式,即帮助学生树立策略意识,下发阅读策略清单,依托英语教材的具体内容,将策略培训融入日常的课堂教学中,利用网络平台进行有规律阶段性诊断,及时出示诊断报告并提出针对性建议,推送针对弱点的相关练习题,同时学生每半月登录一次平台,填写培训反馈卡,评价自己的培训效果;培训后,对实验班和对照班阅读微技能进行测定,并分析半月反馈卡的态度变化趋势,评估策略培训效果。

1.培训模式

策略培训采用明晰式的策略培训模式,以融入日常教学的SBI模式为基础,借鉴显性培训CALLA模式,采用明晰式培训模式,即以明白清晰、直截了当的显性培训方式,将阅读策略对接应用于培养学生的阅读微技能,形成策略与技能的双维度培训方式。线下,学生树立策略意识,开展课堂阅读活动任务,适时使用恰当阅读策略。线上,利用网络平台定期测评学习策略迁移状况。策略培训的时段集中于高一第一个学期。具体步骤如下:

(1)课前树立策略概念

开展讲座或报告。此时,不是培训具体的策略,而是帮助学生树立策略观念意识,动员学生明确本次培训的目的和意义,从心理上先入为主,激发兴趣和鼓励自信。教师依托教材内容,选择对接策略,设计即将培训的语言任务。

(2)课上练习策略使用

教师下发阅读策略清单,通过有声思维的方式,结合课程教学内容向学生示范策略的使用方法。学生对照策略清单,同桌之间互相讨论,感知和理解具体策略。将策略嵌入具体的语篇学习任务中，教师创设阅读问题和互动活动等语境化练习机会，鼓励学生实践所学的策略，将其迁移到相似的情景中。学生在活动任务的驱动下，运用具体的阅读策略学习课文，比如：通过认知策略，自上而下地阅读语篇，获取语篇概要，掌握文章主旨大意；在主题语境下，根据上下文的图片和语篇用词倾向、构词规则、文化常识等多模态信息，合理推测生词含义及指代对象；根据已知细节信息和过渡词句，梳理上下文逻辑关系；通过略读快速确定重点和难点，通过反复精读找到细节信息；能够在遇到长句、难句时，不紧张，保持冷静，并借助语法分析提取句子的主干成分；通过元认知策略和社交情感策略，限制自己的阅读时间和速度，并能进行阅读策略的选择，判断需要细读还是速读，需要略读还是扫读；关注文章的题目、段首句和段尾句、识别关键词、注意数字，从而推断和预测作者的写作意图，抓住文章的主要观点，并且鼓励自己要大胆地评价文章观点，勇于阐述自己的看法；积极参与小组讨论、质疑、询问等，与他人增强互动性；读完后，针对阅读策略、阅读速度、阅读准确性等表现，进行自评或互评。

（3）线上练习诊断

利用"优诊学"的智能推送功能，进行配套练习，跟进培训进程。学生每两周登录一次平台，完成其智能配套练习。平台在练习提交后，会即时生成诊断性报告，提供试题分析、作答表现和策略建议，当即查看诊断报告然后推送配套练习。同时，教师可以跟踪查看班级诊断报告，从阅读策略、阅读技能、难度级别、试题难度四个维度进行个性化组卷，布置作业。

（4）线上反馈效果

学生每半月登录一次"优诊学"，填写策略培训态度反馈卡。学生在查看策略练习诊断报告后，对照阅读策略清单，展开小组讨论，分析阅读策略的不足，并在网络平台上填写策略培训态度反馈卡。反馈卡包括学生对三种策略（元认知策略、认知策略、社交情感策略）培训的反馈态度，采用莱克特5分级制量表。其中，第8周的反馈卡，代表学生的中期态度，第16周的反馈卡，代表后期的态度。

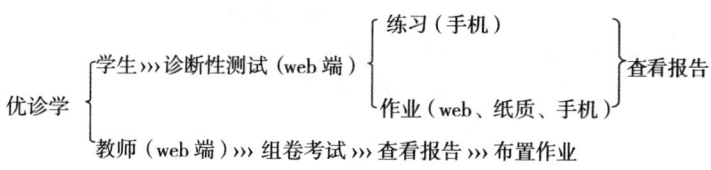

图5.1　"优诊学"应用流程（龙晋巧，2019：113）

2.培训内容

策略运用服务于语言技能的培养，阅读策略培训围绕8个维度3项策略展开，及自主、计划、监控（属于元认知策略）、解码、推理和预测、上下文、运用（属于认知策略）、社交情感策略，聚焦于提升学生的3项薄弱技能，分别是理解主要观点、找出细节信息、推测生词含义，同时兼顾另外两种技能：理解主旨大意、确定句间逻辑。教材主要利用人民教育出版社的《普通高中课程标准实验教科书英语必修1、2》中，每单元的课文教学进行。根据不同的课文内容，设计不同阅读活动，运用不同阅读策略，锻炼不同阅读技能。表5.1为阅读策略培训中策略、技能、材料融为一体的培训内容。

表5.1　阅读策略培训内容

周	培训策略		目标技能	依托教材的文本样例
1	总体	说明阅读策略的概念和作用	建立策略意识	奥曼利和查莫特（O'Malley and Chamot）的学习策略理论、英语教材、优诊学
2~4	自主计划监控	规划阅读时间、集中注意力、判断大意、找细节、寻找主题句、评估效果	1.浏览并预测大意 2.掌握主旨大意	主题：*The Road to Modern English*介绍英语的起源、发展和变化趋势。帮助学生了解英语特点，探究英语学习方法。 文本特征：以时间顺序描述英语发展历史，每段第一句为主题句。适合培训寻找主题句、归纳主题大意的策略

表5.1 阅读策略培训内容 （续表）

周	培训策略	目标技能	依托教材的文本样例
5~7	解码	自上而下获取大意、略读标注重难点、找关键词和细节、拎难句的主干	1.找特定信息 2.理解主要观点事实	主题：*Journey down the Mekong*是一篇旅行日记，记录姐妹俩计划沿湄公河旅行，为此两人讨论、查资料，体现了两种不同个性。 文本特征：叙事性强，事实突出，信息点多
8~10	社交情感	自我鼓励、冷静大胆、小组合作、观察他人的阅读方法、请教他人、讨论观点	1.理解文章观点、事实 2.推测生词含义	主题：*Elias' Story*是记叙文，讲述曼德拉帮助并对一名工人产生了积极的思想影响，展示了伟人博爱、勇敢的高贵品质。 文本特征：生词较多，需要梳理推断作者观点，适合小组学习
11~13	推理预测上下文	根据过渡词句梳理上下文逻辑、通过语法拎出长难句主干、根据前后缀、常识文化和语境猜测词义	1.确定句间逻辑关系 2.推测生词含义	主题：*In Search of the Amber Room*介绍了琥珀屋建造、转赠、改造、失踪、重建的过程，利于培养遗产保护意识。 文本特征：定语从句长难句较多，有图片语境，涉及历史文化，人物关系较复杂，需要理清句子前后关系
14~16	迁移运用	复述内容、总结大意、推断写作意图、评价文中观点、联系自身经历理解文章	1.评价作者观点、态度、立场 2.推测生词含义	主题：*How Daisy Learned to Help Wildlife*记叙文，以一名女孩的梦中经历，介绍了动物濒临灭绝的现状、原因，意在激发学生动物保护意识。 文本特征：故事性强，利于猜词，可以评价作者态度，构建动物保护措施

三、结果与讨论

（一）策略培训对阅读水平的作用

为了检测阅读策略培训是否有效，对对照班和实验班培训前、后的两次阅读成绩分别进行差异对比，独立样本t检验统计结果见下表5.2。

表5.2　训后实验班对照班整体阅读水平对比

班级	均值	标准差	独立样本 t 检验	
			t	Sig.（双侧）
实验班前测	19.48	4.05	0.26	0.80>0.05
对照班前测	19.17	4.97		
实验班后测	24.03	3.04	3.76	0.00<0.01
对照班后测	20.19	4.56		

策略培训前，实验班整体阅读水平为19.48分，对照班为19.17，独立样本双侧检验的差异显著值为0.80>0.05，说明策略培训前两班学生整体阅读水平无显著差异，起点相同。培训后，实验班阅读均值为24.03分，对照班为20.19，两个班阅读成绩独立样本双侧检验的差异显著值为0.00<0.01，说明两班的阅读成绩差异非常显著。该结果支持第二语言阅读策略课堂教学的有效性，证明了明晰式课堂策略培训对提高学生的整体阅读效果有积极的作用。

（二）策略培训对阅读微技能的作用

策略培训前和培训后，实验班和对照班两次登录"优诊学"平台，在教师监考下，学生同时上机完成五项阅读微技能测试，时间到系统自动交卷。测试的五项阅读微技能是：找出细节信息、推测生词含义、确定句间逻辑、理解主要观点、理解主旨大意，每种技能的测试题满分都是30分，下表5.3为两个班前后测的五种微技能对比的独立样本t检验结果。

表5.3 实验班和对照班阅读微技能对比

技能	组别	前测				后测			
		均值	标准差	t	Sig（双侧）	均值	标准差	t	Sig（双侧）
理解主旨大意	实验班	22.07	7.74	−0.16	0.88>0.05	26.48	4.22	2.11	0.02<0.05
	对照班	22.41	9.12			23.07	7.61		
理解主要观点	实验班	17.59	8.17	0.45	0.66>0.05	23.17	6.49	3.43	0.00<0.01
	对照班	16.76	5.64			17.72	5.56		
确定句间逻辑	实验班	25.52	6.32	0.72	0.48>0.05	27.62	2.82	1.72	0.09>0.05
	对照班	24.14	8.25			25.14	7.24		
推测生词含义	实验班	16.2	6.77	0.34	0.74>0.05	20.86	5.99	2.21	0.03<0.05
	对照班	15.52	8.70			16.79	7.90		
找出细节信息	实验班	16.03	7.95	−0.53	0.59>0.05	22.00	6.96	2.08	0.04<0.05
	对照班	17.07	6.88			18.24	6.79		

培训前，对两个班五项技能的双侧检验差异显著值均大于0.05，说明两个班的五种技能表现均无显著差异。培训后，有四项技能表现出显著差异，即找出细节信息0.04<0.05、推测生词含义0.03<0.05、理解主旨大意为0.02<0.05、理解主要观点0.00<0.01。其中，两个班理解主要观点的差异达到非常显著的水平。具体而言，实验班在五项技能中有四项显著高于对照班，在一定程度上证明策略培训利于广泛提高学生的阅读能力。

通过本阶段策略培训，聚焦的三项重点技能理解主要观点、推测生词含义、找出细节信息都得到了提升。同时也发现，理解主旨大意虽然只是本次培训的次要目标，但是实验班的该项成绩也有显著提升。这可能与本策略培训模式有关。研究采用的是显性特点突出的明晰式，所培训的学习策略中包含元认知策略培训，而"受显性策略培训的人，尤其是受元认知策略培训的人，较未受策略培训的人，在诸多语言任务中表现更出色"（Willams and Burden，1997：161）。该结果说明阅读策略之间具有相互连通性，元认知策略的掌握能促进学生调控使用其他策略，越是成功的阅读者掌握的策略越多，越善于根据场合的不同选择和灵活使用恰当策略。比如，学生理解文章主要观点的能力增强了，就有益于对全文的理解，就能较好地调控自我不再拘泥于局部语言形式，从而增进对文章主旨大意的理解。

另外，实验班的确定句间逻辑一项，培训后的均分（27.62）高于对照班均分（25.14），但差异显著值0.09，大于0.05，未达到显著水平，不过这也说明策略培训具有长期性、复杂性和挑战性。

（三）学生对策略培训态度的变化

学生每两周在平台上交一次"半月反馈卡"，以供教学参考。由于第8周为期中，第16周为期末，所以第8周和第16周反馈卡有一定代表性。下表5.4反映学生在培训中期和后期对策略培训的态度变化。

表5.4 实验班对策略的态度变化

阶段	第8周	第16周	变化值
元认知策略	3.83	4.07	+0.24
认知策略	4.12	4.91	+0.79
社交情感策略	3.41	3.5	+0.09
总均分	3.79	4.16	+0.37

在培训第8周时，教学进入中期，实验班学生对三种策略的培训效果的认同均值为3.79分，高于3.5分，说明学生们普遍欢迎这类阅读策略培训活动。到第16周时，学生的认同均值上升了0.37分，达到4.16分。说明学生在整个策略培训教学过程中，对策略培训普遍持认可和肯定态度，认为所接受的策略培训是有用的。

培训结束后，学生对元认知策略、认知策略和社会情感策略的认同值都有上升，不过学生对三种策略认同态度的变化程度有不同表现。

认知策略方面，学生的认同态度变化幅度最大，从中期的4.12分增长到后期的4.91分，升高了0.79分，远远超过了对元认知策略和社会情感策略培训认同态度的变化值。这可能与认知策略本身固有的特征有关。认知策略直接用于对学习内容的分析、记笔记、推理、归纳，包括复习、利用关键词、联系上下文、关注标题等，学生在对照阅读策略清单和接受培训后，就可较容易地直接用于阅读过程，所以培训见效显著且周期短，故而最受学生的欢迎。

元认知策略方面，学生的中期认同态度的平均值为3.83分，后期平均值为4.07分，升高了0.24分，这三项分值都低于学生对认知策略的相应认同值。这可能是由于元认知策略属于高层次管理行为，用于监控认知策略的实施，如用以读前判断运用略读掌握主旨大意还是通过细读推断作者观点、读中提醒自己集中注意力、读后自我评价获取多少信息，所以元认知策略掌握有一定难度。若想使学生完全内化和有效使用元认知策略，还需要延长策略培训的时间，帮助他们转变一些固有的不良学习习惯，成为学习的主人，真正感受到元认知策略的独特优势。

社交情感策略方面，学生的态度变化值为最小，仅升高0.09分。这可能与学生的心理活动有关。学生进入高中后，自我意识不断增强，同时课业学习难度增大，从而导致心理压力增大，引发了一些不利于学生英语学习的心理现象，如羞涩、焦虑、沮丧、紧张、害怕出错、担心老师批评、怕被同学嘲笑等，这些都影响了其对社交情感策略的态度。

四、结论

针对阅读策略，采用线上线下培训相结合的模式，进行了一个学期的明晰式策略培训实践，得出如下结论：将策略培训以明白清晰的方式融入日常的课程教学，使策略培训服务于阅读技能提升，可以增强学生的策略意识，避免策略和内容的分离，对提高学生的阅读策略运用水平和提升阅读技能有积极作用。同时，线上诊断，利于当即客观地诊断学生的问题，能为学生推送针对性的练习，便于随时查找和跟踪学生的策略迁移状况，为后续的教与学提供明确方向；学生对所培训阅读策略的认同态度呈上升趋势，普遍认为所培训的策略是有用的。

当然，没有放之四海皆准的策略培训模式，建议在策略培训的过程中，教师需要有支架意识，随着学生策略水平的提高，逐步减小支架力度，逐步提高技能要求；还要根据学生的反馈情况，不断调整培训方式，让学生感受策略的效力，保持期待的心理，积极跟进策略培训。当然，该实验研究也有一定局限性，策略培训的时间还不够长，研究样本还不大，有些策略的效果还未能体现出来，这也是我们需要进一步探索的方向。

第二节　阅读圈模式概述

阅读在外语教学中占有非常重要的地位，如何阅读历来备受关注，"阅读圈"（reading circles）就是外语阅读学习和教学的一个新兴研究热点。

一、阅读圈学习方式

"阅读圈"又称"文学圈"，是一种由不同角色组成小组，深入阅读和研究同一篇文本，并进行讨论与分享的阅读活动方式（Furr，2007）。它的主要做法是，在阅读课中，教师让学生以小组（一般为4~6人）为单位，组内同学在阅读的过程中，每个人承担一个角色，负责一项工作，运用阅读策略有目的地阅读，并完成自己负责的任务，读后进行讨论，分享自己的阅读成果。普通阅读圈的角色包括：组织组员们进行讨论的领队，负责总结内容的概括者，负责文化信息的文化收集者，负责联系实际的生活联系者，负责梳理文本结构或信息的篇章解读者，负责解决重点词汇的单词大师。

阅读圈任务的完成需要运用阅读策略，比如：领队需要通过合作策略协调本组成员的活动；概括者需要通过速读、扫读、略读甚至细读以获取文章的主题大意。文化收集者，在提取文中的文化信息时，需要跳读、辨读文章的内容；生活联系者，需要在理解文章语言内涵的基础上联系自身；篇章解读者，则需要跳出文章，从宏观上理解文章的写作结构和信息呈现的脉络；单词大师，针对生词、短语、长难句等，需要通过查词典、在语境中猜测、查阅资料等方式识别和理解。

二、国内外阅读圈研究现状

在国外，"阅读圈"始于20世纪90年代的美国，初期主要用于文学作品的阅读和分享，称为"文学圈"。1994年哈维丹尼尔斯（Harvey Daniels）著书《文学圈：学生集中的教室的呼声和选择》，对"文学圈"的含义和模式作了明确完整的描述："文学圈"是由学习者自主组织的阅读活动小组，每个班级可分为若干个阅读小组，小组成员自主地选择阅读材料。阅读材料的题材不定，可以是散文、小说、论文、故事、诗歌、报纸杂志文章等一切有价值的作品或文献。每一小组成员都根据自己的能力、兴趣和特长，承担某一个角色的任务。小组成员根据自己的角色和职责通过阅读做准备。在讨论环节，每位成员按照自己在阅读中预先准备好的内容进行讨论，展示和交流自己的阅读成果。随后每小组将本组讨论中的精华内容与其他小组进行交流和共享。最后，各小组之间进行必要的成员交换，组成新的阅读小组，进入新一轮阅读活动（Daniels，1994）。

后来，这一方法经过教师在母语教学中多年的实践，受到普遍认可，并广泛用于阅读，改称为"阅读圈"（Daniels，2002）。最近几年，来自亚洲的一些研究结果表明，阅读圈在大学外语教学中也能成功激发学生学习兴趣，获得非常好的教学效果(Shelton-Strong，2012)。

在国内，阅读圈的研究起步较晚。近几年，有学者开始探讨阅读圈的模式（陈则航，2016；罗少茜、李红梅，2016）和阅读圈在中小学英语教学中的应用（王蔷、敖娜仁图雅，2017；易立、龚艳艳，2017；苗兴伟、罗少茜，2020）。

三、阅读圈理论基础

20世纪80年代由皮亚杰、布鲁纳等人创始和发展起来的建构主义学习理论认为，学生是学习信息加工的主体，是建构认知的主动者，且学习环境离不开"情境""协作""会话"和"意义建构"四大要素。根据建构主义学习理论，教学需要重视学生参与活动，构建有利于学生自己探索意义的情境，创造学生会话和协作的机会，让学生共享团队学习智慧。阅读圈通过以学生为中心的小组活动，最大限度地推动学生组员以及组间合作，学生阅读同一语篇，分析同一个主题内容，每名学生担任特定的某种角色，为小组团队贡献自己独特的信息。这样，搭建了一个学生可以与组员、文本、同伴相互交流思想的情境，利于学生在探索中发现语言、语言背后的深层含义。

"阅读圈"是"实践共同体"理论在教学中的应用。实践共同体（Lave and Wenger，1991）就是共同从事某种实践或致力于解决某一问题的群体，共同体成员通过持续的互动而提升实践专长，其成员相互投入、合议共事、共享资源。该理论强调学习者的积极性、参与性和创造性，强调学习者之间的深层次交流和共享知识，强调学习者之间在互助的基础上进行自主和合作学习。

"阅读圈"也是"合作学习"理论在教学中的应用。20世纪70年代兴起于美国的合作学习，80年代末在世界各学科的教学实践中得到广泛认可。合作学习以教学中的人际合作与互动为基础，以增进个人与小组成员学习成效为共同目标，是一种互助型学习活动。"合作学习"是学生以小组为基本组织形式，调动一切积极的主客观因素，促成学习者互助合作、积极互动、积极探索和建构知识，达到学生合作、主动、积极、全面发展目的的学习活动。合作学习过程有如下特点：首先，学习小组成员拥有共同的学习任务，成员间能进行有效地交流、沟通和分享；其次，小组每位成员在完成自己任务的同时，要为小组的学习成果展示积极贡献力量；最后，小组每位成员通过对自己及他人的分享进行反思、总结，从而不断进步。

显然，"阅读圈"应用建构主义、实践共同体理论，同时秉承小组合作学习理论，为学生营造学习平台，使学生以小组共同体的合作形式针对阅读主题进行讨论，概括篇章内容，解析语言词汇细节，就阅读内容进行联想迁移。在完成以上任务的过程中，获取知识，重构认知体系，发展思维整合能力，形成对世界的新认识。

四、阅读圈的运行

通过不同角色在组里的讨论、分享，并在组间汇报，学生可以有效地对所读内容进行信息加工、思维拓展和深度学习。

实践时，一般教材中的一篇文本处理时间为两课时（100分钟）。在此，以阅读两个课时为实施一个阅读圈教学的闭环。具体运行方式如下：

（1）教师激活学习情景，向学生说明本次课堂活动的阅读材料（1~2分钟）。

（2）小组成员按意愿进行分工，确定每位成员的角色（1~2分钟）。

（3）全体学生在给定的时间内完成阅读（20分钟）。

（4）在阅读组长的组织下开始小组讨论，完成各自角色的任务。在此期间，教师在教室里巡回走动参与学生讨论或给予学生必要的帮助（26分钟）。

（5）教师抽取一组或任一组的任一角色（一般选择准备相对充分、表现力较强的小组或同学先发言，以便带动整个课堂气氛），让其向全班汇报完成的任务，并引导其他学生对其完成情况进行评判和讨论（50分钟）。

（6）课后，根据课上讨论，学生根据课上展示和讨论，进一步整理和完善作业并提交。

五、阅读圈的特征

从阅读圈的运行方式和理论基础可以发现，该阅读方式具有多种特征：

（1）小组活动多角性：阅读圈模式可以鼓励学生通过团队合作形式互相学习，每个小组成员在发挥好自己优势的同时还要彼此合作学习。在小组讨论之前，每个小组成员分头准备，并将自己所读所感拿出来分享，就同一篇文章的不同视角讨论。在讨论的过程中，教师负责组织讨论过程，必要时从旁进行适当的指导、启发和引导。

（2）语言活动的实践性：随着学生对阅读圈方式熟悉度的增加和阅读能力的提升，阅读任务的设置则可交由学生自己每组轮流去做。针对语言语法的分析、语篇内容的梳理、主题思想的概况和观点立场的思辨等，开展小组内部的讨论和班级讨论。其间，学生逐步尽可能使用英文分析、讨论、汇报、展示自己的学习成果，促进语言知识和语言运用能力的全面提高。

（3）小组任务自主性：阅读圈的特色在于以小组分工合作的方式进行，营造了一种自主学习的氛围，是一种开放式的方式，学生能自主、多元地深入文本，针对其中的主题、内容、观点、立场等进行阐释与辩论。

（4）学生活动互评性：学生进行自评，通过结合阅读成果展示和课堂讨论两个环节的表现，每位小组评价成员的优点和不足，并且在班级内部不同组别之间开展互评，陈述理由。最后，由教师点评并给分。

（5）活动内容思想性：学生之间建立起互动支架，基于不同的角色活动，承担不同的任务，从各种角度与阅读材料、作者展开互动，并通过完成任务，挖掘文章背后意义，理解语篇承载的文化价值，获取语篇传达的思想和教育意义。在开拓知识视野、活跃思维的过程中，不仅促进听说读写能力发展，而且提升价值观判断能力。

（6）活动方式灵活性：在实际操作中，可根据阅读内容特征进行角色的灵活增删。可以侧重分析教学内容的思想性，可以侧重判断作者态度的褒贬性，也可以联系生活实际反省个人的思想行为，还可以对比中外文化汲取精华、剔除糟粕。在课堂上，可以边读边分享，也可以只做分享、展示和讨论。角色每次可以按需灵活更换，以培养学生从多元视角判断问题的能力，扩大学生的交流面。

第三节　阅读圈的外语专业课程思政实践

一、外语课程思政的时代诉求

外语教育的本质仍然是教育，而教育的最高宗旨为价值观的塑造和养成。党的十八大以来，我国多次强调把"立德树人"作为教育的根本任务。2017年，中共中央、国务院发布《关于加强和改进新形势下高校思想政治工作的意见》，2019年又下发《中国教育现代化2035》强调教育要以德为先，2020年6月教育部发布《教育部高等学校课程思政建设指导纲要》（以下简称为《纲要》）强调所有课程的思政教育功能。2018年9月，习近平在全国教育工作会议上指出："要把立德树人贯穿到基础教育、职业教育、高等教育各领域，学科体系、教材体系、管理体系要围绕这个目标来设计，教师要围绕这个目标来教，学生要围绕这个目标来学，凡是不利于实现这个目标的做法都要坚决改过来。"

对于外语教育而言，课程思政更有其特殊的意义，更应高度重视。孙有中（2019：6）指出"外语类专业的教学内容大量涉及中外社会制度、价值观、宗教信仰、生活方式等层面，因而如何通过课程教学有效塑造学生的政治思想和道德品质，显得尤为重要和迫切"，以防学生产生模糊认识或迷失方向。外语课程思政"就是要把价值引领与语言知识的传授和语言应用能力的培养有机地结合起来"（黄国文、肖琼，2021：14）。外语课程思政的过程"即在语言、思维训练和培养的基础上，价值塑造成为外语整体教育最为重要的一环，从而形成从掌握语言，经由获得知识、发展思维、塑造价值，最终达到人格至善的整体教育逻辑发展过程"（王卓，2021：63）。简而言之，外语课程思政就是将价值塑造、知识学习、能力发展深度融为一体，实现同向同行、协同完成全人教育的理念与实践。

虽然没有不思政的外语教育，然而由于受学科特征、教学思路等因素的限制，"传统的外语课程主要围绕讲授外语知识展开，注重培养外语技能和外语应用能力，价值观和思想文化等深层次问题通常没有得到足够的重视，有时甚至完全被忽视了"（肖琼、黄国文，2020：10）。比如，在阅读课程中就存在：教学目标工具化，把语言学习目标看作能听说会读写，忽视情感、品质、价值观等的思想教育；教学内容碎片化，强调学习词汇、语法等，未能依托学科内容教授语篇寓意，忽视对内容的深层探究；教学方法空洞化，师生交流少，真情互动少，英语学习变成缺乏思想的"空壳性"死记硬背。那么，解决如何开展外语课程思政的教学问题，就成为推动外语课程思政真真切切落地实施的当务之急。

课堂是开展思政的主阵地，教法是实施思政的第一道战壕，解决教法问题是实施课程思政必须关注的热点、难点和痛点。"推动外语专业课程思政建设，课程是抓手"（崔国鑫，2020：41）。而"阅读圈"（reading circles）正是这样一种外语教学开展课程思政的"抓手"。

二、阅读圈与外语课程思政的契合性

外语课程的思政元素隐含在教材、课文、语言措辞、作者态度等深层内容中。蔡基刚（2021：44）指出"好的课文能培养学生强烈的社会责任感和奉献精神,能培养正直、诚实、勇敢、仁爱、勤劳等优秀品质，能培养学生自觉遵守学术规范、科研诚信和科学伦理"。这就需要设法从课文的话语、语篇中挖掘"宝藏"。就挖掘思政内涵的方法而言，阅读圈能给学生提供与文本互动的机会，发展批判性思维，让学生有感而发，提高合作、交流和分享能力，发展语言综合运用能力（Greef, Jenkins and Comer, 2002）。

阅读圈与课程思政有三个高度契合性：一是团体协作性。学生在组内多维阅读交流，共享观点和知识，互助友爱，在小组间互鉴互评，形成民主平等、理解包容的胸襟。二是求真尚美性。学生通过探究课程所蕴含的思想、态度、观点、立场等内涵，进行思辨和鉴别，从而提高审美能力，加深对自我、社会、自然的认识，批判性汲取人类文化精华，追求人类共同珍视的正直、忠诚、感恩、善良等美好价值观。三是"语""意"合一性。将英语课程思想与语言训练相结合，激发学生参与热情，通过开展包含情感、态度、价值观的高阶心智操作，将语言和内容关联为一体，摆脱空洞说教和机械训练，实现得语与得意的统一。

三、思政阅读圈的实践

以长治学院本科英语专业二年级为实践对象，采用基于课程思政的阅读圈教学的模式。

（一）依托课程

依托英语专业主干必修课程《综合英语》。该课程围绕阅读综合了听、说、读、写、译的语言知识和技能的教学内容，且思想内容十分丰富，涉及中外文化、政治、经济、风土人情等，包含有多元的价值取向、人生观、态度、立场等，有着独一无二的思政育人优势。教材使用高等教育出版社的国家规划教材《综合英语教程》（第三版）（以下简称《综英》）（邹为诚，2011）。

（二）思政方向

首先，明确课程思政总方向。2020年，教育部《纲要》明确了不同类型的专业课程思政的基本内容，其核心内容包括推进习近平新时代中国特色社会主义思想进教材、进课堂、进头脑；培育和践行社会主义核心价值观；加强中华优秀传统文化教育；深入开展宪法法治教育；深化职业理想和职业道德教育等。

其次，明确外语课程思政方向。2020年，为了响应课程思政的教育方针和改变教学现状，高等学校英语专业教学指导分委员会研制推出了《普通高等学校本科英语类专业教学指南》（以下简称《指南》），在"培养规格"中明确提出"专业学生应具有正确的世界观、人生观、价值观，良好的道德品质，中国情怀与国际视野，社会责任感，人文与科学素养，合作精神，创新精神，以及学科基本素养"（曾艳钰，2019：4）。《指南》与《纲要》的育人精神高度一致，都包含了价值塑造、能力发展、知识学习的全人教育思想，前者是对后者的具体化、深入化和时代化，为英语专业课程思政的人才培养指明了方向。

（三）设置角色

为了聚焦课程思政，需要根据课程思政对象的英语水平和英语阅读课的特征，围绕当前课程思政的核心内容，设置思政阅读圈的角色。

1. 领队：监督、宏观统筹小组成员的阅读活动，提出概括性的讨论问题，引导小组成员积极思考，协调小组讨论和氛围，探寻和阐释文中修辞方式、生词、优美词汇、双关语、谚语、优美深刻的经典语句或段落，增强词汇的理解和运用能力——培养合作能力和担当精神，提高语言学习能力和语篇鉴赏能力。

2. 主题内容分析员：说明语篇体裁和叙事方式，概述文章主要内容，梳理故事中人物之间关系、事件发展的时空顺序，提取重要事件、关键细节，绘制思维导图，构建结构化知识，最后提出撰写文章的建议或思路——锻炼思维品质，提高文本分析能力和写作技巧。

3. 作者态度分析员：分析作者写作意图，结合文中原句、原措辞，分析作者的情感变化，挖掘作者的观点，判断其在弘扬什么、反对什么、澄清什么、或揭示什么，并批判性分析其观点立场有什么不当之处、是否赞同，并给出相应理由，最后以经典名句、金句、格言等总结本组所获得的某种观念，启示于自己的世界观、价值观和人生观——培养阳光、正向情感态度，发展思辨性语言表达能力。

4. 生活联系员：描述读后心情，有感而发地讲故事。将文章主旨寓意与现实生活联系，对接自身生活情境，现身说法，以视频或图片等形式有趣有料、有声有色地讲述精彩故事，最后用中英互译的诗句、谚语、或名人名言总结所获得的品格启迪——塑造审美品格，发展口笔头讲述故事的能力。

5. 文化对比员：提取和对比文章中相关的一个中外文化知识及其含义，如对诗歌、谚语、建筑、社会文化习俗、文章中提到的名人、引用的事件、文章主题等进行中外对比，寻找相通之处。以表格、视频、中外互译等形式呈现——树立人类命运共同体意识，汲取人类优秀人文科学知识，弘扬中华优秀传统文化，发展兼容并包的国际胸襟，形成对文化差异对比的语言评述、翻译的能力。

（6）评论员：对主题、人物评价，或对文章的结构、语言表达瑕疵等方面，采用换位思考假设法，提出正能量倡议、建议、解决方案，展开改写（开头、结局）、续写或假想、猜测结局等活动——塑造价值观、创新精神和想象力，提高语言评价和创作能力。

（四）运行流程

学期之初，教师给学生普及阅读圈的概念以及活动模式，让学生自由组合形成"阅读圈"（按照班级人数，基本为6人组），学生清楚地了解各角色的详细学习要点、要求和规则。课堂教学中，按以下6步开展阅读圈活动：

第1步，学生收整状态，教师导入并布置学习任务单；

第2步，分与合，即学生分组，分配和确定不同角色，合作承担不同任务；

第3步，读与思，即各小组在规定时间内进行阅读，小组成员独立思考和完成自己的任务；

第4步，问与论，即各小组内成员之间互相讨论、提问、完善各自的任务；

第5步，示与述，即抽选某小组或各小组的某种角色，在班内利用多媒体，以视频、图表、思维导图等多种方式，展示、分享、陈述自己的阅读成果内容；

第6步，评与证，即同伴评价展示，提出不足并论证说明理由。然后，各小组之间进行互评。教师根据任务准备环节形成的判断视角、展示中的口头阐述等，对学生的表现点评。课后，学生根据他人评价整理提交作业，教师打分。

（五）思政效果

在阅读圈活动实践中，学生以六个角色开展活动，多视角分析课文，多样化运用语言，深层挖掘和研判思想内涵，实现了"价值塑造""知识学习""能力培养"的外语课程思政教学目标。

通过学生的展示和作业发现，学生在思政阅读圈学习中，遵守合作原则、发扬团队意识精神，增强表达信心，通过观察、评价其他同学的展示，取长补短共同提高；解读语篇，多视角研读学习语言材料，挖掘语言背后的深层意义，认知分析语言内容，增强英语阅读策略，开拓视野，锻炼了逻辑思维能力；分析作者态度，评述作者观点，培养思辨力和塑造价值观；关联现实，讲真人真事，表达真情实感，培养了社会主义核心价值观；通过对比中西文化，实现文明互鉴，厚植爱国情怀，形成了多元文化意识；评价人物、事件和语篇结构，寻美辨美创美，树立了探索精神和正确的立身处世风格。

此处阐明，以上活动始终贯穿有语言训练。阅读圈接受访谈的学生表示："'leader'任务促进了对文章生词、短语、语法和长难句的掌握。"有的学生说："'content analyst'梳理文脉结构，有利于自己写作时的构思。"还有的学生说："阅读圈中，从分析文章主题、段落和语句，到翻译资料和视频，再到评价文章内容结构和改写，最后到展示陈述和倾听互评，全程不离英语，提高了听说读写译的语言知识和语言技能。"

第四节　阅读圈《综合英语》课程思政成果摘选一

在英语专业必修课程《综合英语》的思政教学实践中，阅读圈思政教学模式以其新颖、独特的魅力，让学生受益匪浅，备受喜爱。在每次讨论、评价、论证、展示中，学生积极参与讨论，争相登台亮相展示，为了弄明白孰是孰非，有时争论到面红耳赤。其间，有事实性语言陈述、分析性语言表述、评价性语言论证和独创性语言输出，饱含价值观、人生观、世界观的判断，兼练英语听说读写译能力。在一次次的角色扮演、任务完成、成果展示、评价论证、作业提交中，以英汉双语、图表、图片、视频等形式，形成了闪耀着智慧、充满着正气、丰富多彩、新颖亮眼的《综合英语》课程思政成果。

课文不同，思政元素就不同。阅读圈组员不同，思政聚焦点也会独具特色。鉴于此，本节和第五节以两课为例，摘选《综合英语》课程依托高等教育出版社的《综合英语教程》（第三版）（邹为诚，2011）教材开展思政阅读圈活动中，学生角色展示的优秀成果，包括课前做的阅读圈任务单，课堂上的活动结果展示，课后填写的检测学习效果的思政成长自测单。其中，思政成长自测单的内容对应课文思政目标和阅读圈任务单，按达成程度划"√"，教师统计结果。为了方便读者阅读，对学生的部分文字误漏和不当之处做了些许修改。下面是摘选一。

Unit 4 *The Two Roads*（Book 3）的成果

文本简介：《综合英语教程III》Unit 4 *The Two Roads*讲述了一位年轻人，在新年夜梦到自己已年过六十，却一无所获，身心空虚。回忆起儿时的自己选错道路，浪费生命。看到儿时的朋友成功幸福，感到悔恨如利剑穿心。又想到父母对自己的教诲和付出，痛悔自己年轻时错选黑暗的道路，渴望回到青春年华。梦醒之后，他回到现实，实际上自己尚年轻，未来可期，并呼吁年轻人惜时和选对人生道路。

一、Worksheet for reading circles before class（课前阅读圈任务指引单）

课前，教师设计课文Unit 4 *The Two Roads*的阅读圈任务指引单，引导学生学习探究。

表5.5 阅读圈任务指引单

角色	任务	思政聚焦点
阅读领队 Leader	How do you think about the last paragraph of the text?	审美价值
主题内容分析员 content analyst	Can you draw a mind map of the story: dream-recall-reality-appeal?	理性思考
作者态度分析员 attitude analyst	What message is the author to convey?	人生观
生活联系员 life connector	What is the right road? What will you do with time in study and life?	惜时观
文化对比员 culture comparer	What are famous sayings about cherishing time in China and west?	文化自信
评论员 critic	How do you think about the end of the story? What will happen to the protagonist?	想象创造

二、Presentation of six roles in class（课堂上六个角色的展示）

1.Group leader（阅读领队）

√Organize the group and make sure each member joins in the discussion and keep the discussion going. √Invite each member to present their prepared information. √Comment on other students' performance. √Pick out some difficult sentences or meaningful sentences and illustrate. √Try to ask some open-ended questions and answer it.

（1）How do you understand the function of the following sentence?

He raised his mournful eyes towards the deep blue sky, where the stars were floating like white lilies on the surface of a clear calm lake.（P 53, Para 1）（Translation：他满眼哀伤地望着深蓝色的天空，在那里，星星如清澈平静湖面上飘动的朵朵白莲。）

Explain the function:

①It plays up an atmosphere of sadness.（本句渲染了一种悲伤气氛。）

②It promotes the development of the plot and foreshadows the following story.（本句推动了情节的发展，为下文做了铺垫。）

③It compared stars to the white lilies to vividly show the stars' shining, highlighting the old man's mood at the moment.（通过把星星比作白莲，生动形象地突出了星星的闪亮，写出了这个老人此刻的心情。）

（2）How do you think about the last paragraph of the text?

The last paragraph is given to the readers especially to the teenagers by the author that they should be careful to choose their future roads in order not to be regretful when old.（最后一段是作者对读者，尤其是对青少年的教诲，告诉他们必须谨慎选择自己的未来道路，不要在老了之后感到后悔。）

2.Content analyst（主题内容分析者）

（1）Summarize the text content with a paragraph clearly and logically.

In the article, a young man dreamed that he was over 60 years old, but he had nothing and was full of regret and remorse. Then the young man woke up, was brought back to reality and realized that it was not too late for him to choose the right road. Finally, the young man called for those who still lingered at the entrance of life to choose the right and bright roads.（本文主要讲述了一个年轻人梦见自己60多岁了，但他什么都没有，充满了遗憾和悔恨。然后，年轻人梦醒回到现实，并意识到现在选择正确的道路还不算晚。最后，年轻人呼吁那些仍然徘徊在生命入口处的人选择正确而光明的道路。）

（2）Give a mind map to show the development of the story.（两组成果）

①第一组绘制的思维导图（见图5.2）

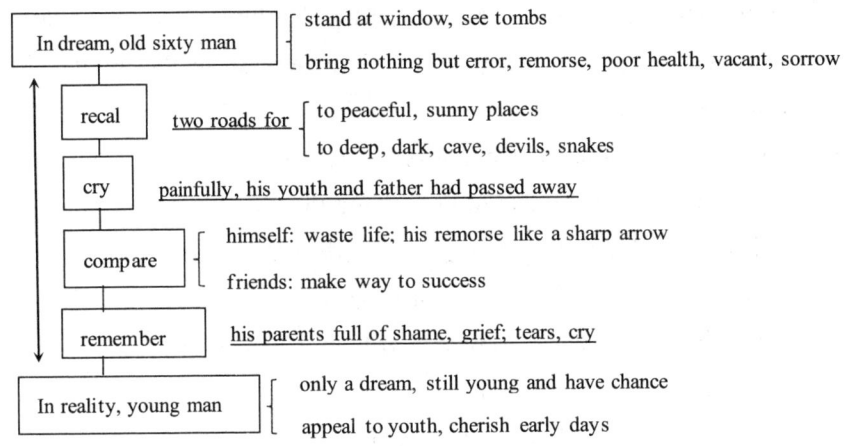

图5.2　The Two Roads思维导图一

②第二组绘制的思维导图（见图5.3）

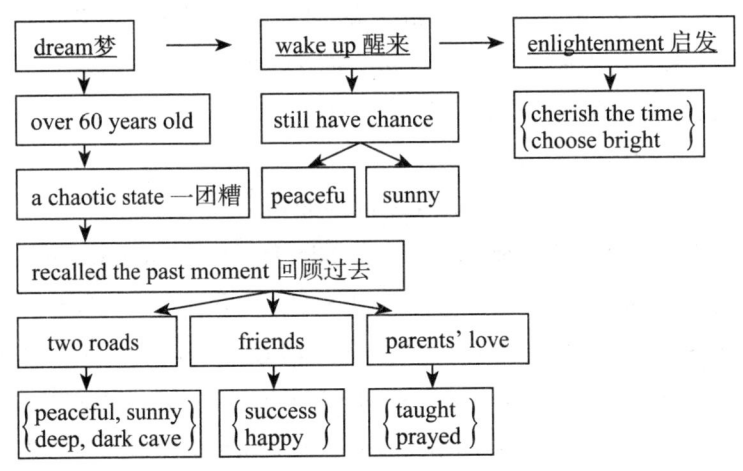

图5.3　The Two Roads思维导图二

3.Attitude analyst（作者态度分析者）

（1）What's the author's message?

①The author uses two paths to visualize the two choices he faces in his life. These two roads specifically refer to: one road leads to success and happiness; the other leads to failure and suffering in life.（文中作者借用两条道路来形象地比喻人生道路上所面对的两种抉择。这两条道路具体是指：一条道路通往成功和幸福；另一条通往的是人生中的失败和苦难。）

②By writing about a young man dreaming that he is over sixty years old and recalls a long and painful life journey with great remorse, this article tells us that there would be many intersections along the life road, and we must choose carefully. At the same time, advice is given to grasp good youth time and work hard, not to wait until it's too late to understand the preciousness of youth.（通过描写一个年轻人梦见他在六十多岁时，充满悔恨地回忆了自己漫长而痛苦的一生，这篇文章告诉我们，在人生这条道路上，会有许多十字路口，我们一定要谨慎选择。同时，告诫大家要把握大好的青春时光挥洒热血，不要等到失去后才懂得青春的珍贵。）

（2）Do you agree with the author's opinion?

I agree with the author's view. We are at the most important time in our lives to lay a solid foundation for our future. We should take good care of our youth and choose a correct sunny road.（我赞同作者的观点。我们正处于人生最重要、为未来打下坚实基础的时期，要好好把握自己的青春年华，选择一条正确的、充满阳光的道路。）

4.life connector（生活联系者）

What does the man in the story remind you of?

Actually, I think this story is very realistic. In my opinion, we're just at the crossroad which is same to the authors in his dream. If we make full use of four years at the university, we may find jobs more easily. However, if you waste time, even if you can find jobs, you may have ups and downs.（其实我觉得这个故事很贴合实际，在我自己看来，我们正好处在作者梦中的岔路口。大学四年过得充实，我们找工作、考研就会容易一点。但如果荒废了这四年，之后

即使找到工作，也可能会有坎坷。）

I have ever subscribed a blogger preparing for postgraduate entrance examination. She often shared her study in the preparation stage and arranged her time and tasks in detail, which was very inspiring to me. (我之前关注了一个考研博主，她常分享备考阶段的学习情况。她把学习时间和任务规划的很细致，对我很有启发）。

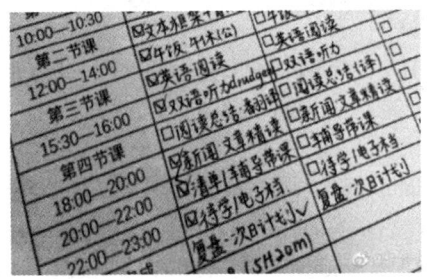

图5.4　考研学习（学生收集图）

I mean that whoever we are, no matter which school we are in, we can study hard to make ourselves better.（我想说，不管我们是谁，我们在哪个学校，我们都可以认真学习，让自己变得更好。）

5.Culture comparer（文化对比员）

What are famous sayings about cherishing time in China and west?

6.Critic（评论员）

How do you think about the end of the story?

The content of the article has a sense of self-experience. Combined with most of the contemporary young people's own characteristics, through a wide range of psychological activities to describe the protagonist's regret, the article lets us be personally on the scene. When readers reach the end of the article, they find the whole story is a dream, and the protagonist still has a chance to remedy it, which is unexpectedly overjoyed.（文章内容很有代入感，它结合当代大部分青年人的自身特点，通过大范围心理活动来描述文中主人公的后悔，让人有身临其境之感。当读者读到文章结尾，发现整篇故事都是一场梦，主人公仍有补救的机会，给人一种出乎意料的喜出望外。）

表5.6 中外"惜时"名句

外国名言（foreign sayings）	中国名言（Chinese sayings）
①The most precious thing for a man is life, and everyone has only one life. A man's life should be spent in this way: when he recalls his past, he will neither regret for idling away his time nor be ashamed of his mediocrity. ——苏联：奥斯特洛夫斯基（人最宝贵的是生命，生命每人只有一次。人的一生应当这样度过：当他回忆往事时，不会因为虚度年华而悔恨，也不会因为碌碌无为而羞愧。）②Do you love life? Don't waste time, for time is the material of life. ——美国：Franklin（富兰克林）（你热爱生命吗？那么别浪费时间，由于时间是组成生命的材料。）③Think of every day you live as the last day of your life. ——英国：Helen Keller（海伦凯勒）（把活着的每一天看作生命的最后一天。）	①少壮不努力，老大徒伤悲。——汉·乐府（If one does not exert oneself in youth, one will remorse in old age.）②劝君莫惜金缕衣，劝君惜取少年时。——唐·杜秋娘（You are advised not to cherish the gold clothes but to cherish your youth.）③莫等闲，白了少年头，空悲切。——宋·岳飞（Don't move around when you are young, otherwise you will be filled with remorse when you are old.）④黑发不知勤学早，白首方悔读书迟。——唐·颜真卿（If one doesn't know to study hard in youth, one will regret when old.）

三、课后思政成长自测

在阅读圈完成课文Unit 4 *The Two Roads*的学习后，学生通过"学习通"教学平台，填写"思想成长自测单"，回应本课的阅读圈任务单，自我评价思想成长状况，结果见表5.7。

表5.7 思政成长自测单

思政聚焦点	评价内容	Excellent	Better	Good
1.审美价值	我能从字里行间深刻体会主人公悔恨悲伤的情感，并理解最后一段的启发意义	98%	2%	0
2.理性思考	我能清楚梳理文章脉络dream—recall—reality—appeal，并抓住文章主题——珍惜时间	100%	9%	0
3.人生观	我同意作者的惜时观点，青春只有一次，要引以为戒，慎之又慎地选择人生道路	92%	8%	0

表5.7 思政成长自测单 （续表）

思政聚焦点	评价内容	Excellent	Better	Good
4.惜时观	我联系自身学习状况，作为青年必须珍惜时间，即使犯过一些错误，但依旧年轻，一切都为时不晚，从当下开始努力做起	97%	3%	0
5.文化自信	我在文化对比中，感受到祖国诗歌的璀璨性，和中西文化的共通性	100%	0	0
6.想象创造	我认为文章结局令人振奋。我猜测主人公梦醒后一定会改变自己，不断努力，成为成功人士	91%	8%	1%

第五节 阅读圈《综合英语》课程思政成果摘选二

——Unit 7 *They Will Not Be Forgotten*（Book 4）的成果

文本简介：《综合英语教程IV》Unit 7 *They Will Not Be Forgotten*课文以人物传记的形式，讲述了Iris Chang（中文名张纯如）因听到和查阅到有关南京大屠杀这一残酷的暴行后，愤怒不已，从而写了《南京大屠杀》一书。以张女士所听、所查、所感的视角，向读者呈现了日本侵略者暴行的事实，以形象的例子阐明了南京大屠杀是一场有组织的谋大规模杀戮。同时，介绍了一位帮助南京无辜受害者的"中国席德勒"拉贝的故事。该书1997年出版，超乎寻常的引起了人们对南京大屠杀的关注。

一、Worksheet for reading circles before class（课前阅读圈任务指引单）

课前，教师设计课文Unit 7 *They Will Not Be Forgotten*的阅读圈任务指引单，引导学生探究。

表5.8 阅读圈任务指引单

角色	任务	思政聚焦点
阅读领队 leader	What do you know about the Nanjing Massacre? And Iris Chang?	国际视野
主题内容分析员 content analyst	What is the main idea of the text? Show with a mind map.	理性思考

表5.8 阅读圈任务指引单 （续表）

角色	任务	思政聚焦点
作者态度分析员 attitude analyst	How do you understand the author's messages? What can you draw?	家国情怀
生活联系员 life connector	What does the theme of the text remind you of? Tell your story.	历史观
文化对比员 culture comparer	Which event in foreign countries is similar to Nanjing Massacre? Why?	人类命运共同体
评论员 critic	What do you think is not so satisfactory in the text? How to improve?	批判探索

二、Presentation of six roles in class（课堂上六个角色的展示）

1.Group leader（阅读领队）

What do you know about the Nanjing Massacre? And Iris Chang?

（1）Nanjing Massacre took place during the 1931—1945 war of Chinese anti-Japanese invasion. The Republic of China was defeated in the Battle of Nanjing on December 13, 1937. Japanese troops committed a mass murder in its capital of Nanjing, causing over 300,000 deaths. In order to mourn the victims of the Nanjing Massacre and expose the war crime of the Japanese invaders, our country designated December 13 as the National Memorial Day.（南京大屠杀发生于1931—1945年的中国抗日战争时期。1937年12月13日，中华民国被打败，日军在其首都南京展开大规模屠杀，屠杀人数超过30万。为了悼念南京大屠杀中的死难同胞，揭露日本侵略者的战争罪行，我国将12月13日设为南京大屠杀死难者国家公祭日。）

（2）Iris Chang：Chinese name is Zhang Chunru（1968.3.28—2004.11.9）, who is a famous female American Chinese writer, historian and free author. She became well-known for her English historic works of *The Rape of Nanjing Massacre*.（Iris Chang：汉语名为张纯如（1968年3月28日—2004年11月9日），美国著名的华裔女作家、历史学家和自由撰稿人，以出版英文历史著作《南京暴行：被遗忘的大屠杀》而闻名。）

2.Content analyst（主题内容分析者）

（1）What is the main idea of the text?

The article tells why Iris Chang writing the book of *The Rape of Nanjing*

Massacre. She collected a lot of evidence about the Japanese troops bayoneting, burning, decapitation, half burying, mowing, raping Nanjing victims. At the same time, she also found all kinds of helps offered by international friends like John Jabe, and their various chronical of Nanjing massacre. Finally, the article pointed out the role of *The Rape of Nanjing Massacre*, which allowed the sufferings of the Chinese people to receive more attention in world history and struck a chord internationally.（本文讲述了Iris Chang写《南京大屠杀》一书的原因。在她写书查阅资料的过程中，搜集了许多日军大规模刺杀、火烧、砍头、活埋、扫射、强暴南京受难者的证据。同时，她还发现了John Jabe等国际友人在南京大屠杀中对中国人所给出的各种帮助，以及他们对这次屠杀的多种记录资料。最后指出了《南京大屠杀》一书的作用，它让中国人民遭受的磨难在世界史上受到了更多的关注，引起了国际共鸣。）

（2）How to grasp the developing clue of the text?

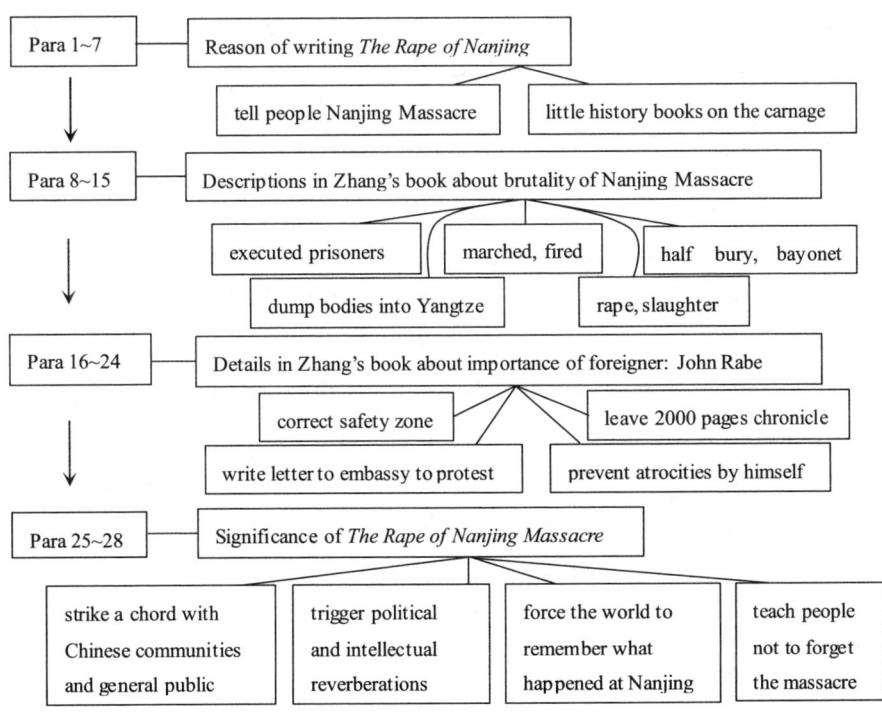

图5.5 They Will Not Be Forgotten思维导图

3.Attitude analyst（作者态度分析者）

How do you understand the author's messages? What can you draw from it?

The text tells Iris Chang made unremitting efforts to let the world remember the massacre that happened in Nanjing, which shows editors' patriotism and peace love. It inspires us to love China, take responsibility, remember history, respect history and learn from history.（文章展现了Iris Chang为了让全世界记住南京大屠杀做了不懈的努力，体现了编者爱和平、重事实的情怀，也激励我们爱国担责、铭记历史、尊重历史、以史为鉴。）

（1）Value of patriotism（爱国观）

● Being beheaded does not matter, as long as I hold firm doctrine. Behind Xia Minghan is someone else.（砍头不要紧，只要主义真。杀了夏明翰，还有后来人。——夏明翰）

● Reading for the rise of China.（为中华之崛起而读书。——周恩来）

● Every man is responsible for the prosperity or decay of the world.（天下兴亡，匹夫有责。——顾炎武）

● I'm low in society, but I dare not forget to share the responsibility for our country.（位卑未敢忘忧国。——陆游）

（2）The value of peace（和平观）

● People who love others will always be loved, and people who respect others will always be respected.（爱人者人恒爱之，敬人者人恒敬之。——孟子）

● Do not fail to do a good deed even if it's little, and do not engage in an evil activity even if it's little.（勿以恶小而为之，勿以善小而不为。——刘备）

● If all is good, all is beautiful.（如果一切皆善，就一切皆美。——托尔斯泰）

（3）Concept of history（历史观）

● The history mirrors both thriving and calamity.（以史为鉴，可以知兴替。——李世民）

● If you fall weak, you will be attacked.（落后就要挨打。——斯大林）

●Where there is justice, there is a holy land.（哪里有正义，哪里就是圣地。——培根）

4.Life connector（生活联系者）

What story does the theme of the text remind you of?

After reading the article, my heart was grieved. In order to remember the Nanjing Massacre, our country sets up December 13 every year as the National Memorial Day. In addition, various memorial activities have been carried out for revolutionary martyrs.（读完文章之后，我的心情十分沉重。为了铭记南京大屠杀，我国将每年的12月13日设立为南京大屠杀死难者国家公祭日。除此之外，还举办各种活动纪念抗日革命烈士。）

For example, our department went to Changzhi Revolutionary Martyrs' Cemetery on Qingming Day in 2021, which is significant for our youth to be patriotic. Mt. Taihang is one of the important revolutionary bases during the Anti-Japanese War. In the war, people of Taihang wrote down a history of blood, tears and heroes. The history of the anti-Japanese War of the Chinese nation is a history of blood and tears, showing Taihang Spirit. History shouldn't be forgotten and peace does not come easily. We should perform Taihang Spirit and tell Chinese historical stories.（比如，我校外语系2021年清明节去长治市烈士陵园祭奠英灵（图5.6）。这个活动对我们青年具有爱国教育意义。太行山区是抗日战争时期的重要革命根据地之一。在抗战中，太行人民写下了一部血泪史，展现了一种"太行精神"。历史不容忘记，和平来之不易。我们应发扬"太行精神"，讲好中国历史故事。）

图5.6 学生在太行烈士陵园（作者拍摄于2021年4月4日长治市）

5.Culture comparer（文化对比员）

Which event in foreign countries is similar to Nanjing Massacre? Why?

表5.9 南京大屠杀和犹太人大屠杀

Nanjing Massacre	Jews Holocaust
Both happened during the World War Ⅱ.	
①Nature: invasion（侵略方式） ②Duration: 6 weeks (1937.12.13-1938.2) ③Number of victims: More than 300,000 ④Result: The Japanese are reluctant to admit the history of the Nanjing Massacre. They not only paid homage to Yasukuni Shrine, but also distorted historical facts, concealed the truth and tampered with history textbooks.（日本不愿承认南京大屠杀的历史。他们不仅参拜靖国神社，还歪曲史实隐瞒真相，篡改历史教科书。） ⑤Influence: It accelerated the process of Chinese revolution at that time. 300,000 corpses, all Chinese people, have been aroused a sense of common anger. At the same time, it has also won the sympathy of people all over the world.它加速了当时中国革命的进程。30万具尸体激起了共同的愤怒。同时，也赢得了全世界人民的同情。	①Nature: genocide（种族灭绝） ②Duration: 12 years (1933-1944) ③Number of victims: Nearly 6 million ④Result: In December 1949, Theodore house, the first president of the Federal Republic of Germany, publicly condemned Nazi's massacre of Jews at a postwar rally: "this history is and will be a disgrace to all of us Germans."（1949年12月，第一任联邦德国总统特奥多尔·豪斯在战后一次集会上公开谴责纳粹屠杀犹太人的罪行："这段历史现在和将来都是我们全体德国人的耻辱。"） ⑤Influence: Most of the people in Israeli society immigrated to Palestine from Jewish communities destroyed by Nazi Germany. The is a close relationship between the "holocaust" and the founding of Israel is obvious. 以色列社会中的大多数人是从纳粹德国摧毁的犹太社区移民到巴勒斯坦的，"大屠杀"与以色列建国之间关系密切。

6.Critic（评论员）

What do you think is not so satisfactory in the text? How to improve?

（1）Inappropriate title. The title of the text is "They Will Not Be Forgotten". But the author mainly talks about Zhang Chunru's experiences of hunting for evidence about Nanjing Massacre and her contributions to expose Japanese's bestiality. So maybe the title can be replaced by "Zhang Chunru's exposure of Nanjing Massacre" or "The woman removing the mist".（题目欠恰当。文章的标题为"他们永远不会被忘记"。但是这篇文章的主要内容

是关于张纯如女士寻访南京大屠杀的证据并将其公之于众的经历。所以我认为文章标题改为"张纯如——南京大屠杀揭秘者"或者"拨开云雾的女人"更为合适。）

（2）Inaccurate beginning. If the title is "They will never be forgotten", the author need tell readers who are "they" clearly in the beginning. After reading the whole passage, we think "they" are victims in Nanjing Massacre, John Rabe, and Japanese invaders. But the beginning just introduces the fact that Iris Chang first heard the story of the Nanjing carnage, which, in my opinion, doesn't come straight to the point.（如果说文章的标题为"他们永远不会被遗忘"，那么本文的开端应当向读者介绍"他们"是谁。通读全文后我们发现，"他们"指的是，南京大屠杀中的受害者、约翰拉贝以及犯下滔天罪行的日本侵略者。但是文章开头却只介绍Iris Chang幼年听说南京大屠杀的情况，我认为没有开门见山。）

三、课后思政成长自测结果（回应任务单）

在阅读圈完成课文Unit 7 *They Will Not Be Forgotten*的学习后，学生通过"学习通"教学平台，填写"思想成长自测单"，回应本课的阅读圈任务单，自我评价思想成长状况，结果见表5.10。

表5.10　思政成长自测单

思政聚焦点	评价内容	Excellent	Better	Good
1.国际视野	在学习本课时，我查阅了关于南京大屠杀和著书者张纯如的中英文视频、图片、文字等丰富资料	91%	7%	2%
2.理性思考	文章虽然篇幅较长，但是通过梳理内容，我把握了这篇文章的四个部分主要内容：写书原因—日军杀人场景—国际援助—书籍出版及其意义	100%	0	0
3.家国情怀	我能从字里行间领悟到《南京大屠杀》作者张纯如对日军暴行的愤怒，敬佩对她揭露历史真相的勇气，激发了我的爱国情怀	100%	0	0

表5.10 思政成长自测单 （续表）

思政聚焦点	评价内容	Excellent	Better	Good
4.历史观	通过课文对南京大屠杀的悲惨画面描述，我认识了国家公祭日的重要性，意识到应当铭记历史、不忘过去、以史为鉴，不能落后，不能再挨打	98%	2%	0
5.人类命运共同体	通过中西对比，我认识东西方有共同的历史惨剧，和平来之不易，应当推动地球命运共同体	100%	0	0
6.批判探索	通过小组讨论，我发现文章的题目和描述有模糊之处，并尝试提供新题目	90%	8%	2%

第六章 翻译策略外译区域特产实践

英语翻译策略的研究、培训和学习，目的在于提高英语实践和应用能力，即能借助英语解决当下问题，用英语顺利完成口头和笔头任务，并在将来的工作中有效进行英语交流。随着信息时代的到来，全球不断走向互动、融合化、互通有无、多元共享变成现实。地区特产作为富有地方特色的优质精品，开始走出本地走向全国，甚至走向国际市场，成为带动一方经济发展的龙头。将翻译策略应用于地区特产的外宣翻译：一方面，可以实现学以致用，增强未来专业竞争力，巩固已学策略；另一方面，可以讲述地方故事、传递中国精神、服务区域经济发展、塑造品牌国际形象，还可以接轨国际需求，让世界"甘中华特产，美中华文化"。

第一节 外宣翻译概述

一、外宣翻译的内涵

要想界定"外宣翻译"的概念，首先，顾名思义，"外宣"就是对外进行宣传，其至少包括两个层面，一个是省外，另一个是境外或国外，"翻译"就是将某种语言的信息转换为另一种语言的信息。那么，"外宣翻译"就是通过语言转换，将一种语言承载的信息翻译为他语的行为，进而传播其承载的信息。立足我们汉语的角度，就是把有关中国的各种信息从汉语翻译成外语的外宣行为，并通过期刊、报纸、图书、广播、电视、互联网等媒体或者国际会议，对外发表、传播、宣传。由此，有学者把"外宣翻译"的英文描述为"Translation for Chinese global communication"。可见，外宣翻译是一种基于不同文化、不同语言基础上的文化传播和交流活动，通过开展外宣活动，能够有效提升汉语背景下的信息知名度以及影响力。随着我国对外文化交流的不断深化，外宣翻译活动的重要性和价值日益得到认可。

外宣翻译具有"翻译"和"宣传"的双重属性。"专门的外宣活动有明确的目的性,它有特定的出发点、行为主体、目标受众,有明确的、希望达成的效果"(曾剑平、陈琳,2018:52)。开展外宣翻译的活动,其主要目的是让受众者清晰准确地把握外宣资料中所传递的信息和内容。要使外宣翻译达到预期的宣传效果,译者就要尊重受众者的心理特点和接受方式,既要呈现汉语承载的信息、文化和民族特色,又要符合受众者的文化语境和思维特征,用对方容易理解的语篇结构、逻辑方式、词语表达去传递和宣传汉语所包含的信息。

因此,外宣翻译的内容想要被其他文化语境下的受众所了解,就需要有效运用翻译这一媒介策略。在进行不同的外宣资料翻译时,必须充分结合翻译内容、目的和受众的语言习惯、思维特征、文化差异,运用恰当的翻译策略,使外宣资料的信息、内涵、目的能够得到准确、有效地传递和表达。在外宣翻译中,必须充分认知到文化之间的差异,通过驾驭熟练的翻译技巧,才能起到理想的宣传效果。

此外,外宣翻译属于非文学性翻译。因为非文学的翻译强调信息的知识性、逻辑性,所以外宣翻译具有强调信息的精确性、确定性、可靠性和真实性的特点。

二、外宣翻译特产的意义

外宣翻译是一种语言转化为另一种语言的过程,成功的翻译不仅能够有效解决因为语言带来的差异,还能实现外宣信息的最全面的传递。随着中国经济和科技的快速发展,中国的区域特产在国际市场上越来越占据有利地位,外宣翻译成为其走出国门、走向国际的必经之路。

(一)塑造品牌,讲好中国故事

近年来,全国上下努力相应党中央"走出去"的发展战略,各省各地立足自身实际,发挥独特地理环境优势,将区域特产同群众脱贫有机结合,下大力气培育壮大绿色产业,提升绿色质量,聚力打造地方特产的产业集群,推动"农、林、文、旅、康"产业融合发展。2020年以来,山西省加大了对外开放的力度,不仅省内大城市,而且省内中小城市与国际的交流也日益密切,为当地的发展带来了新的机遇。

比如，据山西《太行日报》报道，2021年5月24日，来自毛里求斯、法国、菲律宾、波黑、斯洛伐克等18个国家驻华使节及国际组织、国外政府和机构驻华代表30余名外宾在山西省司徒小镇参观"康养产业博览会"时，对山西连翘茶格外感兴趣。他们纷纷表示：连翘茶功效多，一定要多买几包，回去送给家人和朋友，让大家一起品味中国特产。

这则报道启示，深化地方产业需要多方聚力，创新思维，除了关注区域特产的生产，还要进行特产的推销，更要放眼全球开展对区域特产的外宣传翻译。通过翻译区域特产，描述地方特产，讲好中国故事，推动祖国各地特产在全世界形象的具体化、丰满化、广泛化，推动建构国际交流平台，吸引外资、外商来华落户，让外国朋友了解我们的生态特产，喜欢我们的人文特质，欣赏我们的中国价值，从而推动中华复兴大业。

（二）弘扬传统，树立文化自信

区域特产尤其是生态特产，按照"产品—经济—文化"三步走战略，向精细加工要效益，与传统文化对接，融合特产与文旅产业，有利于赋予传统产业新的发展动力。

比如药茶，实质上是以药制茶、茶药融合的产物，是中华本草文化的重要组成部分，二者之间具有清晰而完整的发展脉络。药茶的理论和实践来源于中医药理论特别是本草学理论。颐养身心、增强体质、预防疾病、延年益寿的理论和方法，是中医药体系的重要组成部分。药茶文化是天人相应、致中求和、顺应四时、异法方宜、重视未病的养生文化重要载体，具有非常重要的传承创新意义。

通过外宣翻译的宣传，推动各种生态特产亮相农业博览会、世界博览会等展销平台，不断扩大特产在国际社会的品牌影响力和市场占有率，弘扬中华文化，传递中国文明，让世界"甘华夏特产，美中华传统，乐中华精神"。

（三）服务地方，接轨世界需求

立足绿水青山就是金山银山的理念，生态特产栽植与旅游相结合、脱贫攻坚、美丽乡村、民生经济、生态建设、绿色天然、传统文化相结合，打造生态特产栽植基地，推动区域产业已经成为独具地缘优势的龙头产业。

生态特产的外宣翻译一头连着国内增效农旅、发展民生的中华药茶，另一头连着国际消费者健康养生和繁荣世界文化的需求，同时关系着山西药茶的标准化、国际化、市场化的发展前途，是做好产品、做优品质、做强市场的一个重要组成部分，让世界人民走进中国的区域特产，共享世界独一无二的珍品。

三、外宣翻译特产的运作

"外宣翻译工作坊"是目前流行的一种翻译教学实践方法，即教师指导学生通过主题翻译向国外宣传某项目。为了拓展翻译策略培训的渠道和空间，本科生在教师指导下设立了"外宣翻译工作坊"团队，尝试开展翻译实践活动，选取"太行特产"作为外宣翻译主题，主译"太行连翘药茶"，兼译其他太行特产。外宣翻译的具体实施步骤如下。

第一，调研特产：解决"干什么"的问题。组建"外宣翻译工作坊"创新训练团队，然后针对太行特产，查阅文献资料，进行实物参观和市场调研，并记录相关信息。

第二，梳理信息：解决"翻译什么"的问题。在教师指导下，讨论梳理资料、筛选核实信息，提取太行特产的外宣核心内容，分类编写文本、汉文语言修订等，确定翻译体例。

第三，对接策略：解决"怎样翻译"的问题。通过深入学习翻译策略，对接翻译策略，接受翻译技能培训，扫清技能障碍，制订翻译计划，提升实用文体翻译能力。

第四，外译实践：解决"如何实施"的问题。采用实用文体的英语翻译策略，将专业知识"真枪实弹"地学以致用，完成主题外宣翻译，提交翻译初稿；然后，指导教师提出反馈建议，翻译坊团队讨论提出修改方案，实施译文整改，反复斟酌、修正第二稿；之后，再不断补充、完善、精修译稿，提交定稿译文。

第五，总结分享。在总结和分享外宣翻译成果和经验的同时，以实践检验自身的学习效果，反思翻译能力，发现理论学习的不足，转变认知理念和认知方式，更加精准地把握专业学习方向，更加清晰地明确后续学习目标。

第六，"外宣翻译工作坊"立足"面向太行，服务区域"的理念，将书本理论知识与社会实际需求接轨，进行真正的翻译实践，形成以太行连翘药茶为主，同时包括小米、潞酒、驴肉的太行特产外宣翻译成果，相当于一个微型的"太行特色资源翻译库"。虽然学生的译文可能会存在诸多不足，但是这样的翻译实践本身是对所学的翻译策略和英语专业知识的一种有效应用，不仅有助于在国际上宣传太行药茶等特产、推动太行生态传达和促进生命健康，还能使学生以创业者目光分析市场，以专业知识分析生物，凭专业技能翻译特产，加深对英语翻译的认识，拓展课外认知方式，提升实践能力，从而更加准确地把握自身未来知识体系的建构方向，为将来职业规划积累宝贵经验。

第二节　太行连翘药茶文化的外宣翻译

太行连翘药茶是中华茶叶的一种，蕴含着深厚的中华茶文化。本节以汉英双语形式介绍"太行连翘药茶的文化承载"。英文翻译文本是学生了解茶文化和实践翻译策略的活动结果。

太行连翘茶的文化承载

茶源于中国，有着深厚的中华茶文化，在以茶事、茶礼、茶会、茶宴、茶俗等为代表的行为层面自成文化体系。

中华茶文化承载了中国人的相处之道。"在中华文明中，茶被赋予含蓄内敛的气质，被寄托淡泊明志、宁静致远的修为"（熊李力，2021：101）。人们以茶道待人，以茶韵处事，以茶会友、品茶论道，在茶境中，塑建"精行俭德、致清导和、韵高致静、诚敬以礼"（刘礼堂、吴远之，2020）的立身待人品德和处世行事风格。

茶作为中国人"柴米油盐酱醋茶"和"琴棋书画诗酒茶"生活的重要部分，积淀出风采多姿的以茶待客的风俗，迎接贵客的斟茶礼、结婚典礼的奉茶礼、晚辈给长辈的敬茶礼等。

茶文化作为中华文明的重要组成部分，与中国的对外政治发展密切相关。1971年，当时担任美国总统国家安全事务助理基辛格访华，周恩来总理赠送其西湖龙井作为国礼。1972年，尼克松访华，毛泽东主席馈赠其武夷山大红袍母树年产量仅有八两的四两岩茶，被周恩来总理戏称送出"半壁江山",现场气氛顿显轻松,成为一段外交佳话。

太行连翘药茶,是太行山出产的天然、绿色、健康茶品,是采用药食两用的嫩绿芽、花蕾、根、茎或果实,经加工制作的单品或拼配品,是采用类似茶叶泡煮的方式供人们饮用的一种茶。它实质上是以药制茶、茶药融合的产物,举药性之精华,传茶道之神韵,兼具药的保健功效和茶的清香味道。

太行连翘药茶是中华本草文化的重要组成部分,传承着中华茶文化,是"天人相应、致中求和、顺应四时、未病先防"的中华养生文化的重要载体。其颐养身心、增强体质、预防疾病、延年益寿的理论和方法,来源于中医药理论特别是本草学理论,是中医药文明的重要组成部分。在中国走向开放、包容、共享的发展中,太行药茶具有非常重要的国际传播意义。

Cultural Inheritance of Taihang Forsythia Herbal Tea

Originated from China, tea embodies a profound culture, which has been developed into an independent cultural system reflected in behavioral aspects, including tea affairs, tea ceremonies, tea parties, tea banquets, tea customs and so forth.

Chinese tea culture serves as a carrier of the etiquette people dealing with each other. "In Chinese civilization, tea is endowed with implicit and introverted temperaments, and is entrusted with the practice of being tranquil for ambition, serene for future" (Xiong Lili, 2021: 101). By treating others with tea ceremony, addressing affairs with tea rhythm, entertaining friends with tea feast and chatting over tea, people shape moral characters and life styles of "proper behavior for thrifty virtue, clear guidance for harmony, lofty mind for peace, courtesy for sincere respect". (Liu Litang and Wu Yuanzhi, 2020).

Tea, as a necessity of people's daily life of "firewood, rice, oil, salt, soy sauce, vinegar and tea" and "music, chess, calligraphy, painting, poetry, wine and tea", has nurtured diverse customs to treat others with tea, such as hosts pouring tea to treat important guests, newlyweds delivering tea for their parents on a wedding, juniors presenting tea to seniors.

As an essential composition of Chinese civilization, tea culture is closely related to the development of China's foreign political affairs. For instance, in 1971, Premier Zhou Enlai presented West Lake Longjing Tea as a national gift to Kissinger who visited China as the National Security advisor to the US president. When Richard Nixon, the president of the United States, visited China in 1972, Chairman Mao Zedong presented to him four taels tea produced by Dahongpao mother trees in Wuyi Mt., whose annual output was only eight taels. The practice was humorously described by Zhou as "half wealth of the country" had been presented, which instantly relaxed the atmosphere, leaving a fine story in the diplomatic history.

Taihang Forsythia Herbal Tea growing in Taihang Mts., one of the Chinese tea categories, is natural, green and healthy. The materials of tender shoots, buds, roots, stems or fruits that are both food and herbs are manufactured into single or combined tea to be brewed and drunk in the way of making common tea. Substantially, it is the product of the fusion of medicine and tea, with the essence of medicine and the charm of tea etiquette, as well as herbal care effect and tea fragrance.

Taihang Forsythia Herbal Tea is an essential composition of Chinese herb culture, inheritance of Chinese health culture, as well as the carrier of Chinese health care culture, which emphasizes "agreeing with heaven, seeking harmony between man and nature, complying with four seasons and preventing diseases ahead". Its theories and methods of maintaining and building up health, preventing diseases, prolonging life expectancy are rooted in Chinese medical theory especially the herbalism, which contributes to the evolution of Chinese medical civilization. It is of utmost significance to publicize Taihang Forsythia Herbal Tea for China to develop into an open, inclusive and sharing country.

第三节　太行连翘药茶所属：山西药茶的外宣翻译

太行连翘药茶属于山西药茶，介绍前者离不开后者。本节以汉英双语形式介绍"太行连翘药茶所属：山西药茶"。英文翻译文本是学生了解山西药茶和实践翻译策略的活动结果。

太行连翘药茶所属：山西药茶

山西是中华农耕文明发源地，也是中国茶文化的开拓者与传播者。《茶经》中记载"茶之饮，发乎神农"。山西作为神农炎帝的故乡，制作药、饮用药茶已有数千年历史。清乾隆帝曾御赐平定县冠山的连翘茶为"延年翘"。在山西省长治、晋城、临汾、运城等地民间均有制作连翘叶茶、桑叶茶等药茶的传统。

山西省独特的自然地理环境孕育了党参、黄芪、连翘、沙棘、红枣等丰富多样的道地药材资源，且产量高、分布广、品质优。现已初步形成六大药茶产区：太行山、太岳山连翘叶茶区，晋南丘陵区槐米茶、菊花茶区，恒山黄芪茶、枸杞芽茶区，吕梁山沙棘叶茶、红枣叶茶区，晋东南党参茶、桑叶茶区，管涔山毛建草茶区。目前，山西省有一定规模的药茶加工企业和合作社共110家，全年加工药茶原料8800多吨，产量1600余吨，年销售额约2亿元。其中，加工连翘叶茶的企业（合作社）最多，有28家；菊花茶25家、蒲公英茶17家、桑叶茶11家、沙棘叶茶9家、毛建草茶6家（来源：山西药茶——茶的味道药的功效.http://www.shanxiyaochawang.com/，访问日期：2021-10-12）。

"山西药茶"功能独特。连翘叶茶、蒲公英茶等具有清热解毒功能；党参茶、黄芪茶等具有增强免疫功能；沙棘叶茶、桑叶茶等具有降"三高"功能；酸枣叶茶、红枣叶茶等具有改善睡眠功能；山楂茶等具有健胃消食功能；玫瑰花茶、菊花茶等具有美容养颜功能。

"山西药茶"吸收了传统六大茶系制茶工艺的优点，针对不同加工原料的独有特性，对杀青火候、揉捻力道、发酵温度、干燥方式等都进行了创新和改进，花蕾叶芽类制茶，取其性而存其味；果实种子类炮制入茶，取其性而化其味；根茎皮质类提取入茶，取其性而祛其味，形成了独具特色的药茶制作工艺。

Genera of Tai Hang Forsythia Herbal Tea: Shanxi Herbal Tea

Shanxi is the birthplace of Chinese agricultural civilization and also the pioneer and disseminator of Chinese tea culture. It is recorded in the book *Tea Account* that, "Drinking tea originated from a legendary emperor Yandi Shennong". Shanxi, as the hometown of Yandi Shennong, has a history of thousands of years in making and drinking herbal tea. Emperor Qianlong of the Qing Dynasty once granted the forsythia tea produced in Guanshan Mt. of Pingding County in Shanxi Province as "Yan-nian-qiao", life-extending forsythia. The tradition of making herbal teas such as forsythia leaf tea and mulberry leaf tea has been practiced by local people among Changzhi, Jincheng, Lin fen, and Yuncheng in Shanxi Province.

The unique natural geographical environment of Shanxi Province gives birth to a variety of genuine herbal materials such as codonopsis, astragalus, forsythia, sea-buckthorn and jujube, with high yield, wide distribution and excellent quality. Six herbal tea areas have been initially formed: forsythia leaf tea in Taihang Mts. and Taiyue Mt., sophora tea and chrysanthemum tea in the southern hills, astragalus tea and wolfberry tea in Hengshan Mt., sea-buckthorn leaf tea and jujube leaf tea in Lu liang Mt., codonopsis tea and mulberry leaf tea in the southeast, dracocephalum rupestre tea in Guanqin Mt. At present, there are 110 scaled herbal tea enterprises and cooperatives in Shanxi Province, which process more than 8,800 tons of herbal raw materials and produce more than 1,600 tons of tea every year, with an annual sale of about 200 million yuan. Among them, there are 28 (the largest number) enterprises (cooperatives) processing forsythia leaf tea, 25 chrysanthemum tea, 17 dandelion tea, 11 mulberry leaf tea, 9 sea-buckthorn leaf tea and 6 dracocephalum tea.

"Shanxi Herbal Tea" has unique functions such as forsythia leaf tea and dandelion tea for clearing away extra heat and noxious substance, codonopsis tea and astragalus tea for enhancing immunity, sea-buckthorn leaf tea and mulberry leaf tea for lowering high blood pressure, high blood sugar, high blood fat, sour jujube leaf tea and red jujube leaf tea for meliorating sleep, hawthorn berry tea for promoting digestion, rose tea and chrysanthemum tea for maintaining beauty.

While making "Shanxi Herbal Tea", producers take advantage of the traditional six tea series of production techniques and bring new ideas in fixation heat, rolling force, fermentation temperature, drying and so on, according to the unique characteristics of different materials. Buds and leaves are processed into tea with their flavors, fruits and seeds with their tastes, roots and cortices with their nature, forming a unique herbal tea production technology.

第四节 太行连翘药茶特征的外宣翻译

太行连翘药茶集中产于太行山西侧的晋东南地区，这里有着悠久的药茶历史。本节以汉英双语形式介绍太行连翘药茶的产地、历史和植物形态。英文翻译文本是学生从这三方面了解太行连翘药茶特征和实践翻译策略的活动结果。

一、太行连翘药茶的独特产地

太行连翘药茶主要集中产于太行山脉西翼的山西省晋东南地区。这里峰峦叠嶂，万壑争奇，平均海拔在800～1500米之间，属暖温带半湿润大陆性季风气候。全年冬无严寒，夏无酷暑，雨热同季，四季分明，冬长夏短，昼夜温差大，云量少，日照充足，年平均无霜期有160～180天。

太行山得天独厚的地貌、气候孕育了600多种野生中药材和100多种药茶产品，根茶有党参、蒲公英、甘草，叶茶有连翘、沙棘、酸枣叶等。太行连翘药茶是其中的主打药茶。太行连翘耐荫喜温，耐寒冷干旱瘠薄，生于太行山脉的山坡灌丛、林下或草丛中，或山谷、山沟疏林中，产量占全国的36%。

I. Unique Origin of Taihang Forsythia Herbal Leaf Tea

Taihang Forsythia Herbal Tea is mainly produced in the southeast of Shanxi Province or the west side of Taihang Mts., where there are lots of high peaks and gorgeous valleys with an average altitude between

800 ~ 1500 meters in warm semi-humid continental monsoon climate. All year round, there is neither severely cold winter nor intensely hot summer with rain and heat in the same season, four distinct seasons, long winter and short summer, large temperature difference between day and night, little cloud, plenty of sunshine, and 160 ~ 180 days of annual average frost-free period.

Because of the unique landform and climate of Taihang Mts., more than 600 kinds of wild Chinese medicinal herbs and more than 100 kinds of herbal tea products grow here. Among them, root teas include codonopsis, dandelion and licorice. Leaf tea includes forsythia, sea-buckthorn, jujube, etc. Taihang Forsythia Herbal Tea is the main product. Taihang Forsythia, which is tolerant of shade, coldness, drought, barrenness but favors warmth, grows in shrubs, under trees, in grass of hillsides or sparse woods of ravines. Its output accounts for 36% of the country's total.

二、太行连翘药茶的悠久历史

长治地区位于太行之巅，是炎帝神农故里，是连翘的核心产区，是中药材之乡，是国家农业部认定的"上党中药材中国特色农产品优势区"。太行人制作药茶、饮用药茶已有数千年历史，古时就有"神农尝百草，日遇七十二毒，得茶而解之"的传说。

相传，乾隆皇帝在承德避暑，在"烟雨楼"喝了连翘茶，顿感心旷神怡，于是询问茶由何处而来，方知是山西太行山麓特产。随即下旨，把连翘茶命名"延年翘"，设为御用贡品供皇室饮用。

II. Long History of Taihang Forsythia Herbal Tea

Located on the top of Taihang Mts., Changzhi is the hometown of Emperor Yan Di Shennong and herbal materials, is also the core production area of the forsythia. It is identified as "Agricultural Product Superior Area of Shangdang Chinese Herbal Medicine with Chinese Characteristic" by the Chinese Ministry of Agriculture. Taihang people have produced and drunk herbal tea for thousands of years. In ancient times, there was a legend that "Shennong tasted hundreds of herbs, got poisoned 72 times and detoxicated by tea."

According to a legend, when Emperor Qianlong (1711—1799) spent his holiday at the summer resort—Chengde of Hebei Province, he tasted the forsythia leaf tea in Yanyu Building, and felt instantly relaxed and happy, so he asked where the tea came from. After knowing it was a specialty of the foothill of Taihang Mts. in Shanxi Province, he immediately named the tea "Yan-nian-qiao", life-extending forsythia, and listed it in royal tributes.

三、太行连翘的植物形态

连翘（拉丁学名：*Forsythia suspensa*）：是一种落叶灌木类植物，每年早春3~4月开放小黄花，花开香气淡雅，满枝金黄，艳丽可爱，花落后开始吐嫩绿。

株高可达3米，枝干丛生，小枝土黄色，拱形下垂，中空。叶对生，单叶或三小叶，卵形或卵状椭圆形，缘具齿。7~9月结果，呈卵球形、卵状椭圆形或长椭圆形，表面有不规则的纵皱纹及凸起的小斑点，顶端锐尖，表面疏生皮孔。

III. Plant Morphology of Taihang Forsythia

Forsythia (Latin scientific name: *Forsythia suspense*) is a kind of deciduous shrub. In early spring every year, it blooms between March and April. The small pretty yellow flowers with light fragrance cover the branches. After golden flowers wither, tender green leaves begin to appear.

The plant height can reach 3 meters, with fascicular branches, yellow twigs, arch droop and hollow stems. Oval or ovate-elliptic leaves with incised margins grow opposite, alone or trifoliate. Oval, ovate-elliptic or long elliptic forsythia fruits grow between July and September, whose surfaces have irregular longitudinal wrinkles, raised small spots, sharp tips and sparse lenticels.

第五节　太行连翘药茶价值的外宣翻译

太行连翘药茶作为一种地方特产，有其特有的价值。本节以汉英双语形式介绍太行连翘的医用成分和养生价值。英文翻译文本是学生了解太行连翘药茶价值和实践翻译策略的活动结果。

一、太行连翘的医用成分

太行连翘颗粒大、成色好，有效药质含量高，品质优良，它的连翘苷比标准高出近10倍，连翘酯苷A的含量比标准高40倍。其叶、花、根、果是治病解毒、抵抗疫情的常用良药。

太行连翘主要含三萜皂苷、苯乙醇苷类、甾醇、木脂体、生物碱、齐墩果酸、香豆精类、挥发油等化合物。药理研究发现其具有清热解毒、消肿散结、抗炎镇吐、抗菌镇痛、保肝利尿、强心、降血压、抑制弹性蛋白酶活力等作用。

连翘含连翘苷、连翘酚、皂苷等成分，对伤寒杆菌、霍乱弧菌、大肠杆菌、葡萄球菌、白喉杆菌均有较强的抗菌作用，并能增强炎性渗出细胞的吞噬能力，从而增强机体的防御功能，对流感病毒亦有抑制作用。连翘含丰富的维生素P，可增强毛细血管的抵抗力，从而防止溶血。

I. Medical Components of Taihang Forsythia

Taihang Forsythia has large particles and is good in color, high in effective drug content and excellent in quality. Its forsythoside is nearly 10 times higher than the standard and the content of forsythiaside A is 40 times higher than the standard. The leaves, flowers, roots and fruits are commonly used to treat diseases, detoxify and resist epidemics.

Taihang Forsythia mainly contains triterpene saponins, phenylethanoid glycosides, sterols, lignans, alkaloids, oleanolic acid, coumarins, volatile oil and so forth. Pharmacological studies show that it has the effects of antifebriles and detoxification, detumescence and lump dissipation, preventing inflammation and vomit, removing germs and ache, protecting livers and diuresis and hearts, lowering blood pressure, inhibiting elastase and so on.

Forsythia contains forsythin, forsythol, saponin and other components so that it has strong antibacterial effects on typhoid bacilli, cholera vibrio, coli bacilli, staphylococcus and diphtheria bacilli and can enhance the phagocytosis of inflammatory exudate cells to further strengthen defense function and inhibit influenza virus. Forsythia contains rich vitamin P, which can build up the defense of capillaries and prevent hemolysis.

二、太行连翘茶的养生价值

太行连翘茶，香味独特，口感绵长，同中药、针灸一样，是我国医学的重要组成部分。它既可以作为人们茶余饭后的饮料，又可防病治病，有自然、生态、保健、食疗的"药食两用"特色。

据《本草纲目》记载，连翘茶可治心肺积热，有清热解暑、清心下火、生津止渴、强心利尿、止吐保肝、利咽润喉等功效。长期服用令人颜润肤红、明目清心、开胃爽身、青春焕发。具体如下：

（1）可清热解毒，消痈散结，治疮痈和瘰疬，常用于外感风热、痈疡肿毒。

（2）连翘茶可以抗菌，对多种感染性疾病，如肺炎、伤寒、痢疾、扁桃体炎、咽喉痛、瘰疬、疮疡等有很好的抑制作用。

（3）连翘茶能有效维持调节血管，降低高血压和低血压的发生。

（4）连翘茶的维生素P，可降低血管脆性、通透性，防止溶血，对紫癜、视网膜出血有良好疗效。

（5）连翘茶所含的芦丁能增强毛细血管的致密度，故对毛细血管破裂出血、皮下溢血有止血作用。

（6）连翘能镇吐，起抑制呕吐的作用。

（7）连翘果茶的果皮中含齐墩果酸，有强心、利尿作用。

（8）连翘茶的齐墩果酸，还能降低实验性肝损伤动物的血清谷丙转氨酶，是抗肝损伤的有效成分。

II. Health Value of Taihang Forsythia Tea

Taihang Forsythia Tea, with its unique fragrance and lasting flavor, is an important part of Chinese medicine, just like traditional Chinese herbs and acupuncture. It can function both as beverages and medicine to prevent and treat diseases so it is both medicinal and edible with its characteristics of being natural, ecological, health caring and therapeutic.

According to *The Compendium of Materia Medica*, forsythia tea can relieve accumulated heat in hearts and lungs, clear away extra internal heat, calm hearts and diminish inflammation, quench thirst, strengthen hearts and diuresis, stop vomiting and protect livers, moisten throats and so on. Taken for a long time, it will bring you a healthy look, clear eyes, refreshed mind, activated appetite, mellow feeling and youthful vitality. Details are as follows:

(1) It can clear heat, diminish inflammation, disperse welling-abscesses and dissipate binds, cure carbuncle and scrofula so it is often used for wind-heat cold, carbuncle and pyogenic lumps.

(2) Forsythia tea is antibacterial. It has a very good inhibitory effect on various infectious diseases, such as pneumonia, typhoid fever, dysentery, tonsillitis, sore throat, scrofula, ulcers and so on.

(3) Forsythia tea can effectively maintain and regulate blood vessels and reduce the occurrences of hypertension and hypotension.

(4) The vitamin P of forsythia tea can reduce vascular brittleness and permeability, prevent hemolysis, and has a good effect on curing purpura and retinal hemorrhage.

(5) The rutin contained in forsythia tea can enhance the density of capillaries so it has a hemostatic effect on capillaries hemorrhage and subcutaneous hemorrhage.

(6) Forsythia can inhibit vomiting.

(7) The pericarp of forsythia fruit tea contains oleanolic acid, which has cardiotonic and diuretic effects.

(8) The oleanolic acid of forsythia tea, an effective anti-injury component to protect a liver, can also reduce the serum alanine aminotransferase of an experimental animal with a liver injury.

第六节 太行连翘药茶制用和影响的外宣翻译

太行连翘药茶有其专门的制作和饮用方法，以其茶香和药效受到了国际好评。本节以汉英双语形式介绍太行连翘叶茶制作工艺、饮用方法和外宾反响。英文翻译文本是学生了解太行连翘叶茶和实践翻译策略的活动结果。

一、太行连翘叶茶的制作工艺

太行连翘叶茶以连翘嫩芽叶为原料，可以做出绿茶、红茶、黑茶等系列茶品，香气馥郁，滋味纯正。连翘叶有严格的采摘时间。一般为花落后，植株刚刚长出一到两片叶子并没有完全展开的时候为最佳。大约在每年的谷雨时节采摘，这时候的连翘叶片新鲜柔嫩，做成的连翘茶口味较佳。

连翘叶茶的制作方法主要有两种。炒制法：将连翘鲜叶通过摇青、清洗、晒晾、炒制、揉捻、整形、烘焙、精选等工序加工。蒸制法：将连翘嫩叶经过挑选、洗净，上笼蒸制5到10分钟，以不过熟为宜，接着进行揉搓、晾晒、煨糠，之后筛去粉末，即为成品。

I. Production Technology of Taihang Forsythia Leaf Tea

Taihang Forsythia Leaf Tea was made of tender forsythia leaves into green, black, dark tea and other products with rich aroma and pure taste. The picking of forsythia leaves is strict. Generally the best time is after the flowers fall when the plant has just grown one or two leaves which are not fully expanded. It is around Grain Rain (the 6th of 24 solar terms) of a year to pick the tea when the leaves of forsythia are fresh and tender to make the forsythia leaf tea taste better.

There are two main methods to produce forsythia leaf tea. Stirring method: fresh forsythia leaves are shaken (to make the scent even), washed, sun dried, stirred, rolled, shaped, baked, selected and so on. Steaming method: tender forsythia leaves are selected, washed, steamed for 5 to 10 minutes but not overdone, then shape rolled, sun dried, steamed on slow fire with chaff at the bottom. Powder is sieved at last. Thus, the tea is produced.

二、太行连翘叶茶的饮用方法

太行连翘叶茶冲饮便利。用250ml水煎煮沸后5分钟即可饮用，频饮至味淡为止。也可直接用200ml开水冲泡饮用。冲饮步骤是：

（1）使用玻璃茶具最佳，其次为陶瓷茶具。

（2）取适量茶叶（一般为4克左右）放入杯中。

（3）注入沸水约1/3轻摇浸润连翘茶，使茶叶吸水舒张。

（4）继续注入沸水至2/3，1分钟后即可出首汤茶水。

（5）以后依次续水，延长浸泡时间，连续冲饮（约4次）至味淡为止。

II. Drinking Method of Taihang Forsythia Leaf Tea

It is convenient to brew and drink Taihang Forsythia Leaf Tea. We can boil the tea with 250ml water for 5 minutes and drink it frequently until the aroma becomes faint. In addition, you can also drink it directly after breweing with 200ml of hot boiled water. Brewing steps are as follows:

(1) Glass brewing utensils are the best to make tea, followed by ceramic utensils.

(2) Put an appropriate amount of tea (generally about 4g) into a cup.

(3) Pour hot boiled water in to 1/3 of a cup and shake gently the cup to soak the forsythia leaf tea so that it can absorb water and unfold.

(4) Continue to pour hot boiled water to 2/3 of a cup and the first soup can be served after 1 minute.

(5) Then add water successively, extend the soaking time, and drink continuously (about four times) until the aroma becomes light.

三、太行连翘茶获外宾点赞

2021年5月底，中国·山西（晋城）康养产业发展大会举行期间，来自毛里求斯、法国、菲律宾、波黑、斯洛伐克等18个国家的驻华使节、国际组织、国外政府机构的驻华代表约30余名外宾在山西省太行山晋城市司徒小镇参观康养产业博览会时，对泽州县二十里铺山西泽翘科技股份有限公司生产的太行连翘茶格外感兴趣。他们纷纷表示：连翘茶功效多，一定要

买几包，回去送给家人和朋友，让大家共同品味。（来源：太行日报；发布时间：2021-05-24）

2016年以来，泽州县川底镇以药材种植为基础，利用土地荒山，以山西泽翘科技股份有限公司作为投资主体，逐步建成万亩连翘种植观赏园区。位于泽州县川底镇张沟二十里铺自然村的山西泽翘科技股份有限公司，立足本土连翘资源产业优势及自身专业特点，已开发出一系列优质连翘药茶产品。

III. Taihang Forsythia Tea Was Praised by Foreigners

Over 30 foreign representative guests in China of ambassadors, international organizations, foreign government institutions from 18 countries, including Mauritius, France, Philippines, Bosnia, Slovakia, were particularly interested in Taihang Forsythia Tea produced by Zeqiao Science and Technology Co., Ltd. of Er-shi-li-pu, Zezhou County, Shanxi Province when they visited the Health Care Industry Expo in Situ Town, Jincheng City, Shanxi Province at the end of May, 2021 during Shanxi Province (Jincheng City) Health Care Industry Development Conference. They all said that the forsythia tea had many functions so they would buy some tea for their families and friends to share together.

Based on medical herb cultivation, Chuandi Town of Zezhou County has gradually built vast parks of forsythia planting and viewing with left-over lands and hills by the investor of Zeqiao Science and Technology Co., Ltd. of Shanxi Province, since 2016. Located in Er-shi-li-pu Village, Chuandi Town, Zezhou County, Shanxi Zeqiao Science and Technology Co., Ltd. has developed a series of high-quality forsythia herbal tea based on the advantages of the local forsythia industry and its own professional characteristics.

第七节　太行连翘药茶品牌的外宣翻译

正如同类产品有不同的品牌，太行连翘药茶有不同的品牌，各有特色。本节以汉英双语形式介绍太行连翘叶茶6种品牌产品（汉语来源：山西药茶——茶的味道药的功效.http://www.shanxiyaochawang.com/，访问日期：2021-10-12）。英文翻译文本是学生了解太行连翘叶茶品牌种类和实践翻译策略的活动结果。

一、屯留"盘秀山连翘茶"

"盘秀山连翘茶"产于山西省长治市屯留区西部太行山区盘秀山，这里平均海拔1314米，山清水秀，环境优美，资源丰富，野生中药材多达200余种，漫山遍野的野生连翘是当地主要药材。

"盘秀山连翘茶"是与山西中医生命科学研究院合作开发的纯野生、纯天然叶茶，口感清新芳香、滋味醇厚甘美，可治心肺积热，具有清热解暑、生津止渴、利咽润喉的功效，长期服用令人颜润肤红、明目清心、轻身耐老、青春焕发。

2018年"盘秀山连翘茶"经国家质检部门检验合格，属于纯绿色、无添加、无公害产品，荣选"中国著名品牌""中国绿色健康食品"。2019年荣获"中国中药养生保健茶十大质量信得过品牌"等荣誉证书。2020年冠状肺炎疫情防控期间，价值30万元的盘秀山连翘茶捐向防控一线。

包装地：屯留县张店镇八泉村

加工地：屯留县张店镇甄湖村

生产商：屯留区盘秀山农业科技开发有限公司

I. Tunliu "Panxiushan Forsythia Tea"

Panxiushan Forsythia Tea is produced on Panxiu Mt., Taihang Mts. on the west of Tunliu District, Changzhi City, Shanxi Province, where the average altitude is 1314 meters with green hills, clear water, abundant resources, including over 200 species of wild Chinese medicinal herbs, among which wild forsythia growing all over the area is the local main medicinal herb.

Panxiushan Forsythia Tea is a kind of purely wild leaf tea, which is developed in cooperation with Shanxi Institute of Chinese Herbal Medicine and Life Science, which tastes fragrant and mellow and can reduce extra internal heat, and moisten throats. If you take it for a long time, it will bring you healthy look, clear eyes, refreshed mind, persistent youth and youthful vitality.

In 2018, Panxiushan Forsythia Tea passed the examination of the national quality-supervising department, showing that it was a pure green, additive-free and pollution-free product so it was honored with "Chinese Famous Brand" and "Chinese Green Healthy Food". In 2019, it won the honorary certificate of "Ten Top Quality Trustworthy Brands of Chinese Herbal Health Care Tea". During the COVID-19 epidemic in 2020, Panxiushan Forsythia Tea was donated to the front-line of prevention and control.

Packing address: Baquan Village, Zhangdian Town, Tunliu County

Processing address: Zhenhu Village, Zhangdian Town, Tunliu County

Manufacturer: Panxiushan Agricultural Science and Technology Development Co., Ltd., Tunliu District

二、平顺"连翘叶茶"

平顺"连翘叶茶"产于太行山区天脊山和通天峡的崇山峻岭间，这里生态环境好，森林覆盖率高，常年云雾缭绕，气候四季分明，无任何污染企业，素有天然氧吧的美称，非常适宜野生连翘的生长。该茶叶原料是野生连翘嫩叶，在春季上午8点至11点之间采摘，之后立即晒晾，进行老嫩分类、杀青炒制、轻重结合地揉捻、多次整形、火候不同地烘焙，然后包装。

平顺"连翘叶茶"，纯天然无污染，色泽温厚，叶面紧致，香气扑鼻，茶汤透亮，入口绵长，具有茶的味道和药的功效，有清热解毒、消肿散结的作用。在2003年获"国家优质绿色合格产品"，2004年获"长治市知名品牌"，2006年获"国家知识产权发明专利保护"。

生产地：长治市平顺县青羊镇老马岭村

生产商：平顺县君品农产品开发有限公司

II. Pingshun "Forsythia Leaf Tea"

Pingshun forsythia Leaf Tea is produced between Tianji Mt. and Tongtian Gorge in Taihang Mts., where there is a good ecological environment, high forest coverage rate, floating clouds all year round and distinct four seasons. Besides, there are no polluting enterprises within the jurisdiction. It is known as a natural oxygen bar, which is very suitable for the growth of wild forsythia. The material of the tea is the tender leaves of wild forsythia which are picked between 8 o'clock and 11 o'clock in the morning of spring. After that, they are sun dried immediately and classified into old and tender ones, water-removed, stirred, rolled gently and mightily, shaped repeatedly, baked at different temperatures then packaged.

Pingshun Forsythia Leaf Tea is purely natural and pollution-free, with warm color, compact leaf surface, fragrant aroma, limpid tea soup and lasting taste, which has the taste of tea and the medicinal effects of antifebriles and detoxification, detumescence and lump dissipation. It was honored "National High-quality Green Qualified Product" in 2003, "Famous Brand of Changzhi" in 2004 and "National Intellectual Property Invention Patent Protection" in 2006.

Producing address: Laomaling Village, Qingyang Town, Pingshun County, Changzhi City

Manufacturer: Junpin Agricultural Product Development Co., Ltd., Pingshun County

三、壶关"太行黄花王连翘茶"

"太行黄花王连翘茶"产于国家级生态示范园、海拔1500米的太行山大峡谷的纯天然野生连翘叶,含有连翘酚、香豆精、齐墩果酸、维生素P等。这里植被茂密,空气清新。在每年4~5月的采茶季,采茶人一大早就上山采摘连翘叶,下山后立即将连翘叶送到依山而建的茶厂。经过杀青、压制、炒散、烘干,一片片连翘叶被加工为"黄花王连翘茶"。

常饮该茶可清心泄热、帮助消化和美容养颜。该品牌的连翘叶小罐茶、连翘叶袋泡茶,口感由浅及深,清香怡人,备受欢迎。2020年6月,

"太行黄花王连翘茶"获得山西药茶产业联盟颁发的质量合格证书。

生产地：山西省壶关县南平头坞村（太行山大峡谷）

生产商：壶关县平头坞土特产开发有限公司

III. Huguan "Taihang Yellow Flower King Forsythia Tea"

Taihang Yellow Flower King Forsythia Tea is made of the purely natural wild forsythia leaves growing in a national ecological sample garden, Grand Canyon of Taihang Mts. at an altitude of 1,500 meters. It contains forsythol, coumarins, oleanolic acid, coumarin, Vitamin P., etc. The vegetation is dense and the air is fresh here. During the tea-picking season between April and May of each year, tea pickers climb the mountain to pick forsythia leaves early in the morning. After returning, they send immediately these leaves to the nearby tea factory at the foot of the mountain. Then the leaves are water-removed, pressed, stirred to separate, and baked into slices of forsythia leaf tea.

Not only can the tea clean hearts and relieve heat, but also it is of great benefit to digestion and skin. The small cans and teabags of the tea are extremely popular because of its unique taste with pleasant fragrance. Taihang Yellow Flower King Forsythia Tea won the quality certificate issued by Herbal Tea Industry Alliance of Shanxi in June 2020.

Producing address: Nan-ping-tou-wu Village, Huguan County, Shanxi Province (in Grand Canyon of Taihang Mts.)

Manufacturer: Pingtouwu Local Specialty Development Co., Ltd., Huguan County

四、陵川"晋之翘"连翘叶茶

"晋之翘"连翘茶生产于风光秀美的山西省陵川县古郊村，与太行山的国家4A级景区王莽岭毗邻。当地为了满足绿色健康消费需求，依托自身生态农业资源，形成以野生连翘鲜叶为原料的连翘绿茶、红茶、黑茶。年产茶3万公斤，远销北京、上海、广州、深圳、太原、郑州等20多个中大城市，深受广大消费者青睐。

"晋之翘"连翘叶茶以连翘嫩芽叶为原料，经杀青、揉捻、干燥等纯手工工艺制成，其干茶色泽和冲泡后的茶汤、叶底为绿色，茶气清新扑面，入口味道清淡，饮后唇齿留香，具有保健养生价值。

饮用方法：温水洗杯，取1克茶叶，先用少量热水浸润茶叶，稍后再注满水。注水时高位冲茶使茶叶上下浮动。

茶具：使用透明玻璃杯或白瓷茶具为宜

用量：茶叶与水的比例约1∶50

水温：煮水初沸，水温在70℃～80℃为宜

储存方法：置于阴凉干燥处

保质期：1800天

生产地：山西省晋城陵川县古郊乡古郊村

生产商：陵川县乡土人家农业综合开发有限公司

IV. Lingchuan "Shanxi Forsythia" Leaf Tea

Shanxi Forsythia Leaf Tea is produced in the beautiful village Gujiao of Lingchuan County, Shanxi Province, which is adjacent to Wangmang Ridge, a national 4A scenic spot on Taihang Mts. In order to meet the consumers' demand for green health, the natives have created Forsythia green, black and dark tea made of fresh wild forsythia leaves relying on their own ecological agricultural resources, with an annual output of 30,000 kilograms, which are sold to more than 20 large and medium-sized cities such as Beijing, Shanghai, Guangzhou, Shenzhen, Taiyuan, Zhengzhou and so on, and are well popular with most consumers.

Shanxi Forsythia Leaf Tea is made of tender forsythia leaves by pure handcrafts such as fixing, shape rolling and drying. The colors of the dry tea, the brewed tea soup and the dregs are mainly green. Its smell is fresh and fragrant and its taste is light but lingers over drinkers' lips and teeth. The tea has the value of health care and maintenance.

Drinking method: First, wash a cup with warm water. Second; put into 1 gram of tea and soak it with a small amount of hot water. Third, pour more water from a high-position to make the tea float up and down in a cup.

Tea utensils: It's better to use transparent glassware or white porcelain.

Dosage: The ratio of tea to water is about 1∶50.

Water temperature: It's better to brew with initially boiled water at 70℃~80℃.

Storage: Store in a cool and dry place.

Shelf life: 1800 days

Producing address: Gujiao Village, Gujiao Town, Lingchuan County, Jincheng City, Shanxi Province

Manufacturer: Agrestic Agricultural Comprehensive Development Co., Ltd., Lingchuan County

五、陵川"晋之翘"连翘茯砖茶

"晋之翘"连翘茯砖茶，以存放一年以上优质连翘黑毛茶为原料，通过破碎、筛分、发酵、蒸制形成半成品后，再经过手工筑制而成。该茶在加工过程中会产生一种有益菌"冠突散囊菌"，它一方面吸收茶叶中的有效成分，另一方面通过自身代谢产生一系列有益于人体健康的各类小分子化合物。其经手工筑制，松紧度适中，便于冲泡。该茶品外形成褐色，砖稍松，有"菌花香"并伴有连翘的清新香气。茶汤呈黄明亮的"琥珀色"，口感醇厚，清润回甘，叶底呈黑褐色，耐泡。

饮用方法：取3~5克，用80℃开水冲泡

储存方法：置于阴凉干燥处

保质期：1800天

生产地：山西省晋城陵川县古郊乡古郊村

生产商：陵川县乡土人家农业综合开发有限公司

V. Linchuan "Shanxi Forsythia" Cube Tea

Shanxi Forsythia Cube Tea is of high-quality dark green tea that has been stored for more than one year through crushing, sieving, fermenting and steaming, then the semi-finished product is pressed into cube tea by hand. During the processing, the tea produces a kind of beneficial bacteria "Eurotium cristatum", which both absorbs the effective ingredients from tea and generates a series of minor molecular compounds beneficial to human health through its own metabolism. It is handmade, moderately compressed and easy to brew. The appearance of the tea is brown and the cube is slightly loose with "Flower fragrance of eurotium cristatum" and the fresh aroma of forsythia. The color of the tea soup is as yellow and bright as "amber". It tastes mellow, clear and sweet. The dregs are dark auburn and durable to brew.

Drinking method: Take 3 ~ 5 grams and pour boiled water at 80℃.

Storage: Store in a cool and dry place.

Shelf life: 1800 days

Producing address: Gujiao Village, Gujiao Town, Lingchuan County, Jincheng City, Shanxi Province

Manufacturer: Agrestic Agricultural Comprehensive Development Co., Ltd., Lingchuan County

六、泽州"连翘红（绿）茶"

泽州"连翘红（绿）茶"（铁罐装）产于山西省东南端、太行山最南麓的山西晋城市泽州县川底乡张沟村，平均海拔在650 ~ 1000米。境内山岭纵横，森林覆盖率高，野生连翘广泛，是名副其实的纯天然药茶原料基地。

该茶的采摘时间严格控制在4月20号到5月10号之间。按照乌龙茶工艺加工，经过萎凋—摇青—炒青—揉捻—烘干等工序精制而成的连翘茶，条形紧实、匀整，色泽绿褐鲜润。冲泡后茶汤呈深橙黄色，清澈艳丽，叶片软亮，叶缘朱红，叶心淡绿带黄，兼有红茶的甘醇和绿茶的清香。该茶的茶性温和不寒，久藏不坏。

配料：100 %连翘叶

净含量：50/80克

饮用方法：取3 ~ 5克，用80℃开水冲泡，每日饮用≤6克，孕妇及婴幼儿不宜食用。

产品标准号：Q/SXZQ0001S-2019（红茶）；Q/SXZQ0002S-2019（绿茶）

生产许可证：SC11414052530049

保质期：十八个月

生产日期：见罐底

贮存方法：避光、干燥、防异味

生产地：山西省晋城市泽州县川底乡张沟村

VI. Zezhou "Black (Green) Forsythia Tea"

Zezhou Black (Green) Forsythia Tea (packed in iron cans) is produced in Zhanggou Village, Chuandi Town, Zezhou County, Jincheng City at the southernmost foot of Taihang Mts. at the southeastern end of Shanxi Province, with an average altitude of 650 ~ 1000 meters. Mountainous terrain, dense forest and extensive wild forsythia make this area a veritable base of purely natural herbal tea.

The picking time of the tea is strictly controlled between April 20 and May 10. With the method of Oolong Tea, the tea is produced through fixation—shaking—stirring—rolling—baking and so on. After processed, the tea leaves are compact in shape, uniform in strip, greenish brown in color. When brewed, the tea soup appears dark orange yellow, limpid and gorgeous. Besides, the tea leaves turn soft and bright with vermilion margins, light green and yellow centers, and give off both the mellowness of black tea and the fragrance of green tea. The tea is mild and can be preserved for a long period.

Ingredients: 100 % Forsythia leaves

Net content: 50g / 80g

Drinking method: Take 3 ~ 5g and brew with boiled water at 80 ℃ and drink no more than 6g a day.

Notice: Pregnant women and infants should not consume.

Product standard code: Q / SXZQ0001S-2019 (black tea) ; Q / SXZQ0002S-2019 (green tea)

Production license code: SC11414052530049

Shelf life: 18 months

Production date: See the bottom of the can.

Storage: Keep it in shade and dry places from peculiar smell.

Production address: Zhanggou Village, Chuandi Town, Zezhou County, Jincheng City, Shanxi Province

第八节 "沁州黄"小米的外宣翻译

"沁州黄"小米是主要生产于太行山地区,是山西省长治地区的重要特色产品之一。围绕"沁州黄"小米,形成的外宣翻译文本有"沁州黄"小米总体介绍英译,包括历史渊源、文化传说、生长环境、养生作用、食用功效、食用方法、营养优势,以及5份不同公司(品牌)的"沁州黄"小米说明书英译、1份武乡农家小米说明书英译。

一、"沁州黄"小米总体介绍英译

(一)历史渊源

黄河流域是谷子的故乡,西安半坡村发掘的新石器时代的遗址里就有盛谷子的陶罐,迄今已培育出16000多个品种。"沁州黄"就是其中的一个最特殊的品种。"沁州黄"不仅色泽金黄、颗粒圆润、晶莹明亮,而且味道香美、营养丰富,它所含的脂肪、蛋白质、可溶性糖类,都高于普通小米。

I. Historical Origin

The Yellow River is the home of cereals. In the relics of Neolithic age of Banpo Village in Xian, people found earthen jars holding cereals. Over 16,000 species of cereals have been cultivated since then. Qinzhou Yellow millet is one of these varieties, which is not only of golden yellow color and mellow glistening shape, but of delicious taste and ample nutrition. Its content of fat, protein, soluble sugar is higher than that of the ordinary millet.

(二)文化传说

和尚种下爬山糙,
京城熬出黄金汤。
只缘清官吴阁老,
才得御封沁州黄。

诗中的"沁州"就是现在的长治市沁县。相传在几百年前,沁县檀山寺的和尚在寺外的田地种的谷子很受当地人欢迎，人们就叫它爬山糙。清朝康熙年间大学士吴琠在朝任大学士兼刑部尚书时，将檀山产的"爬山糙"献给康熙帝品尝，帝悦，御封这种小米为"沁州黄"，列入皇家贡品。"沁州黄"小米，从此名扬天下。

II. Cultural Legend

The monk grew the hill-climbing grain,

People of the capital made golden soup out of it.

Because of Minister Wu, an upright official,

The hill-climbing grain was crowned as "Qinzhou Yellow".

Qinzhou in the poetry refers to Qin County of Changzhi City today. According to the legend, hundreds of years ago, in Qin County, monks of the Tanshan Temple grew the grain outside the temple, which was popular with natives so people named it hill-climbing grain. During Emperor Kangxi of Qing Dynasty, Wu Tian, a grand secretary and minister of justice of the government, delivered the millet processed from the hill-climbing grain to Emperor Kangxi, who tasted and spoke highly of it, so he crowned the millet as "Qinzhou Yellow" and added it to the imperial tributes. Since then, Qinzhou Yellow millet has become world-renowned.

（三）生长环境

"沁州黄"小米的特殊性，在于它择土性很强，只适宜在山区瘠薄干旱的土地生长，集中在沁县次村乡十多个自然村，每公顷产量约1500公斤。如果把"沁州黄"引植在别处隔一年就会完全退化。它与山东金乡县的金米、章丘县的龙山小米，河北蔚县的桃花米，并称为我国"四大名米"。2000年获国家绿色食品标志使用权。

III. Growing Environment

The particularity of Qinzhou Yellow millet is that it is fastidious about the soil it grows in. It prefers the barren and dry mountainous areas. So, it centers mainly in a dozen natural villages around Cicun Town of Qin County, and each hectare of the field can yield about 1,500kg. If Qinzhou Yellow is transplanted to another place, its quality will deteriorate next year. Qinzhou Yellow millet, together with Jin millet produced in Jinxiang County of Shandong Province, Longshan millet produced in Zhangqiu County of Shandong Province and peach blossom millet produced in Wei County of Hebei Province, are jointly called four kinds of most famous millet. In 2000, Qinzhou Yellow millet obtained the right to use the National Green Food Trademark.

（四）养生作用

"沁州黄"小米具有滋补功效。在北方，妇女生孩子以后要喝小米稀饭加鸡蛋，可以滋补产后的虚弱。沁县地处太行山深处，由于特殊的地理、气候，特别适宜谷子的生长发育，因此"沁州黄"小米谷香味浓，植物脂肪、可溶性糖类、粗纤维、蛋白质含量均优于普通小米、大米等。常食此米可治疗脾胃虚弱、反胃呕吐、腹泻等疾病，还具有养阴、壮阳、清热、利尿等功能，对高血压、皮肤病、炎症均有一定的预防和抑制作用。有肾病者宜常食，脾胃虚者宜久食。

IV. Health Care Efficacy

Qinzhou Yellow millet is nourishing. In the North of China, women eat the millet porridge mixed with eggs after they give birth, which can nourish postpartum weakness. Qin County is located in the deep of Taihang Mountains, whose special geography and climate especially meets the growth preference of the millet. Therefore, "Qinzhou Yellow" millet has thick fragrance, whose vegetable fat, soluble sugar, crude fiber and protein are richer than that of ordinary millet and rice. The millet can treat weak spleen and stomach, nausea and vomiting, diarrhea, etc. Besides, it has the functions of balancing one's internal circulation, dispelling heat, diuresis, etc. At the same time, it can prevent and hinder hypertension, skin disease, and inflammation. Therefore, the people who have weak kidney, spleen and stomach are advised to eat the millet more often.

（五）食用功效

"沁州黄"小米具有健脾、健胃的作用，特别适合脾胃虚弱的人食用。煮小米粥时，待到粥熬熟好后稍稍冷却沉淀，便可以看到粥的最上层浮有一层细腻的黏稠物，这就是粥油，其具有保护胃黏膜、补益脾胃的功效，最适合慢性胃炎胃溃疡患者食用。特别说明的是，新米的补益效果优于陈米。

小米具有防治消化不良的功效。小米是碱性谷类，胃酸不调者可常常吃。若是泻肚子，可把小米炒过再煮。消化不良或呕吐时，可用小米熬成粥吃。

小米具有滋阴养血、调节睡眠的功效。小米中丰富的氨基酸可以使产妇虚寒的体质得到调养，帮助她们恢复体力。小米的色氨酸含量为谷类之首，色氨酸有调节睡眠的作用。用小米煮粥，睡前服用，易使人安然入睡。

V. Food Efficacy

Qinzhou Yellow Millet has the effect of strengthening the spleen and balancing the stomach, especially for people with weak spleen and stomach. You can see a slimy layer on the surface after the cooked millet congee becomes cool and subsides. The slimy layer, called congee oil, is suitable for the patients with chronic gastritis and gastric ulcer to eat to protect gastric mucosa and benefit spleen and stomach. In particular, the tonic effect of the new millet is better than that of last year.

The millet is an alkaline grain, which is beneficial to cure indigestion. Someone who is unbalanced in the stomach acid should eat it usually. If you have diarrhea, you can boil it after stir-frying. And you can cook porridge when you are indigestive or vomiting.

Millet has the effect of nourishing blood and regulating sleep. The rich amino acid in millet can help a woman who has just given birth to recover from weakness. Its content of tryptophan, which can regulate sleep, is on the top of all the grains. Therefore, one may fall asleep easily if taking the millet congee before bed.

（六）食用方法

"沁州黄"小米是健康食品，可单独煮熬。小米粥不宜太稀薄。

小米也可与大豆混合食用。这是由于小米的氨基酸中缺乏赖氨酸，而大豆的氨基酸中富含赖氨酸，故而可以补充小米的不足。

亦可将小米、紫米、玉米糁、红豆、绿豆、花生豆、红枣、百合、莲子一起煮至黏稠状，这种粥营养较全面，富含丰富的碳水化合物、蛋白质、脂肪、微量元素和维生素，尤其适宜食欲欠佳、肠胃不好的人食用。

小米磨成粉，可制糕点，美味可口。

VI. Cooking Methods

As a kind of healthy food, Qinzhou Yellow millet can be boiled separately into congee, which is inadvisable to be too thin.

Millet can also be cooked together with soybean. Owing to the rich lysine in the amino acid, soybean can supplement the lack of lysine in the amino acid of the millet.

Millet can be boiled into porridge, together with purple rice, corn grit, gram, mung bean, peanut, red jujube, lily, lotus seed, etc. This kind of porridge is comprehensively nutritious and rich in abundant carbohydrate, protein, fattiness, trace element and vitamin, especially suitable for people with poor appetite and stomach.

The powder of the millet can also be made into delicious cakes.

（七）营养优势

（1）"沁州黄"含有丰富的脂肪，为大米的7.8倍，且主要为不饱和脂肪酸。

（2）含有大量的维生素E，为大米的4.8倍。

（3）膳食纤维含量丰富，为大米的4倍。

（4）含钾高含钠低，钾钠比大米为9:1，而小米为66:1。经常吃小米，对高血压患者有益。

（5）含铁量高，为大米的4.8倍;含磷也丰富，为大米的2.3倍。这就是小米能补血、健脑的原因。

VII. Nutrient Advantage

(1) Qinzhou Yellow millet is rich in fat, which is 7.8 times more than that of rice, and contains mainly unsaturated fatty acids.

(2) It contains a lot of vitamin E, which is 4.8 times more than that of rice.

(3) It is rich in dietary fiber, which is 4 times more than that of rice.

(4) It contains high potassium but low sodium. The ratio of potassium and sodium in rice is 9:1 whereas it is 66:1 in millet. It is beneficial for hypertensive patients to eat millet often.

(5) It is rich in iron, which is 4.8 times more than that of rice. It also contains rich phosphorus, which is 2.3 times more than that of rice. This is the reason why millet can enrich the blood and invigorate brain.

二、5份不同品牌"沁州黄"小米的英译

（一）"沁州黄"小米（本汉语说明采集于山西省长治市金威超市）

"沁州黄"小米

"沁州黄"小米是山西名特产品，产于太行、太岳两山之间。独特的土壤条件和气候环境，严格的基地标准化管理、科学的恒温储藏、先进的设备和加工工艺、全面的质量管控流程，成就了其卓越品质。营养全面均衡，老少皆宜。

产品名称：沁州黄小米

产品类型：硬性小米

配料：小米

食用方法：熬粥或做小米饭时，建议使用矿泉水，当水烧至七十摄氏度至九十摄氏度时将米加入，熬粥时大火熬制三十到四十分钟即可。做米饭时大火熬制十分钟后，再中火熬至二十分钟即可。

米水比例：熬粥1:18~20 米饭1:6

产品标准代号：NY/t 893

食品生产许可证编号：QS1404 0104 0011

贮藏方法：保存于阴凉干燥处

保质期：十二个月

生产日期：见封口处，

产地：山西省长治市

生产商：山西沁州黄小米(集团)有限公司

公司地址：山西省沁县金硕小区六号

生产地址：山西省长治市沁县迎春河北路一号

网址：www.qinzhouhuang.com

Qinzhou Yellow Millet

Qinzhou Yellow millet is a kind of famous local specialty in Shanxi Province. It is produced in the area between Taihang Mountains and Taiyue Mountains. Qinzhou Yellow millet is praised for its superior quality, owing to unique soil conditions, special climate environment, the strict standardized management on its base, the scientific storage under constant temperature, the advanced equipment and processing craft, and the comprehensive quality control process. Therefore, it is rich in overall and balanced nutrition suitable for people of all ages.

Product Name: Qinzhou Yellow millet

Product Type: hard millet

Ingredient: millet

Cooking Methods: Mineral water is suggested to use when you cook millet congee or make cooked millet. Put the millet into water at 70℃ ~ 90℃. Continue to boil it with big fire for about 30 ~ 40 minutes in order to make millet congee; if you want to make cooked millet, boil it for about 10 minutes, then low the heat and simmer it for 20 minutes.

Millet and Water Proportion: millet congee (1:18 ~ 20)　cooked millet (1:6)

Product Standard Code: NY/t893

Food Production License Number: QS1404 0104 0011

Storage Method: kept in dry and cool places

Shelf Life: 12 months

Production Date: see the mark on the seal

Production Area: Changzhi, Shanxi Province

Manufacturer: Qinzhouhuang(Group) Limited Company in Shanxi Province

Company Address: No.6 of Qinzhuo District, Qin County, Shanxi Province

Production Address: No.1of Yingchun River North Road, Changzhi, Shanxi Province

URL: www.qinzhouhuang.com

（二）铜鞮"沁州黄"小米（本汉语说明采集于山西省长治市博源超市）
铜鞮"沁州黄"小米

沁县位于美丽富饶的上党盆地，是传统的特色农业大县。境内地肥水美，空气新鲜，昼夜温差大，无任何污染。沁州黄小米盛产于此。由于独特的土壤和气候条件，沁州黄小米颗粒圆润，金黄明亮，食时绵香可口。该小米采用沁县优质谷子，恒温储存，采用先进的工艺加工，确保产品的质量，符合现代人的饮食需求。

品名：铜鞮牌沁州黄小米

配料：优质沁州谷子

产品类型：梗性小米

储存方法：保存于阴凉干燥处

执行标准：GB/T19503-2008

保质期：12个月

产地：山西沁县

公司地址：沁县友谊西街58号

生产地址：沁县次村乡杨家庄村

生产日期：见封口处

Qinzhou Yellow Millet of Tongdi

Qin County is known as a special traditional large agricultural county, located in the beautiful and rich Shangdang basin. It has fertile land and clear water with fresh air and big temperature difference between day and night without any pollution. Qinzhou Yellow millet abounds in this county. Because of unique soil and climate conditions, Qinzhou Yellow millet is overall round, brightly golden, and delicious. The millet is produced from high-quality grains of Qin County, stored in constant temperature and processed with advantaged technology, which can ensure the quality of the product and meet the needs of modern people's diet.

Product Name: Qinzhou Yellow millet of Tongdi

Ingredient: high-quality grains of Qinzhou

Product Type: hard millet

Storage Method: kept in dry and cool places

Executive Standard: GB/TI 9503-2008

Shelf Life: 12 months

Production Area: Qin County, Shanxi Province

Company Address: No 58, West Youyi Street, Qin County

Production Address: Yangjiazhuang Village, Cicun Town, Qin County

Production Date: See the mark on the seal.

（三）檀山皇"沁州黄"小米（本汉语说明采集于山西省长治市"沁州黄"专卖店）

檀山皇"沁州黄"小米

沁州黄小米发源地——山西沁县檀山，地处万亩林场腹地，海拔1200米，土质红褐色，绿树成荫，冬暖夏凉，昼夜温差大，光照时间长，无霜期长，无污染源。

据《明史》记载，从明朝嘉靖年间，檀山凤凰台附近"九亩三分地"出产的糙谷米，已经成为宫廷贡品。清初，康熙帝赐名"沁州黄"。公司采用古老的轮作种植，羊群卧地，施农家肥，所产小米清香绵软，色泽金黄透亮，颗粒圆润饱满。

食品名称：沁州黄小米

产品类型：粳性小米

配料：沁县优质产区小米

等级：一级

执行标准：GB/T19503

产品许可证：QS1404 0104 0012

净含量：450克×4袋

储存方法：置于常温避光处

保质期：12个月

生产日期：见封口处

生产商：山西沁县檀山皇小米基地有限公司

地址：沁县定昌镇西苑社区金硕路8号

销售商：山西沁州檀山皇小米发展有限公司

注意事项：避免高温、潮湿、光照

避免和有气味的东西放在一起，以免影响正宗口味

本品为免淘洗小米，淘洗会使营养成分流失

正确的计量最好使用量杯

放水量要正确，一般水米比例为13~18:1

为了煮出好的味道，建议大火煮25分钟

温馨提示：如当地水不达标，请用矿泉水

Qinzhou Yellow Millet of Tanshanhuang

Tanshan of Qin County in Shanxi is the birthplace of Qinzhou Yellow millet. Located in the hinterland of a vast forest land with an altitude of 1,200 meters, the area enjoys reddish-brown soil, shady woods, warm winter and cool summer, big temperature difference between day and night, long sunshine time, long frost-free period, and non-pollution source.

According to the record of *The History of Ming Dynasty*, from Jiajing of Ming dynasty, cereals produced in a small plot of land near Fenghuangtai of Tanshan had become one of the court tributes. At the beginning of Qing Dynasty, Emperor Kangxi crowned the cereal as "Qinzhouhuang". Our company adopts some archaic methods, such as crop rotation, spot sheep herding and farmyard manure. Thereby, the millet is blessed with delicate fragrance, gooey taste, brightly golden yellow, and round mellow shape.

Nutrition Facts

Food Name: Qinzhou Yellow millet

Product Type: hard millet

Ingredient: high-quality millet of Qin County

Grade: class-A

Executive Standard: GB/T19503

Production License Number: QS14040104 0012

Net Weight: 450g × 4 bags

Storage: preserved at room temperature in light-proof places

Shelf Life: 12 months

Production Date: See the seal

Producer: Tanshanhuang Millet Base Limited Company of Qin County in Shanxi Province

Address: No.8 of Jinshuo Road, Xiyuan Community, Dingchang Town, Qin County

Seller: Tanshanhuang Millet Base Limited Company of Qin County in Shanxi Province

Notice:

Avoid high temperature, moistness and light.

Avoid odorous things for the conservation of authentic taste.

The product is free elutriation millet to avoid the loss of nutrients.

To measure accurately, you'd better use a measuring cup.

To have appropriate water amount, you'd better adopt the proportion of water and millet in 13 ~ 18:1.

To taste better, you'd better boil it with big fire for 25 minutes.

Warm Tip: If the local water cannot meet the quality assurance, choose mineral water.

（四）沁润禾"沁州黄"小米（本汉语说明采集于山西省沁县定昌镇东段庄）

沁润禾"沁州黄"小米

"沁润禾"小米，产于山西省长治市沁县东段庄一带。这里气候宜人，空气新鲜，有着纯天然的种植环境，还有独特的土质条件。采用原生态农业耕作方式，使用农家肥，不施化肥和农药。产出的小米晶莹剔透、粒粒饱满，富含人体所必需的氨基酸、维生素、膳食纤维以及钙、铁、锌、硒等微量元素。用其煮饭熬粥香飘四溢，入口甘甜滋润，沁人心脾，回味悠长，具有滋阴养血，提神养颜等功效，是产妇、婴幼儿、中老年人的补食佳品。

产品名称：沁州黄小米

食用方法：先将水煮至50℃~70℃，再加入适量小米煮半小时以上，即可食用

贮藏方法：保存于阴凉干燥处

保质期：12个月

净含量：25kg

制造商：沁县同欣小杂粮种植专业合作社

地址：山西省长治市沁县定昌镇东段庄

Qinzhou Yellow Millet of Qinrunhe

Qinrunhe millet is produced near Dongduanzhuang Village of Qin County, Shanxi Province. This area boasts of the pleasant climate, fresh air, the pure natural planting environment and the unique soil condition. The millet is produced by adopting the original ecological farming method, applying farmyard manure without chemical fertilizer or pesticides. Therefore, the millet is glittering, translucent, plump, rich in essential amino acids, vitamins, dietary fiber and other trace elements, such as calcium, iron, zinc and selenium, etc,. It smells delicious around when cooked. It has a long aftertaste when tasted. With the function of nourishing Yin and blood, helping refresh and beautify, the millet a good choice for delivery women, infants and middle-up-aged people.

Product name: Qinzhou Yellow millet

How to eat: boil water to 50℃ ~ 70℃, add suitable amount of millet and cook for half an hour or more

Storage Method: preserved in cool and dry environment

Shelf Life: 12 months

Net Weight: 25kg

Manufacture: Tongxin Minor Cereal Specialized Cooperative in Qin County

Address: Dongduanzhuang Village, Dingchang Town, Qin County, Shanxi Province

（五）山西安敦堂农业开发有限公司（本汉语说明采集于山西省沁县牛寺乡高安庄村）

安敦堂"沁州黄"小米

安敦堂牌沁州黄小米产于"中国名米"之乡——山西省沁县无污染生态区。

沁州黄小米栽培历史悠久，产区沁县号称"上党粮仓"，位于东经112°，北纬36°，具有独特的土壤条件和气候环境，属于丘陵地带，由于海拔较高，全年无霜期，谷子生长期较长，所以这一带种植的小米颗粒圆润饱满，金黄明亮，食用清香可口，回味无穷，不使用任何化肥农药，是消费者喜欢的米中精品。

食品名称：安敦堂牌沁州黄小米

产品类型：粳性小米

配料：谷子

产地：山西·沁县

质量等级：一级

营养成分类		
项目	每100克（g）	NRV%
能量	1515千焦	18%
蛋白质	11.6克	19%
脂肪	3.4克	6%
碳水化合物	70.1克	23%
钠	0毫克	0%

食用方法：熬粥和做小米饭时，建议最好使用矿泉水，待水快开时（80℃~90℃），将米加入，熬粥时大火熬制30~40分钟即可；做米饭时大火熬10分钟后中火熬20分钟即可。

米水比例：熬粥1：18~20，米饭1：5~8

食品生产许可证号：QS140401040230

执行标准号：GB/T19503

储存方法：置于阴凉干燥处

生产商：山西安敦堂农业开发有限公司

地址：长治市沁县牛寺乡高安庄村

生产日期：见包装封口处

保质期：十二个月

Qinzhou Yellow Millet of Anduntang

Qinzhou Yellow millet of Anduntang brand is produced in a non-polluted ecological zone in Qin County of Shanxi Province, which is the home of Chinese special millet.

　　Qinzhou Yellow millet has a long history of cultivation. Qin County is known as the granary of Shangdang. The growing district is located at longitude 112E, latitude 36N, which is a hilly region with unique soil conditions and climatic environment. The high altitude and total frost-free period make the growth period of millet longer. Therefore the millet grain in this area is full and round. It looks so bright and tastes fragrant and delicious that it has an endless aftertaste. Besides, chemical pesticides are not applied at all. It is the consumers' most favorite grain.

Food Name: Qinzhou Yellow millet of Anduntang

Product Category: hard millet

Ingredient: grain

Locality of growth: Qin County, Shanxi Province

Quality Grade: Class 1

Nutrition Table		
Items	Every one hundred grams	NRV
Energy	1515 k cal	18%
Protein	11.6g	19%
Fats	3.4g	6%
CHO	70.1g	23%
Sodium	0mg	0%

Cooking Methods: when making porridge and cooking millet, you'd better use mineral water. Put rice into water at 80℃ ~ 90℃. Continue to boil it for 30 ~ 40 minutes for porridge. And for cooked millet, boil it at high temperature for 10 minutes, and then cook at medium temperature for 20 minutes.

Millet and Water Proportion: make porridge: 1:18 ~ 20. cook millet: 1:5 ~ 8

Food Production License No: QS140401040230

Perform as per the standard number: GB/T19503

Storage Methods: placed in cool and dry places

Manufacturer: Anduntang Agricultural Development Limited Company in Shanxi Province

Address: Gaoanzhuang Village, Niushi Town, Qin County, Changzhi

Production Date: see the packaging seal

Quality Guarantee Period: 12 months

三、武乡农家小米（本汉语说明采集于山西省武乡县上司乡新庄村）

武乡农家小米

武乡农家小米是山西名特产品，产于太行山武乡老区，有独特的土壤条件和气候环境、严格的基地标准化管理、先进的设备和加工工艺、全面的质量管控流程，营养全面均衡，老少皆宜。

中国驰名商标　历代贡品　绿色食品　米中精品　营养佳品

食用方法：熬粥或做小米饭时，建议最好使用矿泉水（水米比例：熬粥时，1:18~20；做小米饭时，1:5~8）。当水快开时（80~90摄氏度），将米加入。熬粥时大火开锅后，文火熬30~40分钟即可。做小米饭时，大火熬制10分钟后，文火熬20分钟即可。

净含量：5kg　地址：山西省武乡县上司乡新庄村

Farm Millet of Wuxiang

Farm Millet of Wuxiang is a kind of famous local specialty in Shanxi Province. It is produced in the old Taihang Mountains of Wuxiang County. Farm Millet of Wuxiang is rich in overall and balanced nutrition suitable for people of all ages, owing to unique soil conditions, special climate environment, the strict standardized management on its base, the advanced equipment and processing craft, and the comprehensive quality control process.

Famous Trademark of China; Lasting Court Tribute; Green Food; Superior Millet; High-quality Nutrient

Cooking Methods: Mineral water is suggested to use when you cook millet congee or make cooked millet (Millet and Water Proportion: millet congee, 1:18~20; cooked millet, 1:5~8). Boil the water to 80℃~90℃, and put the millet into it. Continue to boil it with big fire for about 30~40 minutes in order to make millet congee; if you want to make cooked millet, boil it for about 10 minutes, then low the heat and simmer it for 20 minutes.

Net Weight: 5kg

Address: Xinzhuang Village, Shangsi Town, Wuxiang County, Shanxi Province.

第九节　潞酒和上党腊驴肉的外宣翻译

"潞州"始置于北周宣政元年（公元前578年），以境内潞水（今长治境内的浊漳河）命名，今山西省长治城区就沿用该名称称为"潞州区"。"上党"之名最早见于战国初，《史记·赵世家》："（赵成侯）十三年

（公元前362年），成侯与韩昭侯遇上党。"其含义是"居太行之巅，地形最高，与天为党也。""潞州""上党"都是对山西省太行山长治地区的别称，而"潞酒"和"上党腊驴肉"就是该地有名的特产。

一、"潞酒"说明书英译（本汉语说明采集于山西省长治市博源超市）

潞酒

潞酒始创于北周（公元557—581年），兴于唐朝，距今已有1400多年历史，历经南北朝、隋、唐、宋、元、明、清、民国直至今日。据《长治潞酒酒厂史》记载：1936年，上党地区合并成立了一家当时规模较大的潞酒作坊。1945年抗日战争胜利后，当地政府以此作坊为主体，合并了当时长子、壶关、长治、屯留、潞城等地的二十五家较大的酿酒作坊。这二十五座酿酒作坊均以"三专属"首字命名，所列二十五字为"新、林、冯泰、太、沁、张、和、森、原、利、阳、涌、南、梅、泰、春、茅、柳、柏、胜、晋、茂、华、园、义"，组成了当时上党地区规模最大的潞酒作坊。此作坊即为长治潞酒厂前身。

原料：纯净水、高粱、大麦、豌豆

执行标准：GB/T10781.2

地址：山西省长治市华丰北路47号

网址：www.shanxilujiu.com

产地：山西长治

生产者：山西省长治市潞酒有限公司

香型：清香型

生产许可证号：QS1400 1501 0618

生产日期：见喷码

贮存条件：常温、干燥、避光处保存

生产日期：2014.01.22

酒精度：42%vol

净含量：450mL

过量饮酒有害健康！

Lu Liquor

Lu liquor was created in the North Zhou Dynasty(557 BC—581 BC), thrived in the Tang Dynasty. And it has a history of 1400 years from the North and South Dynasties, Sui Dynasty, Tang Dynasty, Song Dynasty, Yuan Dynasty, Ming Dynasty and Qing Dynasty to today. According to the History of Changzhi Lu Liquor Winery, a large-scale Lu Liquor winery was merged and set up in the Shangdang region. After the victory of Anti-Japanese War in 1945, the local government took this Lu Liquor winery as a base, and merged 25 wineries in Zhangzi, Huguan, Changzhi, Tunliu, Lucheng, etc. at that time. These 25 wineries are all named after the first Chinese character of "Three exclusivities". Their 25 names were "Xin, Lin, Fengtai, Tai, Qin, Zhang, He, Sen, Yuan, Li, Yang, Yong, Nan, Mei, Tai, Chun, Mao, Liu, Bai, Sheng, Jin, Mao, Hua, Yuan, Yi". They formed the largest workshop of Lu Liquor in Shangdang region at that time. This workshop is just the predecessor of Changzhi Lu Liquor winery.

Ingredients: purified water, sorghum, barley, pea

Executive Standard: GB/T10781.2

Address: No.47, Huafeng North Road, Changzhi of Shanxi province

URL: www. shanxilujiu. com

Place of Production: Changzhi, Shanxi

Manufacturer: Lu Liquor Limited Company of Changzhi in Shanxi Province

Odor Type: fen-flavor liquor

Food Production License Number: QS140015010618

Production Date: see the code or seal

Storage: kept in dry, light-proof places at room temperature

Production Date: 2014.01.22

Alcoholic Strength: 42 % vol

Net Content: 450ml

      Drinking too much wine does harm to your health!

二、上党腊驴肉说明书英译（本汉语说明采集于山西省长治市博源超市）

上党腊驴肉

上党腊驴肉起源于唐宋鼎盛时期，风味独特、久负盛名，其肉质肥而不腻、瘦而不柴、香味四溢、回味无穷。广为流传的民间谚语"天上龙肉、地上驴肉"就是对其之赞誉。

本产品采用传统工艺和现代科技相结合的方法精制而成，素有"上党腊驴肉、一品满口香"之称，实为居家旅行、馈赠亲友之佳品。

长治位于美丽富饶的上党盆地，这里山川秀美，天蓝水绿，物产丰富，是优质绿色食品的天然产地,是享有盛誉的绿色(有机)经济区。

山西著名商标　山西名牌　上党腊驴肉系列产品　世龙一品香

产品名称：上党腊驴肉

净含量：225克（25克×9）

固形物：不低于90％

配料表：驴肉、食用盐、桂皮、八角、花椒、丁香、高良姜、甘草、茴香、砂仁、豆蔻、白芷、焦磷酸钠、六偏磷酸钠、亚硝酸钠

产品标准代号：SB/T10381

食品生产许可证编号：SC1091404010048X

生产者：山西世龙食品有限公司

产地：山西长治

地址：长治市高新区西环路北段136号

贮存条件：常温保存

食用方法：开袋即食、胀袋严禁食用

生产日期：见封口处

保质期：12个月

传真：0355-2085416

Preserved Donkey Meat of Shangdang

Preserved donkey meat originated in the heyday of the Tang and Song dynasties. It tastes special and enjoys a long-term prestigious name. The meat is lean and soft, fat but not greasy. The flavor overflows and lasts long. There is a saying widely spread among the people that the dragon meat is the most delicious food in heaven while on the earth is the donkey meat, which is a great praise to it.

This product is carefully made with the combination of traditional crafts and modern technology. It is praised as "a taste of the preserved donkey meat of Shangdang makes its aroma linger in one's mouth." Actually, it is a good item for family trips and a gift for relatives as well as friends.

Changzhi, a beautiful and prosperous Shangdang basin, with graceful mountains, pretty rivers, blue sky and green lakes, rich natural resources, is the natural home of high-quality green food; and it is well-known as the green (organic) economy zone as well.

Famous Trademark of Shanxi　　　　Famous Brand of Shanxi

Series Products of Shangdang Donkey Meat　　Taste of Shilong Fragrance

Product Name: Preserved Donkey Meat of Shangdang

Net Weight: 225g (25g × 9)

Solid: not less than 90 %

Ingredients: donkey meat, edible salt, cinnamon, star anise, Chinese prickly ash, clove, galangal, liquorice, fennel, amomum, nutmeg, angelica, sodium pyrophosphate, sodium six, sodium nitrite

Product Standard Code: SB/T 10381

Production License Number: SC1091404010048X

Producer: Shilong Food Co., Ltd. in Shanxi Province

Producing Area: Changzhi, Shanxi Province

Address: No. 136, the North Section of the Western Circle Road in High-tech Zone, Changzhi

Storage Condition: preserved at room temperature

Edible Methods: ready to be eaten when opened; the expansion bag is strictly prohibited

Date of Production: see the seal

Shelf Life: 12 months

Fax: 0355-2085416

第七章 词汇策略实践赛

单词识记是英语学习的基础和前提，也是决定英语语言能力的重要因素。第二章词汇策略中，我们提到语言学家Wilkins曾说过一句经典名言："Without grammar very little can be conveyed, without vocabulary nothing can be conveyed."（没有语法只能传达很少的信息，没有词汇则什么也无法传达。）掌握大量的词汇对提高英语阅读、写作、听力、口语等能力都有极其重要的作用。

第一节 词汇策略实践比赛设计

为了提高大学生单词识记兴趣，激发大学生记忆单词的主动性和积极性，夯实英语学习基本功，活跃大学生的课余生活，学校可以举办英文单词听写大赛，给学生提供展示单词学习风采的平台。下面以本科一年级、二年级、三年级的"单词赛"为例，说明词汇策略培训后的单词大赛的实践方法。

一、初赛设计

初赛采用笔试形式，参赛对象是一年级、二年级、三年级的学生，参赛形式是在本年级内参加笔试比赛。各年级分别出题和制定评分标准，命题主要依据三个年级统一使用的高等教育出版社发行的《综合英语教程》（第三版）教材。考试时间分别安排，考试结束后当场统一密封装订考卷，由各年级教师匿名流水阅卷。

一年级在笔试中获全年级前5名的学生进入决赛，二年级获全年级前5名的学生进入决赛，三年级获全年级前6名的学生进入决赛。

二、决赛设计

由于三个年级的选手水平存在差异,为了创设一个公平的竞赛环境,三个年级共16名进入决赛的学生,随机混合组成4组团队,每队4人,参加公开实地决赛。

赛场布局模仿电视台的"辩论大赛"格局,安排四个组分别落座于四个面向观众的区域。各组选手的面前都有一张桌子,桌上备有话筒、抢答器、黑色碳水粗笔,桌子旁边备有落地白板供手写。同时,面向选手和观众布置大屏幕,用于显示决赛ppt试题和答题计时。现场周围布置了装饰性的彩色小气球,用以渲染气氛和激励选手。选手回答问题的轮次和计分规则如下:

第1轮必答题,答对组内得5分;第2轮必答题,答对组内得5分;第3轮必答题,答对组内得5分;第4轮必答题,答对组内得5分。第1次抢答题,答对组内得10分,答错扣5分。

第5轮必答题,答对组内得5分;第6轮必答题,答对组内得5分;第7轮必答题,答对组内得5分;第8轮必答题,答对组内得5分。第2次抢答题,答对组内得10分,答错扣5分。

第9轮必答题,答对组内得5分;第10轮必答题,答对组内得5分;第7轮必答题,答对组内得5分;第8轮必答题,答对组内得5分。第3次抢答题,答对组内得10分,答错扣5分。

依此继续进行,到最后按得分高低,排出团体名次。

三、奖项设计

团体奖:一等奖1组(4名),二等奖1组(4名),三等奖 2组(8名)。

个人奖:优秀奖每班1名,各班除去参加决赛外的第1名学生。

四、赛场人员构成

赛场由学生和教师组成,除观众外,具体包括:主持人男女各1人;仲裁组由教师团队组成,针对抢答突发情况、疑问、是否加赛等事项作出裁决；计分团若干人；计时团若干人；计算机操作2人；其他工作人员。

第二节 词汇策略实践比赛材料

一、外语系一年级单词大赛初赛试题

I. Directions: There are 50 English words given part of speeches. You are required to translate the following words into Chinese. Then you should write the answer on the Answer Sheet (50 %).

1. pungent *a.* _____
2. cajole *v.* _____
3. fabrication *n.* _____
4. pester *v.* _____
5. thump *v.* _____
6. sandwich *n.* _____
7. yank *v.* _____
8. silhouette *n.* _____
9. shaft *n.* _____
10. strangle *v.* _____
11. treachery *n.* _____
12. intercept *v.* _____
13. gauche *a.* _____
14. conscientious *a.* _____
15. frivolous *a.* _____
16. precarious *a.* _____
17. exasperate *v.* _____
18. laureate *n.* _____
19. sniff *v.* _____
20. bootstraps *n.* _____
21. rejuvenate *v.* _____
22. overwhelming *a.* _____
23. thermostat *n.* _____
24. blinds *n.* _____
25. preeminently *adv.* _____
26. filthy *a.* _____
27. hilarious *a.* _____
28. bouquet *n.* _____
29. dominate *v.* _____
30. stunt *n.* _____
31. racquet *n.* _____
32. haughty *a.* _____
33. inquisitive *a.* _____
34. tentatively *adv.* _____
35. calcium *n.* _____
36. artery *n.* _____
37. pasture *n.* _____
38. preliminary *a.* _____
39. adopt *v.* _____
40. alter *v.* _____
41. precaution *n.* _____
42. time-consumed *a.* _____
43. aggressive *a.* _____
44. access *n.* _____
45. reverse *v.* _____
46. magnificent *a.* _____
47. agreeable *a.* _____
48. bursary *n.* _____
49. pristine *a.* _____
50. restless *a.* _____

II. Directions: There are 50 Chinese words given part of speeches. You are required to translate the following words into English. Then you should write the answer on the Answer Sheet (50 %).

1. 狂喜的 *a.* _____
2. 烦忧 *v.* _____
3. 长老茧的 *a.* _____
4. 厌烦 *n.* _____
5. 忧虑，恐惧 *n.* _____
6. 蒸发 *v.* _____

7. 响尾蛇 n._____   8. 沼泽地 n._____   9. 起皱 v._____
10. 声名狼藉的 a._____   11. 沉思的 a._____   12. 固执己见的 a._____
13. 哀悼 v._____   14. 报复 v._____   15. 狡猾的 a._____
16. 小气的，吝啬的 a._____   17. 贫瘠的 a._____   18. 极度渴望的 a._____
19. 服从的 a._____   20. 轻蔑的 a._____   21. 降水 n._____
22. 守时的 a._____   23. 特权 n._____   24. 抵押 n._____
25. 平房 n._____   26. 痴迷的 a._____   27. 粉碎 v._____
28. 瞥见 v._____   29. 住宅 n._____   30. 人造的 a._____
31. 费解的 a._____   32. 入侵 n._____   33. 巧合 n._____
34. 流行病 n._____   35. 污染 n._____   36. 情节 n._____
37. 机械的 a._____   38. 细菌 n._____   39. 处置，解决 v._____
40. 繁殖 v._____   41. 疑心 n._____   42. 非凡的 a._____
43. 酒精 n._____   44. 刺激，激励 v._____   45. 学术的 a._____
46. 可获得的 a._____   47. 使筋疲力尽 v._____   48. 夸大 v._____
49. 完全相同的 a._____   50. 熟人 n._____

附件1

外语系一年级单词听写大赛初赛试题答案

I. Directions: There are 50 English words given part of speeches. You are required to translate the following words into Chinese. Then you should write the answer on the Answer Sheet (50 %).

1. 辛辣的，刺激性的   2. 劝诱，哄骗，说服
3. 制造，建造，装配   4. 纠缠
5. 重击，用拳头打   6. 三明治
7. 猛拉   8. 轮廓，剪影
9. 拍杆，杆状物   10. 把…勒死；使…窒息
11. 背叛   12. 拦截
13. 笨拙的   14. 认真的，小心谨慎的
15. 无聊的，轻佻的   16. 危险的，不确定的
17. 恶化，激怒   18. 得奖者

19. 嗅，闻
20. 独自所作的努力
21. 复原，使年轻，使更新
22. 压倒性的，势不可挡的
23. 恒温器，自动调温器
24. 百叶窗
25. 显著地，卓越地，杰出地
26. 肮脏的，污秽
27. 欢闹的，非常滑稽的
28. 花束
29. 控制，支配，占优势
30. 噱头，手腕，绝技
31. 球拍
32. 傲慢的，自大的
33. 好奇的，爱打听的
34. 暂时地，实验性地
35. 钙
36. 动脉，干道，主流
37. 牧场，草地，牧草
38. 初步的，开始的，预备的
39. 采取，收养，接受
40. 改变，更改
41. 预防，警惕，预防措施
42. 耗时的
43. 侵略性的，好斗的，有进取心的
44. 进入，使用权，通路
45. 颠倒，逆转
46. 壮丽的，华丽的，宏伟的
47. 令人愉快的，适合的，和蔼可亲的
48. 奖学金，助学金
49. 崭新的，早期的，纯洁的
50. 焦躁不安的，不安宁的

II. Directions: There are 50 Chinese words given part of speeches. You are required to translate the following words into English. Then you should write the answer on the Answer Sheet (50 %).

1. ecstatic
2. distress
3. calloused
4. annoyance
5. apprehension
6. evaporate
7. rattler
8. swale
9. wrinkle
10. infamous
11. meditative
12. persevered
13. mourn
14. revenge
15. cunning
16. stingy
17. sterile
18. desperate
19. obedient
20. scornful
21. precipitation
22. punctual

23. privilege   24. mortgage

25. bungalow   26. obsessive

27. smash   28. glimpse

29. residence   30. artificial

31. incomprehensible   32. invasion

33. coincidence   34. epidemics

35. contamination   36. sanitary

37. mechanical   38. bacteria

39. dispose   40. breed

41. suspicious   42. extraordinary

43. alcohol   44. stimulate

45. academic   46. available

47. exhaust   48. exaggerate

49. identical   50. acquaintance

二、外语系二年级单词大赛初赛试题

I. Write the word according to the phonetic symbol that has been given (20%).

1. [baʊnd] _____   2. [pəʊst'pəʊn] _____

3. [ik'stiŋwiʃ] _____   4. [pə'petʃuəl] _____

5. ['fi:bl] _____   6. [plei g] _____

7. [nəʊ'tɔ:riəs] _____   8. ['kɒstju:m] _____

9. [ə'plɔ:d] _____   10. ['spekjʊleit] _____

II. Complete the word according to its Chinese meaning as well as its initial and last letter (30%).

1. a _ _ _ _ _ e   获得；学到

2. r _ _ _ _ _ _ e   更新

3. c _ _ _ _ _ _ _ _ s   传染的，有感染力的

4. d _ _ _ _ n   领域；领地

5. t _ _ _ _ t   节约

6. s_____r 苗条的；微薄的
7. p_____y 初步的
8. s_____s 宽广的，宽敞的
9. a_____h 余波，后果
10. f_____e 波动
11. s_____s 同时发生的
12. m_____s 单调的，枯燥的
13. d_____a 困境
14. p_____t 小册子
15. h_____y 好客

III. Write the full name according to the given abbreviation (30%).
1. WHO: _____ 2. SARS: _____
3. IELTS: _____ 4. GPS: _____
5. EMS: _____ 6. WWW: _____
7. UFO: _____ 8. CAAC: _____
9. CIA: _____ 10. APEC: _____

IV. Rearrange the letters to form a word (20%).
1. r o e f e s e: _____ 2. e n b a e h t: _____
3. e n o t g a i e t: _____ 4. s i b a: _____
5. e c t u e i v x e: _____ 6. x o c i t e: _____
7. e c c p a t n a e c: _____ 8. l i e c s: _____
9. s i e a f l b e: _____ 10. e a s c e: _____

附件2

外语系二年级单词大赛初赛试题答案

I. Write the word according to the phonetic symbol that has been given (20%).

1. bound   2. postpone   3. extinguish   4. perpetual   5. feeble
6. plague   7. notorious   8. costume   9. applaud   10. speculate

II. Write the full name according to the given abbreviation (30%).

1. acquire   2. renovate   3. contagious   4. domain

5. thrift 6. slender 7. preliminary 8. spacious
9. aftermath 10. fluctuate 11. simultaneous 12. monotonous
13. dilemma 14. pamphlet 15. hospitality

III. Write the full name according to the given abbreviation (30％).

1. WHO 世界卫生组织：World Health Organization
2. SARS 非典: Severe Acute Respiratory Syndrome
3. IELTS 雅思：International English Language Testing System
4. GPS 全球定位系统：Global Positioning System
5. EMS 特快专递：Express Mail Service
6. WWW 万维网：World Wide Web
7. UFO 不明飞行物：Unidentified Flying Object
8. CAAC 中国民航：Civil Aviation Administration of China
9. CIA 中央情报局：Central Intelligence Agency
10. APEC亚太经济合作组织：Asia Pacific Economic Cooperation

IV. Rearrange the letters to form a word (20％).

1. foresee 2. beneath 3. negotiate 4. bias 5. executive
6. exotic 7. acceptance 8. slice 9. feasible 10. cease

三、外语系三年级单词大赛初赛试题

I. Please write out the following English words with the words' initial provided（40％）.

1.俘获（v）: c_____ 2.不祥的（adj）: o_____
3.慈善的（adj）: b_____ 4.包含（v）: h_____
5.起皱褶的（adj）: c_____ 6.监禁（v）: i_____
7.同时期的（adj）: c_____ 8.出现（n）: a_____
9.大量生产（v）: s_____ 10.平安度过（v）: w_____
11.易怒的（adj）: p_____ 12.卫生的（adj）: h_____
13.安慰（v）: c_____ 14.偏离（v）: s_____
15.幼稚的（adj）: p_____ 16.踏踩(v): t_____
17.跳跃(v): s_____ 18.破碎(v): c_____

19. 困境（n）：p_____   20. 赠给（v）：b_____

II. Vocabulary study (60%)

Directions: In each blank, there is only ONE which is right in the box. Please choose it.

```
A. reason    B. main    C. fallacy        D. liberal      E. inclination
F. ignorant  G. open    H. overspecialize I. equipment
```

Another __1__ of liberal education is that the student who advances to the university should take up the study that interests him most. For a small number of students this is in the __2__ right. Even at a very early stage of school life, we can identify a few individuals with a definite __3__ towards one group of students or another. The danger of these unfortunate ones is that if left to themselves they will __4__, they will be wholly __5__ of the general interests of human beings.

```
A. disastrous   B. deficiency   C. training    D. doctrine    E. lie
F. empty        G. fancy        H. draught     I. divorced    J. drought
```

The __6__ of studying the subject we like (and for many youths in the process of development this is often only what they like at the moment) is most __7__ for those whose interests __8__ in the field of modern languages or in that of history, and worst of all for those who __9__ that they will become writers. For it is these people—and there many of them—for whom the __10__ of Latin and Greek is most unfortunate.

```
A. enrolled     B. majority        C. snobbery    D. grip
E. masked       F. unprecedented   G. embraced
```

By the 1980s, education in the United States had reached __11__ levels. Almost the entire school-age population was __12__. More than 71 percent of seventeen-year-old graduated from high school, and the __13__ continued on to college. But to some, including President Ronald Reagan, these numbers __14__ widespread problems. "Our educational system is in the __15__ of a crisis caused by low standard, lack of purpose, and a failure of strive for excellence," Reagan said in 1983.

> A. obvious   B. reason   C. acquisition   D. liberal   E. instrument
> F. apt   G. open   H. obtaining   I. equipment

The __16__ attitude towards education is that with which we are the most familiar. It is __17__ to maintain the apparently unobjectionable view that education is not a mere __18__ of facts, but a training of the mind as an __19__, to deal with any class of facts, to __20__, and to apply the training obtained in one department in dealing with new ones.

> A. specific   B. apart   C. training   D. meaningful   E. ascertainable
> F. empty   G. famishing   H. draught   I. divorced   J. drought
> K. minute

Even philosophy, when __21__ from theology and from the knowledge of life and of __22__ facts, is but a __23__ pabulum, or a draught stimulating for a moment, leaving behind __24__ and disillusion. The other kind of subject which provides indifferent training is that which is too __25__ and particular, the relation of which to the general business of living is not made evident. And there is a third subject, equally bad as __26__, which does not fall into either of these classes: the study of English Literature or, to be more comprehensive, the literature of one's own language.

> A infallible   B. titillate   C. snobbery   D. acquisition
> E. diluted   F. illusion   G. fallacy

Education becomes something to which everyone has a "right", even irrespective of his capacity; and when everyone gets it—by that time, in a __27__ and adulterated form –then we naturally discover that education is no longer an __28__ means of getting on, and people turn to another __29__: that of "education for leisure"—without having revised their notions of "leisure". As soon as this precious motive of 30 evaporates, the zest has gone out of education.

附件3

外语系三年级单词大赛初赛试题答案

I. Please write out the following English words with the words' initial provided (40 %).

1.capture	2.ominous	3.benevolent	4.harbor
5.corrugated	6.incarcerate	7.contemporaneous	8.advent
9.spawn	10.weather	11.petulant	12.hygienic
13.console	14.stray	15.puerile	16.tread
17.spring	18.crumbled	19.predicament	20.bestow

II. Word choice (60 %)

1-5. CBEHF　　　6-10. DAEGB　　　11-15. FABED

16-20. DFCEB　　21-25. IEGJK　　　26-30. CEAGC

四、外语系单词大赛决赛试题与答案

Round One

1. Contestant No. 1 of Each Team

Directions: Write down the word on the paper according to the given phonetic symbol within 20 seconds. With the correct answer, you will get 5 points for your team.

No. 1：['skeəslɪ]　　——key: scarcely

No. 2：['pɜːtʃəs]　　——key: purchase

No. 3：[vɜːtʃuəl]　　——key: virtual

No. 4：['kruːʃəl]　　——key: crucial

2. Contestant No. 2 of Each Team

Directions: Listen to the word once only and write it down on the paper within 30 seconds. With the correct answer, you will get 5 points for your team.

No. 1：Listen…　　——key: commit

No. 2：Listen…　　——key: range

No. 3: Listen···　　——key: vary

No. 4: Listen···　　——key: depress

3. Contestant No. 3 of Each Team

Directions: Fill in the proper form of a word on the paper based on the initial letter and the explanation in the brackets. Each answer needs to be given within 1 minute. With the correct answer, you will get 5 points for your team.

No. 1: The behavior of the government is i_____. (not consistent)

——key: inconsistent

No. 2: Gambling is l_____ in some countries.(established by or founded upon law)

——key: legal

No. 3: She built up my c_____. (belief in yourself and your abilities)

——key: confidence

No. 4: But now the dispute will be on an u_____ basis. (not equal in amount)

——key: unequal

4. Contestant No. 4 of Each Team

Directions: Write down the word on the paper according to its initial and last letters and the clues of paraphrase. Each answer needs to be given within 40 seconds. With the correct answer, you will get 5 points for your team.

No. 1: d_____c　adj. dealing with people politely and skillfully without upsetting them

——key: diplomatic

No. 2: d_____e　vt. find out what illness sb. has or what the cause of a fault is, after doing tests, examinations, etc.dc

——key: diagnose

No. 3: s_____c　adj. produced by combing different artificial substances, rather than being naturally produced

——key: synthetic

No. 4: a_____e　v. happen or make sth. happen at a faster rate

——key: accelerate

Preemptive Question 1

After a short music, the one who press the preemptive machine most quickly will grab the chance for his team to fulfill the task.

Directions: Please figure out the meaning of the underlined phrase according to the context within 10 seconds. With the correct answer, you will get 5 points for your team.

He never <u>says uncle</u>. And in fact he thinks he's more important than others.

He refused to <u>say uncle</u> no matter how they threatened him.

—— key: "say uncle": admit one's fault or give up

Round Two

1. Contestant No. 1 of Each Team

Directions: Fill in the proper form of a word on the paper based on its initial letter and the explanation in the brackets. Each answer needs to be given within 1 minute. With the correct answer, you will get 5 points for your team.

No. 1: The storm is a rare o_____ in this region. (an event that happens)

—— key: occurrence

No. 2: This soldier was the only s_____ of the battle. (one who lives through a major disaster)

—— key: survivor

No. 3: They tailed after the s_____. (someone who is under suspicion)

—— key: suspect

No. 4: She dreams to be a m_____. (artist who composes or conducts music as a profession)

—— key: musician

2. Contestant No. 2 of Each Team

Directions: Write down the word on the paper according to its initial and last letters and the clues of paraphrase. Each answer needs to be given within 40 seconds. With the correct answer, you will get 5 points for your team.

No. 1: c_____g   adj. interesting or exciting enough to keep your attention completely

—— key: compelling

No. 2: e_____n   vt. give sb. information about sth. so that they understand more about it

—— key: enlighten

No. 3: p_____e   vt. influence sb. so that they have an unfair or unreasonable opinion about sb. or sth.

—— key: prejudice

No. 4: s_____e   v. consider or discuss why sth. has happened

—— key: speculate

3. Contestant No. 3 of Each Team

Directions: Write down the word on the paper according to the given phonetic symbol within 20 seconds. With the correct answer, you will get 5 points for your team.

No. 1: ['ɔːkwəd]   —— key: awkward

No. 2: [ɪ'lɪmɪneɪt]   —— key: eliminate

No. 3: [mɪstɪərɪəs]   —— key: mysterious

No. 4: [prɪvəlɪdʒ]   —— key: privilege

4. Contestant No.4 of Each Team

Directions: Listen to the word once only and write it down on the paper within 30 seconds. With the correct answer, you will get 5 points for your team.

No. 1: Listen…   —— key: diligent

No. 2: Listen…   —— key: negotiate

No. 3: Listen…   —— key: empirical

No. 4: Listen…   —— key: ethnic

Preemptive Question 2

After a short music, the one who press the preemptive machine most quickly will grab the chance for his team to fulfill the task.

Directions: Please write the corresponding name of the sport event on the paper based on the pictures. With the correct answer, you will get 5 points for your team.

—— key: triathlon

Round Three

1. Contestant No. 1 of Each Team

Directions: Write the full word of the following abbreviation phrase and its Chinese meaning on the paper within 2 minutes. With the correct answer, you will get 5 points for your team.

  No. 1: APEC —— key: Asia-Pacific Economic Cooperation亚太经合组织

  No. 2: PLA   —— key: People's Liberation Army中国人民解放军

  No. 3: OPEC ——key: Organization of Petroleum Exporting Countries石油输出国组织

  No. 4: FBI   ——key: Federal Bureau of Investigation美国联邦调查局

2. Contestant No. 2 of Each Team

Directions: Fill in the blank of the following word and provide its Chinese meaning on the paper within 1 minute. With the correct answer, you will get 5 points for your team.

  No. 1: f_rio_s   ——key: u/u (furious)狂怒的，暴怒的

  No. 2: v_l_erable ——key: u/n (vulnerable)易受伤的，敏感的

  No. 3: di_g_ise   ——key: s/u (disguise)伪装

  No. 4: f_atter   ——key: l   (flatter)奉承，恭维

3. Contestant No. 3 of Each Team

Directions: Listen to the following short sentence TWICE. With each correct answer, you will get 5 points for your team. Make sure you write it completely right within 1 minute, or else you will get no point.

No. 1: Listen…　——key: The experience opened her eyes to business possibilities.

No. 2: Listen…　——key: Immediately the woman in the gallery comes into my mind.

No. 3: Listen…　——key: Technology offers a greater variety of reading practice.

No. 4: Listen…　——key: Much of our behavior is guided by unconscious habits.

4. Contestant No. 4 of Each Team

Directions: Use the prompts to produce a sentence within 1min without adding or missing any word. Pay attention to the derivatives of the words. With the correct answer, you will get 5 points for your team.

No. 1: murder/ the/ and/ assistant/ his/ have/ look/ the/ mysterious/ into/ detective/ begun/ to

——key: The detective and his assistant have begun to look into the mysterious murder.

No. 2: you/ much/ the/ if/ you/ bottle/ keep/ cigarettes/ off/ you/ will/ healthier/ be

——key: If you keep off the bottle and cigarettes, you'll be much healthier.

No. 3: wine/ a /of / usually/ glass/ in/ indulge/ grandma/ weekends/ my/ on

——key: On weekends my grandma usually indulges in a glass of wine.

No. 4: since/is/ merely/ he/ attention/ attracting/ please/ be/ irritated/ do/ not

——key: Please do not be irritated since he is merely attracting attention.

Preemptive Question 3

After a short music, the one who press the preemptive machine most quickly will grab the chance for his team to fulfill the task.

Directions: One word will be shown to just two members in the team. These two will have to act the word out with silent body language. And the other two will guess what the word is according to their partners' performance. 5 points will be got if the word can be hit within 2 minutes.

—— key: Titanic

Round Four

1. Contestant No.1 of Each Team

Directions: Listen to the following short sentence TWICE. With each correct answer, you will get 5 points for your team. Make sure you write it completely right within 2 minutes, or else you will get no point.

No. 1: Listen···   —— key: A cellphone service is available to everyone, everywhere.

No. 2: Listen···   —— key: Cultural rules determine every aspect of food consumption.

No. 3: Listen···   —— key: Persuasion is used in dealing with different points of view.

No. 4: Listen···   —— key: We need to understand what is happening in the world.

2. Contestant No.2 of Each Team

Directions: Use the prompts to produce a sentence within 1 minute without adding or missing any word. Pay attention to the derivatives of the words. With the correct answer, you will get 5 points for your team.

No. 1: in/ this/ the/ on/ apartment/ a /year's/ expires/ lease/ time

—— key: The lease on this apartment expires in a year's time.

No. 2: students/ are/ be/ expected/ the/ obedient/ classroom/ to/ in

—— key: Students are expected to be obedient in the classroom.

No. 3: culture /into/ a/ will/ you/ these/ deeper/insight/ excursions/ give/ our

——key: These excursions will give you a deeper insight into our culture.

No. 4: are/recognized/ in/ they/ their/ respective/ specialists/ fields

——key: They are recognized specialists in their respective fields.

3. Contestant No.3 of Each Team

Directions: Write the full word of the following abbreviation phrase and its Chinese meaning on the paper within 2 minutes. With the correct answer, you will get 5 points for your team.

No. 1: WTO ——key: World Trade Organization世界贸易组织

No. 2: BC ——key: Before Christ公元前

No. 3: CEO ——key: Chief Executive Officer首席执行官

No. 4: GDP ——key: Gross Domestic Product国内生产总值

4. Contestant No.4 of Each Team

Directions: Fill in the blank of the following word and provide its Chinese meaning on the paper within 1 minute. With the correct answer, you will get 5 points for your team.

No. 1: f_d_lity ——key: i/e (fidelity)忠诚，忠实

No. 2: ecc_ntic ——key: e (eccentric)古怪的，异常的

No. 3: gr_dge ——key: u (grudge)妒忌，吝惜

No. 4: con_ruent ——key: g (congruent)一致的，和谐的

Preemptive Question 4

After a short music, the one who presses the preemptive machine most quickly will grab the chance for his team to fulfill the task.

Directions: A sentence will be shown to the first team member. After reading it, the first member will recite the whole sentence to the second one. And then the same process goes to the next till the last member. Finally, the fourth member is expected to put the sentence down according to what he or she has heard. 5 points will be got if the sentence can be hit within 3 minutes.

——Key：The sheep rode a horse to reach her house at eight.

五、决赛计分方法

在决赛种,按照比赛的轮次,使用计分表,依次给各组的四名选手计分,最后汇总,算出团队和个人的总得分,并根据得分情况,确定团体和个人的名次。

7.1 单词决赛计分表

Round	Member	Group 1	Group 2	Group 3	Group 4	个人得分
第1轮	No 1					
	No 2					
	No 3					
	No 4					
	抢答					
	总分					
第2~4轮	同上					
4轮总分						

第八章　英语学习策略培训建议

从20世纪90年代起，外语学习策略培训的研究开始逐步受到国内外学者的关注，并且证明了策略培训对于提高学生语言能力具有积极作用（O'Melley and Chamot，1990；Oxford，1990；Wenden，1991；Cohen，1998）。然而，策略培训是一项复杂而系统的工程，具有多样性和不确定性，涉及多方面的因素，如培训者、学习者、培训内容、培训方式、培训时间长短、评价方式等。关于怎样才能更好地训练学习者使用策略，或者说策略培训的效果到底怎样，还需进一步深入探究，因此本章提出一些策略培训的建议供参考。

第一节　教师与策略培训

教师在课堂教学活动中起重要作用，在策略培训中是实施培训的执行者。有研究者（Macaro，2001）认为，学习策略培训的目的是通过培训干预学习者的策略使用，从而改善其学习效果，提高其语言能力。所以，教师需要根据不同的教学环境，针对不同的学习对象，选择恰当的训练方法开展策略培训。在实践中，教师可以采用短期集中培训的方式，也可以采用工作坊、讲座、讨论等方式，提高学生的策略学习和运用意识，帮助学生通过策略提升学习效果。此外，还可以将策略培训融入日常英语教学中，使其成为英语课程教学的一部分。

一、教师提高自身学习策略素养

学习策略的培训，不仅可以作为教学专题在新生入学时进行培训，还可以融入日常课堂教学，通过教师的有意识指导，学生从实践中，逐步摸清英语学习的规律，掌握科学的英语学习策略，形成良好的学习习惯和高效的自主学习方法。但是，策略培训对教师提出了更高的教学能力要求，需要教师具备一定的策略素养，这对教师来说是一个挑战。首先，教师要加强自身英语学科的专业素养。需要教师深入钻研教材，分析教材内容，挖掘教材中可以与策略训练有机结合的材料，并"无痕"融入策略培训，才能取得良好的策略培训效果；其次，教师要了解足够的学习策略知识和策略培训的具体方法。许多教师所了解的学习策略都来自零碎的经验或学习策略知识的理论罗列，尚缺乏实践的检验，因而对学习策略培训缺乏全面、系统的了解，而这种状况必然会阻碍教师开展策略培训。因此，教师需要加强自身关于学习策略知识和培训程序的理论学习，养成将教学中遇到的有效学习策略及其培训方法记录整理出来的习惯，并形成论文与同行进行交流切磋，发现其中的不足，听取别人的建议，不断进行反思、调整和改进，以此丰富学习策略知识，提高自身的学习策略素养，为学习策略训练的开展奠定良好基础。

二、激发学生的主体作用

学生作为学习的主体，其学习需求、学习动机、学习态度、学习兴趣，从根本上决定着学习策略的培训效果。在学习策略培训前，首先应该让学生充分了解策略培训的目的和意义，激发学生获取学习策略的需求和兴趣。在学习策略培训中，要培养学生的积极性、主动性、习惯性，能够不断根据自身的特点去尝试不同策略，并根据学习任务判断和选择恰当的策略。策略培训之后，要创设情境和渠道，推动学生不断地实践和应用新策略。因此，教师在策略培训中起指导作用，不能取代学生的主体作用去灌输策略知识，而是需要吸引学生，激发学生参与的兴趣，在学习和使用策略的活动中获得语言学习的乐趣。

三、将策略培训融入课堂教学

学习策略培训不仅可以给学生提供更多可选择的策略，还可以帮助学生了解策略使用的具体技能。但是，只有学生学会将这些策略知识应用于实践，才能真正从中受益。学习策略的程序性知识要转化为应用性知识，需要经过长期的实践才能够完成。因此，学习策略训练的一个重要环节就是将培训明白清晰地融入日常课堂教学活动中，把训练纳入到备课、课堂、教材、作业中，使学生在实践中运用具体的策略，巩固和掌握策略的使用方法。当然，教师在实施具体策略训练时要进行认真调研、评估和综合考虑多方面因素，特别是教学对象的认知特点和心理过程，然后针对性地开展培训。

四、统一施行教学，分层指导落实

不是所有的策略都适合某个学生，也不是某种策略都适合所有的学生。不同学生在完成同样的学习任务时，所使用的策略不尽相同。造成这种现象的影响因素很多。比如，学生的英语学习背景、学习环境、学习风格、性格特征、语言水平等。因此，在统一的策略培训之后，教师还需要根据不同学生的特点，给予不同的指导和帮助。对于成功的学习者，应当表扬和激励，提出更高的要求。对于不成功的学习者，则应该抓住其闪光点多予以鼓励，尤其是对于英语基础薄弱、不能很快接受策略的学生，应当给他们更多时间或适当降低任务难度，同时帮助其矫正不当的学习策略，调整情绪，保持学习信心。

五、整体规划，长期实践

学习策略知识涉及的内容具有广泛性，而能够恰当地运用学习策略是长期培养的结果，这就意味着策略培训具有长期性。因此，对学生进行学习策略的指导应当从长计议。首先，在对学生进行学习策略训练前，应当对即将培训的策略内容和顺序，做出整体的规划和安排，策划好每个阶段的每项策略培训的目标，这样才不会导致策略培训的过程中缺漏某些内容。其次，需要给学生实践锻炼机会。如果仅仅是短期讲解策略的程序性知识，不给学生提供实践训练的机会，学生就不可能充分地体验和应用学习策略，也不能将所学策略迁移到后续的学习中。因此，在日常教学的策略培训中，不仅要传授策略知识，更需要重视长期地指导学生运用策略，使学生在反复实践应用中内化为自己的学习方法、学习习惯和学习效果。

六、开展形式多样的教学

学习策略培训的教学和其他各门课的教学类似，需要采取多元化形式,将培训课上的生动灵活,才能吸引学生的注意力和激发学生的学习兴趣。在我们的策略培训的实践中,要求学生在策略培训阶段填写培训反馈卡,记录自己对不同学习策略培训的心得和总结,还可以对策略培训的教学方式做出评价。

在策略培训期间,我们尝试过三种方式。第一种方式,教师先介绍一种学习策略,说明和示范该策略的目的、作用以及使用的方法。然后,布置相应的训练任务。第二种方式,上课前,提前给学生发放学习策略清单,布置学习任务让学生提前完成。课堂上,学生小组讨论并汇报,谈自己在学习情境中遇到了什么样的问题,是如何应用学习策略清单中的方法解决学习困难的。随后,每小组由一名学生总结该策略的优点和缺点以及适用的情况。最后教师结合课程内容布置巩固性练习任务。第三种方式,教师先布置一项学习任务供学生采用策略完成,然后请一名优秀学习者和一名中等学生分别介绍他们是如何运用策略解决问题的。之后,小组讨论哪些策略对该任务有效,并阐明原因。如果学生所提出的策略与教师所培训的目标策略相一致,那么策略培训目标实现。如果学生所提出的策略与教师进行教学培训的策略不一致,教师可以提供新的策略,让学生分别用两种策略做同一个练习。然后,小组讨论和对比运用两种不同策略完成同一项学习任务所取得的效果。

学生在反馈卡显示,多数学生喜欢第三种教学方法。有些学生喜欢第二种教学方法。但是只有少数学生喜欢第一种方法。这说明在学习策略的培训中学生更喜欢自己探索,自己去实践新的策略,而不是听讲枯燥的理论。当然,再好的教学方式,常常采用就会让人感到乏味,所以教师必须根据所要培训的目标策略的特点,结合课程教材内容,采用新颖多样的教学方式开展策略培训。

七、策略培训延伸到课下活动

课堂培训的时间毕竟有限,而学生在课外学习的时间更多。因此,除了课堂上进行策略训练,还可以要求学生在课下完成当天策略训练的相关作业,并且以填写反馈卡的形式,简要总结学习体会,记录所遇到的困难。策略培训反馈卡是一种非常有效的师生交流沟通的方式,就是让学生填写学习策略培训记录卡,可以每两周或每一周收集一次,连续跟踪了解学生的策略掌握状况。学生在记录时,如果有疑问、有问题、有感想,可以多写,但是也要避免使学生把记录反馈卡当作一种负担。如果无疑问无问题,可少写。教师可以通过跟踪反馈卡记录,对学生的策略学习情况进行诊断和指导,及时发现学生策略培训中出现的问题,并相应地调整策略培训的教学内容和教学进度。

此外,课后还可以和学生进行面对面沟通。针对特殊学生,充分利用学生课外,分层、单独面谈,深入了解学生对策略培训态度,具体了解学生在策略培训中的困难是什么,有什么要求,并给予单独辅导。

八、策略培训与课外活动接轨

为了拓展学习策略培训的空间和时间,还可以将英语学习策略的培训与学生的课外活动紧密结合起来,以便能给学生创造更多的实践机会。如在本项目的策略培训过程中,我们成立主题"翻译工作坊",如"太行连翘药茶外宣翻译坊""地区特产外宣翻译坊"等,使英语学习策略培训与学生的创新创业项目结合起来,学生真正把自己的翻译策略与当前的翻译需求"无缝"接轨,让学生真正认识自己的翻译水平和切身体会翻译策略在翻译实施中的必要性和重要性,从而明白了策略培训的益处,取得了翻译成果,获得了英语专业学习成就感。

第二节 学生与策略培训

如果学生能够通过培训增强策略意识,并在学习过程中熟练地使用各种策略,他们将会更有效地完成课堂任务,更清楚自己的学习需求,更明白自己的学习责任,更主动地探索更为有效的英语学习方法,最终形成自主学习能力。科恩(Cohen,1998:69)指出策略培训是为了"帮助学生扩大策略选择的范围,创建个性化的学习策略体系,学会根据不同的任务选择使用合适有效的策略,从而帮助其探索更为有效的二语学习方法,鼓励其自我指导和自我评价学习的全过程,并最终促成其自主学习"。

一、查找自身不足

学生需要根据教师指导，摸清自身不足。在培训开始之前，学生应该按照教师的指导，仔细分析自己当前的学习状况，了解自己学习中的长处，找到自己学习的不足和困难之处，这样才能在培训的过程中，面对诸多可供选择的策略时，根据自己的特点选择合适的策略。

二、持之以恒

做好打持久战的心理准备。任何良好的学习策略体系的形成都不可能在短期内构建完成。在学习和练习新策略的过程中，必然会有一些困难，遇到一些不适应甚至是挑战，有时候可能花费的时间要比原来的时间还多，但是一旦能够通过练习和应用达到熟练的程度，以后的学习就能更系统、更有效。因此，学生需要认识到，从长远上来看，学习策略能够帮助自己节省更多的时间和精力，必须做好打持久战的心理准备，持之以恒地练习，逐步改变不合适的学习方法，养成良好的学习习惯。

三、保持稳定的情绪

设定适中的学习目标，克服焦躁的情绪。学习策略体系的培养，需要从每一个学习任务做起。稳定情绪，沉下心，有助于加深对学习策略的感知和体验，从而改变不良学习习惯，增强学习能力。在刚开始时设立的目标不要过高或过远。可以把目标放小一些，放低一点。如果能在一个小环节上取得了成功，就会树立信心。因为有了成功的经验，后面就可以按照该模式继续进行。同时，克服焦躁的心理，不要因为看到别人先取得了成绩，而自己暂时毫无起色就轻易放弃。有时候，只要再坚持练习一段时间，专心面对自己所订的目标，效果就会显现。

四、不断总结调整

经常进行总结，不断调整。在参与策略培训的进程中，学生要经常对自己的学习策略进行回顾、审视、反省和总结，使自己不断调整所使用的策略，能判断在什么情况下应该使用什么样的策略，从而训练和提高自己的元认知策略水平，更有效地管理自己的学习。例如，以前你通常习惯于跟着书上的单词和字意解释背诵单词，背20个单词需要20分钟的时间，而且可能忘记的很快。在你学习记忆策略之后，再背单词时，你就会考虑尝试用联想法进行。但是记了一会儿，你可能发现，每个单词都要联想其实是比较困难，而且有些单词难以和任何事物联想在一起。那么你可能会考虑换用词根法或分类法来记忆其余的单词。当记完之后，你回忆词汇的学习策略时，想到还学习了"过度记忆法"，于是又尝试把刚才记过的单词用新方法记忆了几遍。第二天你会发现昨天的单词基本上记住了。因此，在英语学习的过程中，应当经常回顾自己的学习方法，反省有什么可以改进，不断总结成功的策略，吸取失败的教训，逐步完善和构建适合自己的学习策略体系。

第三节　教学界与策略培训

教学离不开教师、学生、教法、环境四大要素，上面谈了学生、教师、教法是策略培训教学中的关键因素，此外教学环境资源也是学习策略培训的重要外部因素。

一、教材的编写中纳入学习策略

要想将学习策略的训练和日常教学结合在一起，就需要有相应的培训材料，但是又不可能要求每一位英语教师自行设计与教材相匹配的学习策略培训教材，因此建议学界在编写教材的时最好把学习策略的训练内容纳入进去统一编排。比如在科书中的课前设计"预测阅读内容""如何查阅字典"，课后练习中可以设计"如何复述课文""如何猜词"的项目，在听力练习中可以设计"听关键词"的策略。同时，在教师用书中对学习策略的练习的设计提供一个整体介绍，帮助教师了解这些练习的意图，明确可以匹配何种策略的教学，说明这些策略在教材中编制的顺序，以促进教师更好地利用这一部分的练习。

二、培训教师掌握学习策略知识

开展针对学习策略的师资培训活动。教师作为策略培训的具体操作者，自身的学习策略知识和素养决定着学习策略培训能否成功。以往的研究中多数是研究者而非一线课堂教师为学生直接提供策略训练，这样做的缺陷是师生相互不熟悉，教与学两个方面需要磨合与过渡，耗时长，效果还不一定好。因而对教师进行策略培训成为该领域亟须解决的问题。

我国学界内，由文秋芳和王立非教授带头，在教师策略培训方面做了开发性的尝试。2003年8月在南京大学召开了英语学习策略培训与研究；2006年4月在北京外国语大学举办了英语学习策略的教师研修班。通过培训，广大教师接受了系统的策略培训，了解了我国英语学习策略研究的发展状况和开展策略培训的原则、模式、方法等一系列相关问题，切身体验了基于学习策略的外语教学方法。这种方式对于广泛提高我国广大外语教师的策略意识、策略水平和促进教师积极探索更有效的英语教学方法起到了推动作用。

今后应探索多种基于学习策略的教师培训方式，跟踪接受培训的教师，研究其如何在自己的课堂中进行策略教学，进而对各种师资培训活动开展的效果进行分析评价。以策略培训为基础的研修班是一种对教师进行策略培训的有效方式，今后可以将其发展为教师职业前培训、教师岗位培训、教师职业发展、教师继续教育的组成内容之一，可以请大学里的相关研究者对中小学教师们进行学习策略知识的讲座，推广学习策略训练的可行方式，促进教师理论联系实际，重视学习能力培养，落实核心素养教育。

三、鼓励教师参与学习策略研究

一线英语教师拥有丰富的实践教学经验，如果能利用这一优势，结合先进的学习策略的理论开展更多的实验研究，就可以取得大量的实验数据、研究材料、效果证明，不断佐证有效的策略，修正策略培训方向。由于中小学一线教师相对缺乏先进的理论知识，撰写研究论文的能力也较薄弱，而大学教师掌握有丰富的理论知识和科研能力。因此，建议今后有更多的大学一线教师开展直接的策略培训尝试，并参与对中小学一线教师策略理论知识和科研能力的培训，实现大学与中学的协同发展。有一些大学已经开始着手这一方面的工作了，如北京外国语大学、北京师范大学、外语教学与研究出版社等单位，已经帮助很多的一线教师深入了解了学习策略理论知识，为实施学习策略教学奠定了基础。建议有更多的教育教学工作者加入学习策略培训研究的领域来，在学习策略研究的同时学会发现学习的本质，加强自己对英语教学的深刻认识，并给教学和科学研究工作提供更多的实证资料。

四、加强学习策略及其培训模式的开发

20世纪90年代以来，国内外的二语学习策略培训研究逐步得到重视，也取得了一定的研究成果，这给后续的研究提供了宝贵的数据支持和经验启示。但是，总体而言，该领域仍然存在学习策略研究所面临的问题：第一，目前有关学习策略知识及培训的专业性书籍不多，而师资培训的课程中也较少涉及相关内容；第二，现有策略培训缺乏理论框架指导，相关研究尚不太成熟，实证研究的数量不足，尤其是历时性研究相对匮乏；第三，尚未充分利用现代化技术。

近年，外语教学与研究出版社开发的"优珍学"是对学习策略培训的一个尝试性平台，但尚未得到广泛推广和应用。因此，今后的研究应基于现有的模式继续探究适合特定学习者、利用网络技术的策略培训新模式，并通过实践去验证新模式的成效，不断对其进行改进和完善。

参考文献

[1]Abraham R, Vann R J. Strategies of two language learners: a case study[A]. In Wenden A, Rubin J (eds.). *Learner Strategies in Language Learning*[C]. Englewood Cliffs, New Jersey: Prentice Hall, 1987.

[2]Anderson J R. *Cognitive Psychology and Its Implication* (2nd ed.) [M]. New York: Freeman, 1985.

[3]Anderson J R. *Cognitive Psychology and Its Implications* (7th ed.) [M]. New York: Worth Publishers, 2009.

[4]Atkinson J W. *An Introduction to Motivation*[M]. New York: Van Nostrand. 1964.

[5]Auerbach E R, Paxton D. It's not the English thing: Bringing reading research into the ESL classroom[J]. *TESOL Quarterly*, 1997, (31):237-261.

[6]Beylard O A králová J, Mercer B M. *Translators' Strategies and Creativity*[M]. Amsterdam/Philadelphia: John Benjamins Publishing Company, 1998.

[7]Biggs J B. Individual and group differences in study processes[J]. *British Journal of Educational Psychology*, 1979, (48): 26-79.

[8]Block E. The Comprehension strategies of second language readers[J]. *TESOL Quaterly*, 1986, (3): 463-494.

[9]Brown H D. *Principles of Language Learning and Teaching* (3rd ed.) [M]. Beijing: Foreign Language Teaching and Research Press, 2002.

[10]Brunner J S, Goodnow J J, Austin G A. *A Study of Thinking*[M]. New York: Wiley, 1956.

[11]Carol Grifflthes, David Jordan. Strategies for success in IELTS[J]. *Working Paper*, 2005, (15): 1-12.

[12]Carthy M, Cater. *Language as Discourse: Perspectives for Language Teaching*[M]. Beijing: Peking University Press, 2004.

[13]Chamot A. Issues in language learning strategy research and teaching[J]. *Electronic Journal of Foreign Language Teaching*, 2004, (1): 15-25.

[14]Chamot A, Kupper L M, Impink-Hernandez. *A study of Learning Strategies in Foreign Language Instruction: Findings of the Longitudinal Study*[M]. McLean, Va: Interstate Research Associates, 1988.

[15]Chamot A. The learning strategies of ESL students[A]. In Wenden A, Rubin J (eds.). *Learner Strategy in Language Learning*[C]. Englewood Cliffs N J. Prentice Hall, 1987: 71-83.

[16]Chamot A U, Barnhardt S, El-Dinary P B, Robbins J. *The Learning Strategies Handbook*[M]. White Plains, HY: Addison Wesley Longman, 1999.

[17]Cohen A, Aphek E. Retention of second language vocabulary over time: Investigating the role of mnemonic associations[J]. *System*, 1980, (3): 221—235.

[18]Cohen A, Macaro E. *Language learner Strategies: Thirty Years of Research and Practice*[M]. Oxford: Oxford University Press, 2007.

[19]Cohen A D, Aphek E. Easifying second language learning[J]. *Studies in Second Language Acquisition*, 1981, (3): 221-236.

[20]Cohen A D. *Strategies in Learning and Using a Second Language*[M]. New York: Longman, 1998.

[21]Cohen A D. *Strategies in Learning and Using a Second Language*[M]. Beijing: Foreign Language Teaching and Research Press, 2000.

[22]Cooper H. *Synthesizing Research: A Guide for Literature Reviews* (3rd ed.) [M]. California: Sage, Thousand and Oaks, 1998.

[23]Cooper, Pamela J. *Speech Communication for the Classroom teacher*[M]. New York: Gorsuch Scarisbrick Publishers, 1988.

[24]Cottrell S. *The Study Skills Handbook*[M]. London: Macmillan Press, 1999.

[25]Cramer R. *The Arts of Language*[M]. Boston: Pearson Press, 2004.

[26]Daniels H. *Literature Circles: Voice and Choice in the Student-centered Classroo*m (2nd ed.) [M]. York: Stenhouse Publishers, 2002.

[27]Daniels H. *Literature Circles: Voice and Choice in the Student-centered*

Classroom[M]. York: Stenhouse Publishers, 1994.

[28]Dansereau D. Learning strategy research[A]. In Segal J, Chipman S, Glaser R (eds.). *Thinking and Learning Skills: Vol. 1. Relating Instruction to Research*[C]. Hillsdale, NJ: Lawrence Erlbaum Associates, Inc, 1985: 209-240.

[29]Dornan R, Rosen L M, Wilson M. *Multiple Voices, Multiple Texts: Reading in the Secondary Content Areas*[M]. Portsmouth: Boynton/Cook Publishers Heinemann, 1997.

[30]Ehrich J F. Vygotskian inner speech and the reading process[J]. *Australian Journal of Educational and Developmental Psychology*, 2006, (6): 12-25.

[31]Ehrmam M E. *Understanding Second Language Learning Difficulties*[M]. California: Sage, Thousand and Oaks, 1996.

[32]Euis R. *The Study of Second Language Acquisition*[M]. Oxford: Oxford University Press, 1994.

[33]Flavell J H. Metacognition and cognitive monitoring: A new area of cognitive development inquiry[J]. *American Psychologist*, 1976, 34: 901-911.

[34]Furr M. *Stories for Reading Circles (Bookworms Club Bronze)* [M]. Oxford: Oxford University Press, 2007.

[35]Goodman K S. Reading: A psycholinguistic guessing game[J]. *Journal of the Reading Specialist*, 1967, (4): 126-135.

[36]Grabe W. Current developments in second language reading research[J]. *TESOL Quarterly*, 1991, (3): 375-406.

[37]Greef E, Jenkins Y, Comer A. The power and the passion: igniting a love of reading through literature circles[A]. In International Association of School Librarianship (eds.). *Selected Papers from the Annual Conference*[C]. 2002: 311-320.

[38]Grenfell M, Harris V. *Modern Languages and Learning Strategies: In Theory and Practice*[M]. London: Routledge, 1999.

[39]Harris T L, Hodges R E. *The Literacy Dictionary*[M]. Neward, DE: International Reading Association, 1995.

[40]Holec H. *Autonomy and Foreign language Learning*[M]. Oxford: Pergamon, 1981.

[41]Huang X, Van Naerssen M. Learning strategies for oral communication[J]. *Applied Linguistics*, 1985, (3): 287-307.

[42]Johnson K, Johnson H. *Encyclopedic Dictionary of Applied Linguistics: A Handbook for Language Teaching*[M]. New York: Blackwell Publishers Ltd, 1998.

[43]Johnson K, Johnson H. *Encyclopedic Dictionary of Applied Linguistics: A Handbook for Language Teaching*[M]. NY: Blackwell Publishers Ltd., 1998.

[44]Jomoir, Paul Nation. Learners' use of strategies for effective vocabulary learning[J]. *Prospect*, 2002, (1): 15-35.

[45]Kinsella K. Understanding and empowering diverse learners in the ESL classroom[A]. In J M Reid (ed.). *Learning Styles in the ESL/EFL classroom*[C]. Beijing: Foreign Languages Teaching and Research Press, 1995.

[46]Krashen S D. *The Input Hypothesis: Issues and Implications*[M]. London & New York: Longman, 1985.

[47]Labov W. The boundaries of words and their meanings[A]. in Joshua Fishman (ed.). *New Ways of Analyzing Variation in English*[C]. Washington D C: Georgetown University Press, 1973: 340-373.

[48]Lakoff, George. Cognitive semantics[A]. In Eco, Umberto, Santambrogio, Macro, Violi, Patrizia (eds.). *Meaning and Mental Representations*[C]. Bloomington and Indianapolis: Indiana University Press, 1988.

[49]Lave J, Wenger E. *Situated Learning: Legitimate Peripheral Participation*[M]. Cambridge: Cambridge University Press, 1991.

[50]Long M. Input, interaction, and second language acquisition[A]. In Winits H (ed.). *Native Language and Foreign Language Acquisition*[C]. New York: Annals New York Academy of Sciences, 1981: 259-278.

[51]Macaro E. *Learning Strategies in Foreign and Second Language Classrooms*[M]. London: continuum, 2001.

[52]MacIntyre P D, Noels K A. Using social psychological variables to predict the use of language learning strategies[J]. *Foreign Language Annals*, 1996, (29): 373-386.

[53]Mckeachie W J, Iran-Nejad A, Berliner D C. The Multisource Nature of Learning: An Introduction[J]. *Educational Research*, 1990, (60): 509-515.

[54]Meara P. Towards a new approach to modeling vocabulary acquisition[A]. In Schmitt N, McCarthy M (eds.). *Vocabulary: Description, Acquisition and Pedagogy*[C]. Shanghai: Shanghai Foreign Education Press, 1997: 109-121.

[55]Murray H A. *Explorations in Personality*[M]. Oxford: Oxford University Press, 1938.

[56]Naiman N, Frohlich M, Stern H, Todesco A. *The Good Language Learner. Research in Education Series 7*[M]. Toronto: Ontario Institute for Studies in Education, 1978.

[57]Naiman N M, Stern H H. *The Good Language Learner*[M]. Toronto: Ontario Institute for Studies in Education, 1975.

[58]Nunan D. Learner strategy training in the classroom: An action research study[J]. *TESOL Quarterly*, 1996, (1): 35-41.

[59]O'Malley J, Chamot A. *Learning Strategies in Second Language Acquisition*[M]. Cambridge: Cambridge University Press, 1990.

[60]O'Malley J M, Chamot A U, Kupper L. Listening comprehension strategies in second language acquisition[J]. *Applied Linguistics*, 1989, (4): 418-437.

[61]Oxford R. Gender differences in language learning styles: What do they mean? [A]. In Reid J M (ed.). *Learning Styles in the ESL/EFL Classroom*[C]. Beijing: Foreign Languages Teaching and Research Press, 1995.

[62]Oxford R L. *Language Learning Strategies Around the World: Cross-Cultural Perspectives*[M]. Manoa: University of Hawaii Press, 1996.

[63]Oxford R. *Language learning strategies: What every teacher should Know*[M]. Newbury House, 1990

[64]Oxford R. *Language Learning Strategies: What Every Teacher Should*

Know[M]. Rowley, Mass: Newbury House, 1990.

[65]Pearson P D, Dole J A. Explicit comprehension instruction: A review of research and a new conceptualization of instruction[J]. *Elementary School Journal*, 1987, (2): 151-165.

[66]Pearson P D, Fielding L. Comprehension instruction[A]. In Barr R, Kamil M, Mosenthal P, Pearson P (eds.). *Handbook of Reading Research*[C]. White Plains, NY: Longman, 1991.

[67]Reiss M. Helping the unsuccessful learner[J]. *The Canadian Modern Language Reviwem*, 1983: 257-266.

[68]Rod Ellis. *The Study of Second Language Acquisition*[M]. Oxford: Oxford University Press, 1994.

[69]Rubin J. Learner strategies: Theoretical assumptions, research history and typology[A]. In Wenden and Rubin (eds.). *Learner Strategies in Language Learning*[C]. Englewood Cliffs N J: Prentice Hall, 1987.

[70]Rubin J. What the "good language learner" can teach us[J]. *TESOL Quarterly*, 1975, (9): 41-51.

[71]Schmidt R. The role of consciousness in second language learning[J]. *Applied Linguistics*, 1990, (11): 129-58.

[72]Shelton-Strong S J. Literature circles in ELT[J]. *ELT Journal*, 2012, (2): 214-223.

[73]Skehan P A. *Cognitive Approach to Language Learning*[M]. Oxford: Oxford Press, 1998.

[74]Skehan P. *Language Learning Strategies*[M]. London: Edward Arnold Limited, 1989.

[75]Snell-Hornby, Mary. *Translation Studies: An Integrated Approach*[M]. Amsterdam and Philadelphia: John Benjamins, 1988.

[76]Song M. Teaching reading strategies in an ongoing EFL university reading classroom[J]. *Asian Journal of English Language Teaching*, 1998, (8): 41-54.

[77]Stern H H. *Fundamental Concepts of Language Teaching*[M]. Oxford:

Oxford University Press, 1983.

[78]Stern H. What can we learn from good language learner? [J]. *Canadian Modern Language Review*, 1975, (33): 304-317.

[79]Vann R J, braham R G. Strategies of unsuccessful language learners[J]. *TESOL Quarterly*, 1990, (24): 177-198.

[80]Weinstein C, Mayor R. The teaching of learning strategies[A]. In Wittrock M C(ed.). *Handbook of Research on Teaching* (3rd ed.) [C]. New York: Macmillan, 1986: 315-327.

[81]Wenden A. *Learner Strategies for Learner Autonomy*[M]. New York: Prentice Hall, 1991.

[82]Widdowson H G. *Learning Purpose and Language Use*[M]. Oxford: OUP, 1983.

[83]Wilkins D A. *Linguistics in Language Teaching*[M]. London: Edward Arnold, 1972.

[84]Willams M, Burden R L. *Psychology for Language Teachers*[M]. Cambridge: Cambridge University Press, 1997.

[85]蔡基刚.课程思政与立德树人内涵探索——以大学英语课程为例[J].外语研究，2021, 38(3): 52-57;112.

[86]蔡圣勤.从比格斯理论看英语学习策略与成绩的关系[J].高师英语教学与研究, 2007, (1): 18-23.

[87]曹洪霞,丁言仁.任务类型对中国英语学习者听力策略的影响研究[J].外语教育研究前沿, 2020, 3(2): 65-72, 93.

[88]曾剑平,陈琳.外宣翻译的特点及原则[J].南昌航空大学学报(社会科学版), 2018, 20(1): 51-59.

[89]曾艳钰.《英语专业本科教学指南》解读[J].外语界, 2019, (6): 2-8.

[90]查德华,刘电芝.大学英语优秀者学习策略综合研究[J].外语界, 2016, (4): 66-72; 81.

[91]常鹏云,郝玫, ZHANG L Z.元认知策略教学法对英语听力策略使用及听力风格的影响[J].外语界, 2016 (3): 81-88.

[92]陈绍英.自主学习视域下大学生英语词汇学习策略与词汇量相关性研究

[J]. 黑龙江高教研究, 2019, 37(11): 142-146.

[93]陈欣, 戈玲玲. 基于听力策略训练的优化听力风格实证研究[J]. 外国语文, 2015, 31(1): 150-154.

[94]陈则航. 英语阅读教学与研究[M]. 北京: 外语教学与研究出版社, 2016.

[95]程冰. 大学英语学习策略培训实践与效果分析[J]. 西安外国语学院学报, 2006 (3): 48-50.

[96]程晓堂, 岳颖. 语言作为心智发展的工具——兼论外语学习的意义[J]. 中国外语, 2011, 8(1): 51-57.

[97]程晓堂, 郑敏. 英语学习策略——从理论到实践[M]. 北京: 外语教学与研究出版社, 2002.

[98]崔国鑫. 高校外语专业课程思政建设思考与探索[J]. 国家教育行政学院学报, 2020 (10): 37-42; 77.

[99]戴炜栋, 张雪梅. 对我国英语专业本科教学的反思[J]. 外语界，2007 (4): 2-11.

[100]邓仁华, 廖婷. 评价框架视阈下的国内旅游网页翻译研究[J]. 中国外语, 2020, 17(3): 85-93.

[101]杜小梅, 焦艳存, 王振力. 高中英语教师学习策略教授情况调查[J]. 河北师范大学学报(教育科学版), 2011, 13(2): 85-88.

[102]范成功. 从释意派角度谈《中国名吃特产指南·汉英互译》的译法[D]. 天津: 天津大学, 2009.

[103]范琳, 王庆华. 英语词汇学习中的分类组织策略实验研究[J]. 外语教学与研究, 2002 (3): 209-212.

[104]盖淑华. 词汇附带习得研究概述[J]. 解放军外国语学院学报, 2003 (2): 73-76.

[105]高黎, 陈唐艳, 曾洁. 学习策略培训对学习者元认知水平影响的历时研究[J]. 外语界, 2012 (1): 35-43.

[106]高越, 刘宏刚. 学习策略培训与大学英语教学[J]. 教育理论与实践, 2005 (18): 58-59.

[107]耿珣, 徐晟. 英语阅读策略培训对非英语专业本科生的影响[J]. 心理与行为研究, 2014, 12(3): 366-370.

[108]龚亚夫. 英语教育的价值与基础英语教育的改革[J]. 外国语(上海外国语

大学学报), 2014, 37(6): 18-19.

[109]桂诗春. 应用语言学与中国英语教学[M]. 济南: 山东教育出版社, 1988.

[110]郭霞, 尚秀叶. 大学英语写作与修辞[M]. 北京: 冶金工业出版社, 2008.

[111]何少庆. 英语教学策略理论与实践运用[M]. 杭州: 浙江大学出版社, 2010.

[112]侯国金. 语用翻译观助中国文化走出去[N]. 中国社会科学报, 2015-3-23(A07).

[113]黄芳. 中餐菜单译法研究[J]. 中国科技翻译, 2007 (1): 40-42.

[114]黄国文. 思政视角下的英语教材分析[J]. 中国外语, 2020, 17(5): 21-29.

[115]黄纪针. 大学入校新生质量调查研究——一项基于新课标综合语言运用能力七级标准的调查分析[J]. 外语教学, 2013, 34(5): 65-69.

[116]焦丽霞. 基于策略培训的自主学习模式与口语成绩的相关性研究[J]. 现代教育技术, 2016, 26(10): 73-78.

[117]教育部办公厅. 教育部办公厅关于印发《大学英语课程教学要求》的通知[EB/OL]. (2007-7-10)[2021-2-9]. http://www.moe.gov.cn/srcsite/A08/s7056/200707/t20070710_110825.html.

[118]教育部高等学校大学外语教学指导委员会. 大学英语教学指南[M]. 北京: 高等教育出版社, 2020.

[119]教育部高等学校外国语言文学专业教学指导委员会. 普通高等学校本科外国语言文学类专业教学指南[M]. 北京: 外语教学与研究出版社, 2020.

[120]柯平. 英汉与汉英翻译教程[M]. 北京: 北京大学出版社, 1991.

[121]孔文, 李清华. 英语专业学生元认知和认知策略使用与英语水平关系的研究[J]. 现代外语, 2008 (2): 173-184; 219-220.

[122]李洁. 学习风格与英语学习策略及学习成绩的相关研究[J]. 北京第二外国语学院学报. 2011, 33(4): 72-78; 83.

[123]李晶, 赵波. 英语语篇分析阅读教学的实证研究——以南昌理工学院为例[J]. 教育学术月刊, 2013 (8): 103-107.

[124]李炯英, 秦智娟. 第二语言阅读策略研究30年: 回顾与展望[J]. 国外外语教学, 2005 (4): 43-49; 56.

[125]李炯英. 中国学生二语学习策略的观念与运用——一项实验研究[J]. 外

语教学, 2002 (1): 42-49.

[126]李灵. 元认知策略在英语教学中的运用[J]. 教育理论与实践, 2019, 39(23): 57-59.

[127]李学谦. 大学英语阅读教学与语篇分析[J]. 教育理论与实践, 2005 (24): 55-57.

[128]林崇德. 构建中国化的学生发展核心素养[J]. 北京师范大学学报（社会科学版）, 2017 (1): 66-73.

[129]刘电芝, 黄希庭. 学习策略研究概述[J]. 教育研究, 2002 (2): 78-82.

[130]刘电芝. 学习策略研究[M]. 北京: 人民教育出版社, 1999.

[131]刘礼堂, 吴远之. 中华茶文化概论[M]. 北京: 北京大学出版社, 2020.

[132]刘宓庆. 当代翻译理论[M]. 台北: 书林出版社, 1982.

[133]刘清波. 中式菜名英译的技巧和原则[J]. 中国科技翻译, 2003 (4): 52-53; 6.

[134]刘亦春. 学习成功者与不成功者使用英语阅读策略差异的研究[J]. 国外外语教学, 2002 (3): 24-29.

[135]刘颖, 沈伯雄. 高校课堂教学中大学生自主学习的缺失与重构[J]. 黑龙江高教研究, 2020, 38(2): 149-152.

[136]刘云虹, 许钧. 如何把握翻译的丰富性、复杂性和创造性？——关于翻译本质的对谈[J]. 中国外语, 2016, 13(1): 95-100.

[137]刘志群. 英语写作策略分类探讨[J]. 湖北民族学院学报（哲学社会科学版）, 2006 (1): 118-122.

[138]龙晋巧. 基于主题意义探究的英语教学实施方法[J]. 中学英语教学与研究, 2018 (11): 15-19; 33.

[139]龙晋巧. 应用型院校融策略培训于大学英语教学的实验研究[J]. 长春大学学报, 2016, 26(8): 98-102.

[140]龙晋巧. 在线诊断用于英语阅读策略培训的实践研究[J]. 长春大学学报, 2019, 29(4): 111-116.

[141]罗少茜, 李红梅. 阅读的力量和热情——通过"阅读圈"燃起学生对英语阅读的热爱[J]. 中小学课堂教学研究, 2016 (Z1): 12-16.

[142]马秉义, 马志馨. 中原餐饮文化与豫菜英译研究[J]. 中国科技翻译, 2014, 27(4): 39-42.

[143]马刚, 王娟. 以策略训练为基础的大学英语教学实践研究[J]. 外语教学, 2010, 31(1): 73-77.

[144]马红, 林建强. 快速阅读策略训练:理论与实证[J]. 四川外语学院学报, 2007 (3): 141-144.

[145]马会娟. 中国学习者汉译英翻译能力分级研究[J]. 外语教学, 2012, 33(1): 105-108.

[146]马珂. 多元智力理论与英语学习策略使用倾向性的相关性实证研究[J]. 外语教学, 2012, 33(5): 73-76.

[147]孟悦. 大学英语阅读策略训练的实验研究[J]. 外语与外语教学, 2004 (2): 24-27.

[148]苗兴伟, 罗少茜. 基于语篇分析的阅读圈活动设计与实施[J]. 中小学外语教学(中学篇), 2020, 43(9): 1-5.

[149]穆雷, 邹兵. 翻译的定义及理论研究: 现状、问题与思考[J]. 中国翻译, 2015, 30(3): 18-24; 128.

[150]牛新春. 应试教育的印记: 重点大学学生自主学习策略的实证案例研究[J]. 现代大学教育, 2017 (6): 77-89; 112.

[151]潘黎萍. 元认知策略在二语课堂阅读中的可教性实验研究[J]. 外语教学, 2006 (1): 49-54.

[152]蒯超英. 学习策略[M]. 武汉: 湖北教育出版社, 1999.

[153]秦晓晴. 第二语言学习策略研究的理论和实践意义[J]. 国外外语教学, 1996 (4): 1-5; 46.

[154]人民教育出版社等. 普通高中课程标准实验教科书英语[M]. 人民教育出版社, 2007.

[155]任静生. 也谈中菜与主食的英译问题[J]. 中国翻译, 2001 (6): 56-58.

[156]任庆梅. 英语听力教学[M]. 北京: 外语研究与教学出版社, 2015.

[157]尚晓华, 王海华. 大学生英语学习策略与英语水平的相关研究[J]. 外语教学, 2010, 31(2): 54-56.

[158]沈翠萍. 国内外二语学习策略培训研究述评(1990-2012) [J]. 外语界, 2012 (6): 10-17.

[159]施晓伟. 走向自主: 英语学习策略研究[M]. 杭州: 浙江大学出版社, 2010.

[160]束定芳. 认知语义学的基本原理、研究目标与方法[J]. 山东外语教学, 2005(5): 3-11.

[161]宋以丰. 翻译的社会性、人本性和对话性——关于近来"语言性"问题讨论的反思[J]. 外国语言文学, 2019, 36(2): 165-177.

[162]霍姆林斯基. 给教师的建议(上) [M]. 杜殿坤译. 北京: 教育科学出版社, 1984.

[163]孙有中. 人文英语教育论[J]. 外语教学与研究, 2017, 49(6): 859-870.

[164]孙有中．振兴发展外国语言文学类本科专业：成就、挑战与对策[J]. 外语界，2019(1) : 2-7.

[165]黄国文, 肖琼. 外语课程思政建设六要素[J]. 中国外语, 2021, 18(2): 1; 10-16.

[166]谭霞, 张正厚. 英语学习策略、自主学习及学习成绩关系的分析[J]. 外语教学理论与实践, 2015 (1): 59-65; 88; 96-97.

[167]王立非, 文秋芳. 英语学习策略培训与研究在中国——记全国首届"英语学习策略培训与研究"国际研修班[J]. 外语界, 2003 (6): 49-54.

[168]王立非. 第二语言学习策略研究: 问题与对策[J]. 国外外语教学, 2001 (4): 5-13.

[169]王利娜, 吴勇毅. 学习策略在学习动机与英语自主学习之间的中介作用研究[J]. 外语教学, 2017, 38(3): 74-78.

[170]王利娜, 吴勇毅. 阅读策略培训对学生阅读理解能力影响的元分析[J]. 外语教学理论与实践, 2017 (3): 50-56.

[171]王蔷, 敖娜仁图雅. 中小学英语绘本教学的途径与方法[J]. 课程·教材·教法, 2017, 37(4): 68-73.

[172]王蔷. 核心素养背景下英语阅读教学: 问题、原则、目标与路径[J]. 英语学习, 2017 (2): 19-23.

[173]王蔷. 英语教学法(第二版) [M]. 北京: 高等教育出版社, 2006.

[174]王文斌, 李民. 我国外语教育研究的理论框架: 构建与解析[J]. 外语教学, 2017, 38(1): 1-5; 18.

[175]王文宇. 观念、策略与英语词汇记忆[J]. 外语教学与研究, 1998 (1): 49-54; 80.

[176]王英, 刘寅齐. 关于非英语专业本科生快速阅读策略运用的调查[J]. 山东外语教学, 2010, 31(4): 50-56.

[177]王卓. 课程思政对外语专业课程建设的导向性与媒介性[J]. 山东外语教学, 2021, 42(1): 59-68.

[178]文秋芳, 王立非. 对外语学习策略有效性研究的质疑[J]. 外语界, 2004 (2): 2-7; 28.

[179]文秋芳, 王立非. 影响外语学习策略系统运行的各种因素评述[J]. 外语与外语教学, 2004 (9): 28-32.

[180]文秋芳. 英语成功者与不成功者在学习方法上的差异[J]. 外语教学与研究, 1995 (3): 61-66.

[181]文秋芳. 英语学习策略论[M]. 上海: 上海外语教育出版社, 1996.

[182]文秋芳. 英语学习的成功之路[M]. 上海: 上海外语教育出版社, 2003.

[183]吴本虎. 英语学习策略[M]. 北京: 人民教育出版社, 2002.

[184]吴霞, 王蔷. 非英语专业本科学生词汇学习策略[J]. 外语教学与研究, 1998 (1): 55-59.

[185]吴一安, 刘润清, Jefferey, P. 中国英语本科学生素质调查报告[J]. 外语教学与研究, 1993 (1): 36-46; 80.

[186]武世花. 从翻译目的论视角看国产茶品说明书的英译[J]. 福建茶叶, 2017, 39(12):385.

[187]肖建壮. 英语学习策略研究的回顾与展望[J]. 教学与管理, 2010 (6): 58-60.

[188]肖琼, 黄国文. 关于外语课程思政建设的思考[J]. 中国外语, 2020, 17(5): 1; 10-14.

[189]肖武云, 王晓萍, 曹群英. 培养元认知策略提高学习自主性和学习成绩——实证研究[J]. 外语学刊, 2011 (2): 109-113.

[190]熊李力. 中国茶文化与大国外交相融相通之道[J]. 人民论坛, 2021(23): 101-103.

[191]熊苏春, 严峻. 大学英语自主学习策略培训实验报告[J]. 教育学术月刊, 2011 (8): 58-60.

[192]徐翠. 大学英语词汇学习中的语用策略[J]. 西安外国语大学学报, 2010,

18(2): 105-108.

[193]徐锦芬, 寇金南. 大学英语课堂小组互动策略培训实验研究[J]. 外语教学与研究, 2011, 43(1): 84-95.

[194]徐锦芬, 彭仁忠, 吴卫平. 非英语专业大学生自主性英语学习能力调查与分析[J]. 外语教学与研究, 2004 (1): 64-68.

[195]徐筠, 王媛媛. 用创词法翻译"中华老字号"——以长沙为例[J]. 中国科技翻译, 2016, 29(3): 47-50.

[196]杨爱英. 英语阅读中元认知策略的调节与监控[J]. 外语学刊, 2011 (1): 103-105.

[197]杨莉娟. 活动理论与建构主义学习观[J]. 教育科学研究, 2000 (4): 59-65.

[198]杨蕴文, 郭京华, 马月秋. 英语听力课堂上基于过程的元认知策略教学[J]. 职业技术教育, 2018, 39(5): 48-51.

[199]易立, 龚艳艳. 基于阅读圈的初中英语课外阅读展示[J]. 中小学外语教学(中学), 2018, 41(2): 35-40.

[200]袁慧玲. 大学生英语阅读学习策略培训的行动研究[J]. 教育学术月刊, 2011 (3): 108-109.

[201]张殿玉. 应用型学习策略与自主学习[J]. 外语教学, 2005 (1): 49-57.

[202]张培基等. 英汉翻译教程[M]. 上海: 上海外语教育出版社, 1980.

[203]张思洁. 中国翻译理论研究导引[M]. 南京大学出版社, 2012.

[204]张献臣. 基于英语学科核心素养的中学英语阅读教学[J]. 中小学外语教学(中学篇), 2018, 41(6): 1-5.

[205]张烨, 邢敏, 周大军. 非英语专业本科生英语词汇学习策略的调查[J]. 解放军外国语学院学报, 2003 (4): 44-48.

[206]章兼中. 小学英语教育学[M]. 太原: 山西高校联合出版社, 1996.

[207]中华人民共和国教育部. 普通高中英语课程标准(2017年版) [M]. 北京: 人民教育出版社, 2018.

[208]中华人民共和国教育部. 普通高中英语课程标准(实验) [M]. 北京: 人民教育出版社, 2003.

[209]仲伟合, 王巍巍. "国家标准"背景下我国英语类专业教师能力构成与发展体系建设[J]. 外语界, 2016 (6): 2-8.

[210] 周大军, 文渤燕. 理工科学生英语词汇量状况全程调查[J]. 外语教学与研究, 2000 (5): 356-361; 399-400.

[211] 周锰珍. 试析语篇分析与阅读教学[J]. 广西民族学院学报(哲学社会科学版), 1999, (S1): 183-185.

[212] 周艳琼. 大学生英语阅读理解策略调查研究[J]. 解放军外国语学院学报, 2017, 40(3): 86-94.

[213] 邹为诚. 综合英语教程(第三版) [M]. 北京: 高等教育出版社, 2011.